자녀의 두뇌를 이해한
영어독서 지도법

Wiring the Brain for Reading

자녀의 두뇌를 이해한

영어독서 지도법

Wiring the Brain for Reading
by Marilee Sprenger

이 도서의 국립중앙도서관 출판예정도서목록(CIP)은 서지정보유통지원시스템 홈
페이지(http://seoji.nl.go.kr)와 국가자료공동목록시스템(http://www.nl.go.kr/
kolisnet)에서 이용하실 수 있습니다.(CIP제어번호: CIP2014023735)

Wiring the Brain for Reading

저자의 말...

영어 책 읽는 방법을 배우고자 하는 모든 아이와 그 아이들을 지도하는 부모, 교사들에게 이 책 내용을 나눌 수 있게 되어 가슴이 설렌다.

문자 코드 속에 숨겨져 있는 암호를 해독하고 이해하며, 눈을 반짝거리며 미소 짓는 아이의 모습을 바라보는 순간의 느낌은 말로 표현하기 어려울 만큼 흥분되는 경험이다. 매리언 울프는 '책 읽는 뇌'(Proust and the Squid, 2007)에서 읽기 학습의 첫 단추는 부모나 교사가 어린 아이에게 큰 소리로 책을 읽어주는 것이라고 말하고 있다. 소리 내어 책을 읽어 주는 것은 아이에 대한 애정과 독서지도를 향한 열의가 넘쳐날 때 시작된다. 하지만 안타깝게도 두뇌 발달에 도움을 주는 시간 즉, 편안하고 애정 어린 마음으로 책을 읽어주는 '마법의 시간'을 모든 아이가 경험하지는 못한다. 주변에 책들이 즐비하고, 책 읽기를 좋아하는 부모는 아이에게 밤마다 큰 소리로 책을 읽어주고, 각종 단어와 그 단어들 속에 들어있는 배경 지식을 알려주기 위해 아이와 재미있게 대화를 이끌어 간다. 하지만 읽고 쓰기 능력을 발달시킬 환경이 제대로 구비되어 있지 않은 곳에서 자라는 아이들이 많다. 많은 시간을 직장에서 일해야만 하는 부모의 경우 아이에게 책을 읽어 주는 환경을 만들 시간과 능력이 모두 제한되기 쉽다. 한마디로 말하기는 어렵지만, 책 읽는 환경이 잘 구비되어 있는 가정에서 자란 아이가 읽기에 성공할 가능성이 상대적으로 높게 나타나고 있는 것만은 사실이다.

이 책을 통해 나는 교사로서의 경험과 두뇌과학계와 교육학계의 연구 결과, 함께 일했던 동료 교사와의 경험 등을 여러분들에게 나누려고 한다. 두뇌과학이 교육학 연구와 접목되어, 학생들의 읽기 지도를 위한 최고의 실천 표준안이 만들어질 수 있다는 재미있고도 중요한 정보를 전달하고자 한다.

지구상에는 약 7,000여 개의 언어가 존재한다. 아이는 어디에서 태어나든 자신이 태어난 곳에서 사용되는 언어를 습득하고 구사할 수 있는 선천적인 능력을 가지고 태어난다. 하지만 성장하면서 아이의 두뇌는 환경에 적응하고 변화하게 된다. 이로 인해 생존 환경에서 사용하는 언어(모국어)를 제외한 언어의 습득은 그만큼 더 어려워지게 된다.

제 1장에서는 아이가 모국어를 어떻게 습득하는지 살펴 볼 것이다. 또한 나이에 따라 새로운 언어를 습득하는 두뇌의 접근방법이 어떻게 변화하는지에 대해서도 살펴 볼 것이다. 언어 발달과정은 부모, 아이, 그리고 교사들 모두에게 흥미로운 일이다. 아이에게 보다 나은 언어능력을 길러 주기 위한 의미 있는 연구들은 지금도 계속 이루어지고 있다.

최근 두뇌과학자들은 두뇌 영상기법을 활용하여 보다 쉽게 읽기 위해 필요한 두뇌 신경연결 기관에는 어떤 것들이 있는지 발견했다. 제 2장에서는 두뇌와 읽기 연구에 사용된 이론과 적용 사례들을 살펴볼 것이다. 읽기 경로가 만들어지기 위해서는 신경 재순환 과정이 필요하다. 교육 담당자들이 신경 재순환 과정이나 두뇌 기능과 관련된 내용들을 이해하게 되면, 학생들에게 더 효과적인 교수법을 적용할 수 있고 부모 또한 아이의 읽기 과정 개발에 보다 쉽게 참여할 수 있게 된다.

읽기 준비 과정은 두뇌뿐만 아니라 신체와도 연관된다. 제 3장에서는 두뇌가 읽을 수 있는 능력을 개발하도록 돕는 여러 가지 신체 활동을 설명한다. 두뇌와 신체는 매우 밀접하게 연결되어 있다. 과학자들은 두뇌를 개발시키는 핵심은 다름 아닌 운동과 놀이라고 믿고 있다.

제 4장에서는 두뇌 읽기 경로가 어떻게 시작 되는지를 보여준다. 음소인식은 알파벳 코드를 학습하기 위한 첫 번째 단계다. 음소인식과 관련한 내용은 유치원이나 초등학교 1학년 시절 특히 강조된다. 하지만 아직도 그 중요성을 모르는 사람들이 많다. 모든 교사와 부모는 소리와 철자가 어떻게 연결되는지 알고 있어야 한다. 음소를 인식하고, 소리와 철자가 어떻게 연결되는지를 아는 일이 매우 중요하기 때문이다. 이와 관련된 지도법은 본 책의 제 4장을 중심으로 여러 곳에서 제시될 것이다.

알파벳 코드의 비밀을 이해한 이후에는 그 코드 패턴을 두뇌가 어떻게 인식하는지를 살펴보아야 한다. 제 5장에서는 파닉스를 다룬다. 읽기를 배우는 것은 책을 읽을 때, 시각적 요소와 청각적 요소를 적절하게 결합시키는 과정이 자동화되는 것이다. 읽기 학습은 종이 위에 표시된 철자 요소를 어떻게 소리로 연관시키는지에 대한 내용, 즉 청각 및 시각적 내용이 모두 관련되는 것이다. 파닉스ㆍ교육은 가장 일반적인 소리와 철자 간의 관계를 가르쳐서 학생들이 책을 읽는 과정에서 만나는 여러 단어의 음운을 해독할 수 있게 한다. 단어를 소리로 만들어 낼 수 있게 하는 것이다.

읽기 교육에서 파닉스 다음 단계는 유창성을 높이는 단계이다. 제 6장에서는 유창성이란 무엇이며, 유창성이 왜 중요한 과제로 부각되는지에 대해 살핀다. 적절한 표현을 넣어, 빠르고 정확하게 읽을 수 있는 학생은 읽는 내용에 더 잘 집중할 수 있고, 더 잘 이해할 수 있다.

제 7장은 단어를 어떻게 가르칠 것인가에 대한 것이다. 많은 단어를 아는 것이 왜 중요한지는 그 동안의 여러 연구 결과들이 말해주고 있다. 표준화된 시험의 85%가 어휘에 의존하며, 어휘 지식은 학생의 학문적 배경 지식을 향상시키는 중요한 도구이다(Marzano & Pickering, 2005). 미국 대부분의 주에서 사용되고 있는 국가 교육공통기준에 들어있는 단어를 학습하면, 성인 독자가 알고 있는 단어의 대부분을 차지하는 제 2군 단어(tier 2 단어: 여러 영역에서 자주 등장하는 단어) 지식을 향상시킬수 있다. 제 2군 단어의 지식은 학생들의 향후 교과학습 관련 성공 여부를 결정짓는 중요한 역할을 한다.

끝으로 제 8장에서는 읽은 내용에 대한 이해에 초점을 맞춘다. 작업 기억이 어떻게 이해전략에 도움을 주는지 살펴보고, 이해력과 기억력을 향상시키는 독서 전략도 살펴볼 것이다. 나아가 읽기 전, 읽기 중, 읽은 후 활동에 사용될 여러 가지 전략들에 관하여 논의할 것이다.

미국 교육 공통기준을 보면, 유치원에서부터 고등학교 3학년에 이르는 각 학년 단계에 해당되는 텍스트 내용을 학생들 스스로가 유창하게 읽어낼 수 있도록 능력을 배양시키는데 많은 노력을 기울이고 있다. 학생의 읽기 능력을 향상 시키기위해 교사는 읽기에 어려움을 겪는 학생이 누구인지 알고 있어야 하며, 이들을 도와줄 전략도 가지고 있어야 한다. 질문 전략을 사용한 구체적, 심층적 읽기 지도를 하면 읽기 과정의 어느 부분에서 어떤 문제가 있는지 파악할 수 있다. 읽은 내용을 정리하지 못하는 학생이라면 교사와 부모는 학생의 문제를 진단하기 위해 육하원칙에 근거한 질문, 즉 누가, 무엇을 어디서, 왜, 그리고 어떻게 등과 관련한 내용을 물어 볼 수 있어야 한다. 질문을 통해 학생들의 기억력, 어휘력, 발음의 유창성 정도 등을 확인해야 한다.

　이 책은 부모와 교사의 입장에서 읽기를 배우는 학생들의 책 읽는 두뇌능력 개발을 돕고, 실천가능한 읽기 지도전략을 제시하기 위해 쓰여졌다. 학생들의 영어 읽기 지도에서는 '첫 단추'를 잘꿰는 것이 매우 중요하다.
　이 책이 자녀의 두뇌를 이해하는 영어독서지도법 실천의 첫 단추가 되기를 희망한다.

　먼저 영어 책 읽기의 기본을 다루는 본 책자의 번역 작업에 참여하게 된 영광을 독자 여러분들과 함께 나누고 싶다. 우리는 사회 각 분야에서 성공한 전문가들은 예외 없이 엄청난 독서광이었다는 사실을 잘 알고 있다. 독서의 중요성은 아무리 강조해도 지나치지 않을 것이다. 이제 우리는 모국어 뿐만 아니라 세계어로 자리 잡은 영어 읽기에도 더 많은 관심을 가져야 하는 상황에 놓여 있다. 아이들이나 학생들의 읽기 지도는 과연 잘 되고 있는 것일까? 현실은 그다지 희망적이지 않은 것으로 보인다. 투입되는 경비와 시간, 에너지에 걸 맞는 효과를 거두지 못하는 것 같다. 마음을 다잡고 장기적인 교육 목표를 향해 나아가려 해도 눈앞에 닥친 시험점수라는 단기적 결과에 일희일비 하지 않을 용기 내기가 쉽지 않다. 아이들이 보다 효과적으로 영어 책을 읽을 수 있도록 도와 줄 수는 없을까?

　문제의 해결을 위해 독서 전문가인 저자 마릴리 스프렌거는 언어 발달과 읽기 능력 개발 간에 가장 밀접한 관련성을 보이는 '신경 접합'에 대해 소개하고 있으며, 소리의 중요성을 여러 차례 강조하면서 그 기본을 닦는 일이 왜, 얼마나 중요한 것인지를 자세히 다루고 있다. 또한 어떻게 하면 이러한 읽기 경로를 계속 유지, 확장해 갈 수 있는지 보여준다. 저자는 읽기에 많은 어려움을 겪는 아이들에게 용기를 주고 책 읽기를 도와 줄 수 있는 활동을 알려주고 있다. 이 책은 두뇌 과학이 밝혀낸 획기적인 학습 이론과 함께 '두뇌 친화적'인 교육전략들, 게임들, 쉽게 실행할 수 있는 실질적이고도 제대로 된 여러 활동들이 가득 담겨 있다.

　이제 우리는 두뇌가소성으로 집약되는 20세기 최고의 과학 이론을 언어 학습과 교육 분야에 최대한 활용할 수 있도록 해야 한다. 두뇌과학은 영어 교육과 책 읽기 측면에서 기본이 되는 소리가 얼마나 중요한 역할을 수행하는지 자세히 들여다 볼 수 있게 해 주었다. 음소 인식과 음운해독 능력은 향후 아이의 독서 능력을 판단할 수 있는 확실한 척도가 된다. 이러한 기본능력을 다진 아이들은 또 다른 기본기 쌓기, 즉 유창성 확보를 위한 연습을 계속해야 한다. 유창성은 읽은 내용을 자동적으로 이해할 수 있게 해주는 지름길이기 때문이다.

읽기의 기본 능력을 기르지 않은 채로 아이들에게 그저 많이 읽도록 강요하거나, 단계를 무시하고 눈에 보이는 결과만을 추구하는 읽기 지도는 수영의 기본을 가르치지 않고, 곧바로 물로 뛰어들게 하는 것과 같기에 더 이상 계속해서는 안 된다. 이는 아이들의 언어교육을 담당하는 행정가, 교사, 부모 등 모든 관계자가 유념해야 할 점이다. 아이들의 두뇌 속이 어떻게 연결되고, 강화되는 것인지, 먼저 이해하고자 노력해야 한다. 그런 다음 영어 읽기 교육을 어떻게 진행해야 할 것인지를 고민하고, 그 결과를 실행에 옮겨야 한다. 이러한 과정들을 통해 아이들은 '자연스럽게' 독서 전략을 터득할 수 있게 될 것이다.

역자가 이 책을 번역하는 동안 시종 흥분되던 경험을 독자 여러분들도 공감하길 바라며, 아이들의 영어 책 읽기 활동에 적극 활용하기를 기원한다. 모쪼록 많은 아이들이 영어 책을 편하고 즐겁게 읽을 수 있게 되기를 바란다.

이 준용, 박 승원

목 차

제4장 음소인지 Phonemic Awareness

제5장 알파벳 코드 패턴과 프로그램, 그리고 파닉스 Phonics

제6장   유창성 Fluency

제7장   어휘력 쌓기 Vocabulary

제8장   이해력 Comprehension

마치며   당부하는 글

언어의 개발

Wiring the Brain for Reading

제 1 장 | 언어의 개발

　메이브는 엄마와 아빠의 목소리를 이미 인지한 상태에서 태어났다. 소리 인식 능력을 갖추게 되는 임신 중기(임신 15~28주) 말에는 엄마의 목소리를 들을 수 있었다. 또한 엄마의 뱃속에 있는 메이브에게 아빠가 따뜻하고 애정 어린 목소리로 책을 읽거나 속삭여 줄 때, 메이브는 아빠의 목소리에 반응하기 시작했다. 태어나지도 않은 뱃속의 아이에게 책을 읽어주고, 말도 해주는 부모의 여러 행동에 대한 효과 검증 이론은 아직까지 확실하게 정립되지 않은 상태다. 하지만 메이브는 태어나자마자 부모의 목소리에 고개를 돌리고 반응하기 시작했다.

　메이브와 같이 어린 아이의 두뇌는 태어나는 순간부터 자신에게 들리는 언어라면 그 무엇이든 배울 수 있고, 관련되는 음소, 즉 언어를 구성하는 최소 단위를 반복하여 소리 낼 수 있게 프로그램화 되어 있다. 만약 메이브가 이중 언어 혹은 다중 언어를 사용하는 가정에서 태어났다면, 자신에게 들려오는 언어들을 보다 쉽게 학습하게 될 것이다. 하지만 모든 언어의 음가를 습득할 수 있는 이러한 능력이 그다지 오랫동안 유지되지는 않는다. 생후 1년 정도가 지나면 사용하지 않는 학습담당 신경 세포들이 시들어 버리기 때문이다. 다시 말해서, 음소를 듣고 구별할 줄 아는 능력이 부분적으로 혹은 완전히 사라지는 것이다. 생후 약 8개월 동안 메이브는 자신에게 들리는 소리에 집중하면서, 주변소리를 흉내 내려고 노력하게 된다. 자신이 흉내 내고자 하는 자음과 모음, 아울러 두뇌 개발에 유용한 여러 음소를 표현하게 될 것이다. 하지만 메이브의 부모는 아이가 내는 소리들 중 자신들이 이해하는 소리들만 인식하게 된다. "ma, ba, goo, eh, neh, un" 등과 같은 여러 소리를 계속 옹알거리면, 부모(특히 엄마)는 그 첫 번째 소리인 "ma"를 알아듣고 이를 접수한다. 엄마는 "ma" 소리에 기뻐 웃으며, 메이브가 낸 소리를 흉내 내듯 말하고, 이를 다시 아이에게 반복적으로 들려주기 시작한다. "Ma, ma, ma.. 네가 엄마라고 말하는구나. ma, ma, ma." 이러한 과정을 거치며 메이브는 "ma" 소리가 엄마로부터 큰 호응을 얻는 특별한 소리라는 것을 알아차리게 된다. 이제 아이는 엄마를 기쁘게 하고 엄마에게서 즉각적인 피드백을 받아낼 수 있는 소리를 반복적으로 발성하기 시작한다. 이는 단순한 옹알이가 아니라, 아이들이 여러 언어들에서 공통적으로 나타나는 음소를 공유하기 위한 방법 가운데 하나다. 만약 부모가 메이브에게 "ma" 소리를 되풀이해서 말해주지 않았다면, 아이는 소리 연결 경로를 만들어 내지 못하게 되었을 것이다. 언어는 학습을 통해 배워가는 것이다. 두뇌는 들은 소리를 기억하고 이를 재생성 하기 위해 세포들을 결합시킨다. 따라서 많이 듣지 못해 세포결합이 자주 일어나지 않는다면 학습 또한 불가능 해진다.

23

전 세계에는 약 7,000개 정도의 언어가 존재한다. 어린아이는 그 어떤 언어든 관계없이 필요한 언어를 습득하여 마음대로 구사할 수 있는 능력을 갖고 태어난다. 하지만 아이의 성장과 함께 두뇌 속 연결망은 자주 사용하는 연결망은 강화되고, 사용하지 않는 연결망은 제거하는 방식으로 변화되면서 새로운 언어습득의 기회는 점점 더 희박해진다. 아이가 책을 읽기 위해서는 그 언어의 소리를 먼저 습득해야 한다.

언어습득을 위한 신경 연결망의 구현과 유지

생후 6~9개월이 지난 아이에게는 그 동안 들어서 익히게 된 언어의 음소 관련 소리들과 관련된 신경세포(이하 뉴런)만 남게 된다. 그 뉴런들은 계속적인 반복을 통해 세력을 확장하고 강력한 연결망을 갖추게 된다. 이러한 구조 변화와 분화과정을 통해 뉴런들은 소리를 기억하게 된다(Broson & Merryman, 2009).

짐머맨, 디미트리, 멜로프 (2007)는 아이에게 지나치게 많은 시간동안 직접적으로 비디오 혹은 DVD를 보여주는 일은 확실히 좋지 못한 것, 유해한 것이라고 말한다. 이들의 실험 결과, 비디오 혹은 DVD를 일정시간 이상 시청한 아이는 시청하지 않은 아이에 비해 어휘력이 떨어지는 것으로 나타났다. 한마디로, TV를 많이 볼 수록 어휘력은 더 낮아지게 된다는 것이다.

연구자들은 어휘력 차이가 나타나는 이유를 다음과 같이 설명한다.

> | 일부 부모는 자기 아이를 주당 20시간 정도까지 TV 앞에 놓아둔다. 그들은 아이의 TV 시청이 두뇌 발달에 도움을 줄 것이라고 생각한다. 하지만 이는 사실 아이가 사람들과 직접 대화하는 시간이 줄어든다는 것을 의미한다.

> | 말하기를 배우는 것은 상대방의 입술을 읽어내는 과정이 포함된다. 아이가 자신의 입과 입술을 어떻게 움직여야 하는지를 배우기 위해서는 사람들이 말하는 것을 쳐다보아야 한다. 하지만 대부분의 TV 프로그램이나 DVD는 말하고 있는 목소리를 들려주는 추상적인 그림을 보여줄 뿐이다.

> | 사람들이 말하는 것을 쳐다보지 않는 아이는 대화 중에 사용되는 소리를 분절하지 못한다.

> | TV 프로그램이나 DVD는 아이를 대화로 이끌어낼 수 있는 시각적 혹은 청각적 상호작용의 요소가 부족하다. 즉, 대화에서 아이가 행동하고 반응을 보여줄 상대방의 얼굴과 목소리가 너무 멀거나 불명확하다.

화면속 사람과 쌍방향 대화 방식으로 직접 말할 수 있게 함으로써 차별화를 시도할 수도 있을 것이다. 하지만 그런 식으로 필요한 도구를 만들어 사용하더라도 말하기를 배우는데 있어 가장 중요한 요소인 '사람과의 상호 교류 작용'은 빠져있게 된다.

　최근 Proceedings of National Academy of Science 라는 학술지에 발표된 연구에서는 아이의 언어 학습에 필요한 것은 입술 읽기(lip-read)라고 말한다(Lewkowicz & Hansen-Tift, 2012). 플로리다 애틀랜틱 대학교에서 영어 사용 가정에서 생활하는 생후 4개월, 6개월, 10개월, 그리고 12개월 된 아이 등 모두 179명을 대상으로 연구를 실시하였다. 연구 결과, 생후 4개월 된 아이는 자기에게 말하고 있는 사람의 눈을 바라보았지만, 옹알이하는 시기가 되면서, 상대방의 눈에서 입으로 아이의 시선이 이동한다는 사실을 알 수 있었다. 생후 6개월 정도 된 아이는 상대방의 눈을 쳐다보면서 절반의 시간을 보내고 있었고, 나머지 절반의 시간은 상대방을 입을 쳐다보았다. 8개월 내지 10개월 된 아이의 경우에는 대부분의 시간을 상대방의 입을 쳐다보고 있었다. 대부분의 아이들이 말하기 준비를 마치는 생후 12개월 정도가 지나자 시선이 다시 상대방의 눈으로 옮겨갔다. 아이의 눈 이동을 관찰한 결과, 입술 읽기(lip-read)가 필요하다는 것이 입증된 것이다.

선천적인 것인가, 후천적인 것인가?

아이의 말하기 능력은 선천적인 것일까, 아니면 아이가 말할 수 있게 해주는 여러 가지 경험과 환경에 의한 것일까? 두뇌는 원래 아무 것도 적혀있지 않은 백지 상태라고 정의되어 왔다. 하지만 많은 연구자들은 이러한 백지 상태와 미리 프로그램화된 선천적인 능력 사이에 해답이 있을 것으로 믿는다.

아이는 태어나면서부터 말하기 능력을 갖고 있지만, 말하기는 아무런 언어 학습이 없는 진공 상태에서는 완성되지 않는다. 아이가 한번도 들어보지 못한 언어를 말하기 시작하는 경우는 없다. 메이브의 경우 그 부모나 주위 사람들이 영어를 사용하기 때문에, 조만간 영어를 습득하게 될 것이다. 만약 메이브의 할머니가 집 안에서 러시아 언어를 사용한다면, 메이브는 어렵지 않게 러시아어를 말할 수 있게 될 것이다.

아이의 시선이 상대방의 눈으로부터 다시 입으로 바뀌게 되면, 아이는 이제 소리가 어떻게 만들어지게 되는지 볼 수 있게 된다.

메이브는 옹알이하기 시작하면서 그 동안 들어왔던 음소를 흉내 내어 말할 것이며, 그 가운데에는 그가 들어보지 못한 다른 언어의 소리도 일부 포함되어 있을 것이다. 메이브는 자신이 낼 수 있는 소리는 아무 것이나 소리 내려하고, 주변의 언어를 더 잘 인지할수록 자신에게 들려오는 소리를 더 많이 반복해서 말하게 된다.

27

옹알이의 진정한 의미

사람들이 쉽게 생각하고 넘기는 옹알이에 관한 많은 연구가 진행되고 있다는 사실을 믿기 어렵겠지만, 멤피스 대학교에는 이를 연구하는 사람들이 많다. 아이가 태어나면서부터 만들어내는 소리들을 분석한 결과(Oller, 2010), 옹알이는 언어학습과정의 중요한 단계 중 하나라는 사실이 밝혀졌다.

옹알이는 아이의 인지 발달 뿐만 아니라 사회 및 감성 분야와 관련되는 두뇌발달영역의 한 요소이다. 옹알이는 소리와 관련된 관심을 학습으로 싹 틔우도록 한다. 또한 옹알이는 자신을 돌봐주는 사람과 의사소통하고 상호작용하려는 시도이다. 전형적인 방식으로 옹알이를 하지 않는 아이는 소리를 듣고 처리하는 과정에 문제가 있거나, 아이의 두뇌가 아직 단어를 맞이할 충분한 준비가 되지 않은 것이다.

소아과 의사인 페리 클라스에 의하면, 아이들은 전 세계 모든 언어로 옹알이를 한다. 옹알이는 신경 발달을 보여주는 공통적인 신호이고, 아이가 이제 말할 준비가 되었음을 알려주는 신호탄이다. 아이들은 옹알이를 시작으로 그들의 언어에서 사용되는 소리를 만들어 내며, 그 환경에 적절한 단어를 소리 내게 된다.

만약 아이가 자음과 모음이 합쳐져 나오는 소리를 만들어내지 못하게 되면, 이후 여러 가지 문제들이 생겨난다. 개별적인 차이가 있지만, 생후 약 7개월 정도가 지난 이후에도 모음만을 발성하고 있다면, 그 아이는 단어를 만들어내기 위해 필요한 연습이 충분하지 못하다는 사실을 말해주는 것이다. 또한 그럴듯한 발성을 하기 위해서 아이의 입이나 혀의 근육이 더 단련되어야 한다는 의미이기도 하다(Stoel-Gammon, 2001).

옹알이는 아이가 학습에 조금씩 관심을 가지기 시작했다는 신호이다. 이때 부모는 주위 사람이나 사물의 이름들을 아이가 말할 수 있도록 하며, 바야흐로 세상살이에 진입하는 기회를 제공하도록 특별히 주의를 기울여야 한다.

말하기를 도와주는 환경요소

유아교육 전문가들은 아이가 제대로 말을 할 수 있게 도와주는데 필요한 몇 가지 사항을 다음과 같이 제시한다.

- **아이에게 많은 말 걸기** 비록 말은 하지 못하더라도 생후 3개월 된 아이의 말하기 노력은 이미 시작 되었고, 많은 학습을 시작한다. 따라서 부모와 교사는 아이에게 최대한 자주 말을 해 주어야 한다.

- **사물 알려주기** 아이에게 말을 걸어주며, 사물에 대한 이름을 알려주고, 설명을 덧붙여 주어야 한다.

ᅵ 아이가 많이 듣도록 도와주기 아이 주변에서 들리는 소리에 대해 주목할 수 있게 한다. 예를 들면, "윤서야 , 똑딱똑딱 시계소리가 들리지?", "범석아, 멍멍 강아지가 짖고 있네" 등과 같은 말을 해 주는 것이다.

ᅵ 노래 가락 넣어주기 적절한 리듬을 넣은 노래를 부르며 놀아주는 일이다. 예를 들면, "엄마 앞에서 짝짝 쿵," 혹은 리듬을 넣은 "푸푸 푸" 등과 같은 표현을 해 주는 일이다.

여러 연구 결과, 엄마에게 많은 말을 들은 아이는 그렇지 않은 아이보다 알고 있는 어휘량이 많다는 사실을 보여준다. 물론 엄마의 말에는 아이들이 이해하기 어려운 수준의 말도 많을 것이다. 또한 아이를 향해 쉬지 않고 계속 말을 해준다고 해서 훌륭한 언어학습이 되는 것도 아니다. 때로는 아이에게 물어보기도 하고, 아이가 말하는 것에 대해 적절히 반응해주는 것이 중요하다.

아이들의 언어와 관련한 연구들 가운데 가장 유명한 것은 캔사스대학교의 베티 하트와 토드 리슬리(1995)의 연구다. 이 연구는 아이의 언어 발달 정도를 결정함에 있어 훌륭한 기준이 되고 있다. 이 선구적인 작업을 실시하면서 연구자들은 서로 다른 사회 경제적 배경을 갖는 여러 가족들을 직접 찾아가, 그 가족 가운데 생후 7개월에서 9개월 된 아이와 직접 대화하는 부모와 아이들을 비디오로 촬영하고, 분석하였다. 비디오 촬영 작업은 아이가 세 살이 될 때까지 매달 계속 되었다.

하트와 리슬리(1995)는 공동 저서인 「Meaningful Differences in the Everyday Experiences of Young American Children」에서 다음과 같이 말하고 있다. "아이는 부모가 종사하는 직업에 따라, 즉 아이에게 주어진 환경으로 인해 세 살이 될 때까지 듣게 되는 단어의 개수가 달라진다. 예를 들어, 부모가 전문직에 종사하는 상류층 가정의 아이는 약 3천 만 개의 단어를 듣게 되는 반면, 중산층 가정의 경우에는 약 2천 만 개의 단어, 그리고 복지 수혜를 받는 하류층 가정의 경우에는 약 1천 만 개의 단어를 듣게 된다(p. 132)." 아이들이 듣게 되는 단어의 개수는 서로 달랐지만, 아이들이 듣는 언어 유형이나 주제는 비슷하였다. 아이에게 말을 많이 하는 부모들은 질문도 많이 던졌으며, 사용되는 단어들 또한 다양했다. 아이들은 각각 질적으로 다르고 새로운 언어를 경험하고 있었다.

하트와 리슬리는 부모가 아이에게 사용하는 단어의 수에 대한 분석과 더불어 부모로부터 받게 되는 강화작용의 유형도 살펴보았다. 〈표 1.1〉은 부모의 사회적 지위에 따라 사용되는 긍정적 혹은 부정적인 표현들이 어느 정도인지를 보여준다. 긍정적 표현의 예로는, "응, 그렇지. 너 참 잘 하는구나!"(Nice job. You are doing a great job!)를, 부정적 표현의 예로는 "그렇게 하지 마. 제대로 할 수 없어?"(Don't do it that way. Can't you do anything right?)를 들 수 있다. 전문직에 종사하는 부모는 일반 근로직종에 종사하는 부모에 비해 긍정적 표현을 많이 사용하고 있었으며(약 2분마다 한 번씩), 복지 수혜를 받는 하류층 가정의 부모는 부정적 혹은 금지적 표현을 중·상류층 가정의 부모에 비해 2배 정도 더 많이 사용하고 있었다.

아이들에게 말을 가장 많이 해 준 전문직 부모들 가운데 몇몇 경우는 3시간 동안 아이에게 450개의 서로 다른 단어를 사용하며, 210회의 질문을 하며 말하고 있었다. 어떤 부모는 동일한 3시간 동안 아이에게 단지 200개의 서로 다른 단어를 사용하였으며, 38회의 질문만 하고 있었다. 연구자들은 아이의 언어 발달에 가장 중요한 요소는 아이와 아이를 돌보는 사람 간에 사용되는 대화의 양이라고 결론 내리고 있다.

〈표 1.1〉시간당 듣는 긍정적, 부정적 표현의 수

구 분	시간당 듣는 단어 수	시간당 듣는 긍정적 표현의 수	시간당 듣는 부정적 표현의 수
전문직 가정의 아이	2,153	32	5
근로직 가정의 아이	1,251	12	7
복지혜택 수혜 가정의 아이	616	5	11

하지만 그들의 주장이 잘못된 것일 수도 있다. 뉴욕대학교의 캐서린 타미스 레몬다와 미국 국립보건원의 마크 본스데인이 실시한 최신 연구는 앞서 언급한 연구와 그 방향이 약간 달랐다. 즉 전문직 가정에서 엄마가 아이에게 보이는 반응을 비교하면서 그들은

다음과 같은 몇 가지 놀라운 사실을 발견하게 되었다. 평균적으로 아이들은 생후 13개월에 처음으로 단어를 말하게 되고, 생후 18개월이 되면 약 50개의 단어를 말하게 된다. 하지만 엄마가 더 적극적으로 아이에게 반응을 해주면, 즉 아이의 말에 즉시 그리고 자주 반응 해 준 경우에는 평균보다 6개월 정도 더 빠르게 단어를 말할 수 있었다. 엄마의 반응을 많이 받은 어떤 아이는 생후 10개월에 말하기 시작했고, 생후 14개월이 되자 짧은 문장 속에 여러 단어들을 사용하여 말하고 있었다(Bronson & Merryman, 2009).

이러한 적극적 반응 패턴은 어린 유아들의 두뇌에 특별한 메시지를 보낸다. 그 첫 번째 메시지는 자신이 하는 말은 영향력이 있으며, 엄마를 반응하도록 만든다는 것이다. 즉, 자기가 말하는 것이 아주 중요하다고 여기는 메시지이다. 두 번째 메시지는 사물과 소리는 서로 연결 되어 있다는 것이다. 즉 단어는 그저 단순한 단어로 그치는 것이 아니라, 소리로 된 이름을 갖는다는 메시지이다.

이 새로운 연구에서 밝혀진 내용은 가정의 경제적 요인에 근거한 것이 아니라, 부모가 보여준 반응의 패턴에 근거한 것이다. 워싱턴대학교의 파티카 컬 교수의 연구결과(2007)도 상호작용을 통한 의사소통은 언어학습에 중요한 요소가 된다는 것을 보여주면서, 아이에게는 자신들의 말을 들어주는 청취자가 필요하다는 것을 강조한다. 코넬대학교의 마이클 골드스텐은 자신의 B.A.B.Y. 실험실에서 이를 증명해 보였다. 아이에게 무선 마이크가 장착된 옷을 입혀 실험에 참여시켰다. 엄마를 아이와 같은 방에 있게 하고, 아이와 놀이만 하게 했다. 자녀에게 말하는 것은 금지시켰으나, 웃거나 만지는 등 애정 반응은 할 수 있도록 했다. 아이는 약한 소리, 혹은 비음이 포함된 옹알이부터 자음과 모음을 포함한 더 강한 옹알이까지 다양한 옹알이를 하는 모습을 보였다(Goldstein, Bornstein, Schward, Baldwin & Brandstadter, 2007). 연구의 결론은, 옹알이하는 아이에게 긍정적 반응을 보여줄수록 더 강한 옹알이 결과를 나타낸다는 것이었다.

언어습득 최적기

기회의 창, 즉 일부 학자들이 말하는 소위 결정적 시기는 특정 시기에 두뇌의 특정부분이 발달하게 되는 때를 말한다. 아이의 두뇌가 발달하도록 자극을 주지 않으면, 기회의 창이 닫혀 버리고 이로 인해 두뇌 발달과 관련된 기능들이 학습되지 않는다고 생각된다. 그렇기 때문에 생후 7개월에서 11개월 사이의 아이는 자신의 모국어 혹은 자신이 듣고 말해야 할 다른 언어를 듣는 일이 중요하다.

이 기간 동안 아이의 두뇌는 여러가지 변화를 보인다. 먼저 두뇌의 각 영역에 흐르는 전류 양을 측정하기 위해 뇌전도기로 연결해

보면, 두뇌의 한쪽 영역에서 더 많은 뇌파가 발생하고 있음을 알 수 있다. 둘째, 활발한 뇌파가 흐르는 두뇌는 더 많은 미엘린이 존재한다. 미엘린은 정보를 내보내는 역할을 하는 신경 축색돌기를 감싸고 있는 하얀 지방질 혹은 신경섬유이다. 일단 이러한 신경섬유들이 신경 축색돌기를 감싸는 과정, 즉 미엘린화가 진행되면 정보와 메시지 전달이 훨씬 쉽고 빨라진다. 셋째, 특정 부분에서 수상세포의 성장을 관찰할 수 있다. 수상세포는 정보를 받아들이는 뉴런의 부속물이다. 수상세포가 많다는 것은 해당 부분에서 그만큼 더 많은 뉴런들이 사용되고 있음을 말한다. 마지막으로는 시냅스의 밀도가 증가한다. 시냅스란 세포간의 의사소통을 위해 필요한 뉴런 사이의 공간이다. 이러한 변화의 일부 혹은 전체는 기회의 창이 열려 있을 때 나타난다. 〈표 1.2〉는 두뇌발달 과정과 관련된 기회의 창, 즉 결정적 시기와 관련된 내용들을 보여준다.

<표 1.2> 학습 기회의 창

학습유형	결정적 시기	끝나는 시점
듣기 개발	태아는 엄마 뱃속에서 약 4개월 반이면 소리를 듣기 시작하며, 약 6개월이면 목소리를 듣고, 얼마 후 목소리의 주인공이 누군지 인식한다.	8세~10세
모국어 개발	출생 이후	10세~12세
감정 개발	출생 이후	평생 동안 지속
수리 개발	출생 이후	평생 동안 지속
음악 개발	엄마 뱃속 (음악에 반응하면서)	평생 동안 지속
기억력 개발	출생 이후	평생 동안 지속
제2외국어 개발	출생 이후	평생 동안 지속 (빨리 배울수록 좋음)
시각 개발	출생 이후	출생 이후의 몇 달이 중요

환경과 경험, 그리고 두뇌 발달

아이는 생후 몇 개월 동안 두뇌 속에서 특별한 구조들이 발달하면서, 소리를 내기 시작한 다음 음절로, 이후 단어로 발전한다. 수동적인 청취자로부터 능동적인 대화자가 되고자 하는 아이는 두뇌 안의 여러 중요한 영역들을 발전시켜 나가야 한다.

적절한 언어 발달을 돕는 핵심요소는 경험이다. 아이들은 환경과 경험을 통해 특정한 언어 혹은 여러 언어들을 배울 수 있다. 어린 아이가 언어를 학습할 경우, 대부분 동일한 발달지표를 따를 것으로 알고 있지만, 각 개인들의 경험에 따라 언어 발달 단계에서 다양한 개인차를 만들어낸다(Sleeper, 2007). 만일 메이브가 영어를 사용하는 부모에게 태어나 중국어를 사용하는 가정에 입양되었다면, 영어를 유창하게 말할 수 있고, 또한 중국어도 쉽게 배울 수 있게 될 것이다. 메이브가 대화가 없는 환경 속에서 자라거나, 그를 돌보는 부모나 교사가 제대로 된 말을 들려주지 않는다면, 다른 여러 아이들이 보여주는 수준이 언어 발달이나 다른 여러 부분의 성장 과정에서 좋지 못한 결과를 보여주게 될 수 있다.

아이가 생후 1년에서 2년 동안 어딘가에 방치 되거나 어떤 대화나 상호작용 없이 생활한다면, 그 아이는 말을 늦게 배우고 운동신경의 발달도 늦는 것처럼 여러 가지 면에서 어려운 상황을 겪게 될 것이다. 이러한 극단적 형태의 아동 학대 사례는 거의 없지만 매우 드물게 발견되는 사례는 언어발달과 관련하여 우리에게 시사하는 점이 많다. 유명한 예로, 지니(가명)의 경우를 보자. 정신질환을 가진 아버지로 인해 항상 방 속에 갇혀 변기의자에 묶인 채 생활하던 지니가 발견된 것은 13살 때였다. 오랫동안의 고립생활로 인해 지니의 언어발달은 멈춰 있었다. 지니는 정상적인 어린시절을 보내지 못했다. 지니는 두 살 때까지 정상적인 유년기를 보내다가, 그 이후에는 오랜 기간 동안 방 안에 갇혀 살았다. 그로 인해 지니의 언어 능력은 사람과의 교류가 단절되기 전인 두 살 정도의 아이가 갖는 언어 능력만 갖고 있을 뿐이었다. 발견된 이후 집중적인 조명과 관심을 받았고 각종 명사와 동사 등 여러 단어들을 익혔지만, 지니는 끝까지 제대로 된 문장을 만들지 못했다. 결정적 시기 동안 두뇌에 입력된 것이 없었기 때문이었다(James, 2008).

언어 개발의 시기와 단계

대부분의 부모가 아이에게 노래하듯 가락을 넣어 말하는 소위, '아기말'은 아이의 언어 발달에 중요한 요소가 된다. 아이에게 이런 방식으로 말하는 것은 아이를 몰입하게 만들고, 소리와 음절을 표현하기 때문에 아이의 두뇌가 분명하게 소리를 듣고, 쉽게 그 소리를 구별할 수 있도록 해 준다. 예를 들면 다음과 같이 말하는 것이다. "엄마가 잠자는 사람을 잡으러 갈 거야. 하나아~, 두우울~, 세에엣~, 네에엣~. 잡았다!"(Tallal, 2007)

아이가 일반적으로 경험하는 언어 개발 단계를 요약하면 다음과 같다.

ㅣ **출생 이후 ~ 3개월** 소리를 내기 시작하며 소리의 대부분은 모

음 또는 모음과 유사한 것들이다. 언어의 소리와 함께 여러 가지 소리를 들으면서, 아이의 두뇌는 새로운 수상돌기와 시냅스가 자라도록 자극 받는다.

| **3개월 이후 ~ 6개월** 아이는 입술 사이에서 혀를 진동시키며 소리를 내는 옹알이의 횟수가 많아진다. 자기와 함께 시간을 보내는 부모 혹은 교사의 음색과 운율을 모방하며, 아이들이 내는 소리가 대화처럼 들리게 된다. 후두엽과 정수리엽이 발달함에 따라 보고, 말하는 능력이 향상된다. 후두엽은 단어를 그림으로 저장하며, 정수리엽은 모든 감각 정보를 통합한다. 이를 통해 아이는 듣고, 보고, 만지고, 단어를 이해할 수 있게 된다. 아이는 더 정확하게 볼 수 있게 되고, 자기에게 말하는 사람의 입 모양을 모방하고자 노력한다(Stamm, 2007).

| **6개월 이후 ~ 9개월** 이 단계에서 매우 중요한 것은 아이들이 자신이 들은 소리를 흉내 내기 시작하면서 내뱉는 '아기말'이다. 아이 두뇌의 언어경로가 만들어진 상태에서, 소리를 듣고 그 소리를 내고자 연습하면서 두뇌는 언어 연결경로를 계속해서 강화시켜 나간다.

| **9개월 이후 ~ 12개월** 여러 가지 다양한 목소리 음질에 반응하며, 장기 기억을 관장하는 두뇌 속의 해마가 발달하면서 기억력이 증진된다. 단어를 기억하고 그 단어의 의미를 이해하는 수준도 발전한다. 이 시기에는 실제 말하기를 시작한다(Sprenger, 2008). 생후 9개월 정도가 되면 음절을 나누어 말할 수 있는 능력(단어를 소리로 나타내는 능력)이 생기기 시작한다.

| **12개월 이후 ~ 18개월** 전전두엽(고차원적 사고가 이루어지는

전두엽의 앞부분)이 발달하는 기간으로, 이 시기에 아이들은 보다 더 논리적으로 사고하기 시작하고, 몸동작을 이해하고 사용하며, 간단한 지시에 따르기 시작한다. 단어 의미를 더 정확하게 파악하여 사물을 분류하며, 이름에 맞는 사물을 가리킬 수 있게 된다(Christie, Enz, & Vulelich, 2007).

ㅣ **18개월 이후 ~ 24개월** 이 시기의 아이는 발음이 부정확 하더라도, 단순한 문장을 만들고 간단한 노래를 부르게 된다. 이때에는 하루 평균 8~9개의 단어를 추가해가면서 자신의 어휘력과 언어능력을 확장시켜나간다. 두뇌는 더 많은 에너지를 사용하기 시작하며, 아이의 뇌는 성인의 뇌보다 2배 정도 많은 수의 연결 작용이 일어난다(Stamm, 2007). 아이가 향후 자신의 뇌에 저장할 양보다 더 많은 것들을 배우기 때문에 아주 많은 연결들이 생긴다. 하지만 결국에는 아이들 자신의 삶에 가장 중요한 연결망만 남겨두고 나머지 경로는 모두 제거하게 될 것이다.

ㅣ **24개월 이후 ~ 36개월** 언어 중추가 위치하는 두뇌 좌반구에 더 많은 혈액이 순환되는 것을 볼 수 있다. 좌반구가 더 많은 에너지를 사용하며 더 많은 활동을 하고 있음을 의미한다. 이 기간 중에 아이가 알게 되는 단어는 수 천 개에 이른다. 사용하는 문장의 구조가 더 좋아지고, 문장 속에서 더 많은 단어를 사용한다.

ㅣ **4세 전후 ~ 5세 전후** 더 높은 단계로 진행되는 이 시기에는 흉내내기 놀이가 훨씬 더 중요해진다. 아동 발달 전문가 로라 버크(2001)에 의하면, 이 시기의 아이는 '흉내내기' 및 '친구들과 말하며 놀기'가 단어의 양을 늘리는 데 중요한 역할을 한다.

언어 개발에 좋은 환경

아이의 읽기 능력은 그 아이의 언어 개발 정도와 관련성이 짙다. 앞서 언급한 지니는 어린 시절의 좋지 못한 환경 때문에 말하고 이해하는 능력을 발달시키지 못했지만, 좋은 환경에서 자라난 대부분의 아이는 읽기 습득 계획표대로 쉽게 언어를 습득하게 된다. 읽기 능력과 관련하여 평범한 환경과 좋은 환경의 차이는 무엇일까? 매리언 다이아몬드(1997)와 여러 신경과학자들은, 지니가 언어를 배우기에 아주 좋지 않은 환경에 놓였다고 말한다.

모국어를 학습하는데 가장 좋은 환경이 어떤 경우를 말하는 것인지를 알아보기 위해 다음 네 살 된 아이들의 경우를 서로 비교해 보자.

> 미아는 가지고 싶어 하는 모든 것을 가지고 있는 것 같다. 미아의 장난감 방은 블록, 진흙, 인형, 각종 장난감 차, 공으로 가득 차 있다. 모래와 물을 가지고 놀 수 있는 장난감 테이블도 있다. 방 한쪽 구석에는 부엌놀이 세트도 있는데 아이는 그곳에서 손님에게 음식을 만들어 주는 것을 좋아한다. 요리를 끝낸 후에는 설거지도 한다. 아빠가 퇴근해 오면, 미아는 아빠와 함께 게임하며 논다. 미아는 비행기 태우기 놀이를 좋아한다. 아빠는 바닥에 누워 미아를 발끝으로 들어 올리는 놀이, 소위 말하는 비행기 태우기 놀이를 한다. 아빠가 미아를 소파 가까이에 데려다 놓으면 아이는 깔깔거리며 웃는다. 미아는 행복한 아이다. 잠자리에 들 시간이 되면, 그 다음 날을 기대하며, 어떤 놀이를 할 것인지 상상한다

▎샘은 트럭놀이를 좋아한다. 샘은 20여종의 트럭을 선반 위에 진열해놓고, 시끄러운 트럭소리를 내며 방 주위를 빙빙 돌아다니며 논다. 트럭놀이뿐만 아니라 샘은 기차 테이블 놀이도 좋아한다. 기관사 모자, 삼각두건, 그리고 기차용 호각도 갖고 있다. "모두 기차에 타세요!"라고 소리치며, 트럭 주위에서 '칙칙폭폭' 소리를 질러댄다. 밤이 되면 샘의 엄마, 아빠는 기차와 관련된 책을 아이에게 읽어준다. 샘이 특히 좋아하는 책은 「The Little Engine That Could」,와 「Thomas Wins the Race」 등이다.

▎알래스카는 맞벌이 가정의 아이다. 알래스카의 엄마는 재택 근무자로, 회계업무를 담당하고, 이메일에 답신하며, 사장의 미팅 계획을 수립한다. 일일 업무를 수행하는데 몇 시간이 걸리고 어떤 경우에는 저녁 늦게까지 일하기도 한다. 컴퓨터 작업을 하는 동안에는 알래스카나 다른 형제를 돌볼 시간이 거의 없다. 알래스카의 아빠는 퇴근 후에 가족들과 인사를 나눈 다음 곧바로 TV 앞에 앉아 버린다. 알래스카가 자주 아빠 곁에 가 앉아보지만, 둘 사이의 대화는 거의 없다. 아빠는 아이에게 "저리 가서 놀아라" 혹은 "나 좀 가만히 둬라" 등의 말을 자주 한다. 다행히 집 주변 환경은 아이에게 안전한 편이어서 알래스카는 편안하게 지내고 있다. 엄마는 컴퓨터 작업을 잠시 멈추고 저녁식사를 준비한다. 하지만 아이가 식사하려고 식탁에 앉으면, 엄마는 컴퓨터 앞으로 가고, 아빠는 TV를 보면서 식사한다. 얼마 후 아빠는 아이를 침대로 데려가고, 침실 불을 끄기 전에 책 한 권을 읽어준다.

▎태어난지 3일 째부터 잭의 엄마는 아이에게 「Goodnight Moon」이라는 책을 읽어주기 시작했다. 잭은 처음에는 책속의 단어를 하나도 이해하지 못했고, 그림들 또한 무엇을 의미하는지 전혀 알 수 없었다. 하지만 잭은 엄마의 팔이 전해주는 따뜻

함과 안락함을 느끼며, 요람 속에서 들려오는 이야기 책 소리와
그 과정에 푹 빠져들었다. 엄마가 읽어 주는 책 속의 스토리는
잭을 기분 좋게 만들어 주었고, 멜로디에 빠져들게 했다. 잭이
어느 정도 나이가 들어, 다른 책을 읽어 달라고 하기 전 까지 잭
은 밤마다 계속해서 「Goodnight Moon」 이야기를 반복해서 들
었다. 부모가 들려주는 또 다른 책의 이야기도 들으면서, 잭은
단어들로 구성된 스토리와 단어의 힘을 점차 좋아하게 되었다.
부엌놀이를 할 때면, 잭은 방문자들 앞에 크레용과 보드를 가지
고 나타나 주문을 받는다. 방문객들이 원하는 주문을 받아 적는
시늉도 하고, 어떤 메뉴는 주문할 수 없다고 말하기도 한다. 잭
과 아빠는 손님들이 메뉴에 없는 내용을 주문하지 않도록 하기
위해 메뉴 판을 새로 만들기도 한다. 잭은 메뉴를 적고, 필요한
사항들을 아빠에게 알려달라고 한다. 잭 자신만의 메뉴를 만들
기 위해 단어들을 직접 적는 일에 거침이 없다.

위 아이들 가운데 주위의 관심을 거의 받지 못하는 아이는 알래
스카다. 미아는 행복하고, 가정에서의 대화도 많다. 하지만 책 읽
기 활동은 거의 하지 않고 있다. 샘의 환경은 괜찮은 편이다. 책을
많이 읽을 수 있고, 상상력을 높이는 놀이를 즐길 시간이 많이 주
어지기 때문이다. 하지만 가장 좋은 환경에서 성장하고 있는 아이
는 잭이다. 그의 경험에는 언어가 포함되어 있다. 잭의 부모는 잭
이 태어나자마자 책을 읽을 수 있도록 길을 터놓았다. 언어의 소리
와 소리의 사용, 나아가 언어 흉내 내기까지를 포함해서 잭이 의사
소통을 좋아하고, 결과적으로는 책 읽기를 좋아할 수 있는 환경을
만들어주고 있기 때문이다.

미국 소아과 학회에서 발표된 연구결과(2005)에 의하면, 아이에게 내재되어 있는 잠재력을 충분히 일깨우기 위해서는 다음과 같은 환경적 요소가 필요하다고 한다.

ㅣ 특별하다는 느낌을 갖게 한다.

ㅣ 사랑 받고 있다는 느낌을 갖게 한다.

ㅣ 안전하다는 느낌을 갖게 한다.

ㅣ 다음에는 어떤 일이 일어날 것인지를 알게 한다. (예측가능성)

ㅣ 안내 혹은 지침이 있다.

ㅣ 자유를 보장하고 자유를 제한 할 때는 통일성을 갖는다.

ㅣ 다음과 같은 환경에 노출 되도록 한다.
· 언어
· 놀이
· 탐험
· 책
· 음악

언어 개발과 성별 상관관계

남성과 여성의 차이에 대한 연구는 인지 발달과 관련한 여러 부문에서 오랫동안 계속되고 있다. 연구자들에 의하면, 남아들은 여아들에 비해 읽기와 쓰기에서 1년 6개월 정도가 늦다고 한다 (Gurian, 2007). 그 이면에는 다음과 같은 몇 가지 이유가 있다. 남아들은 여아들에 비해 성숙도가 느리며, 좀 더 자주 아프고 (결석 일자가 더 많음), 근육 발달이 좀 더 더디며, 언어(소리)의 섭렵이 상대적으로 늦고, 자기 통제가 잘 되지 않기 때문이다.

연구를 통해 실제 나타난 현상은 남아들이 여아들에 비해 아주 불리한 조건에 놓여 있다는 점이다. 학습 및 발달 장애(난독증, 자폐증, 주의집중력 장애 등)의 비율을 보면 남아들이 여아들보다 약 4배 정도 더 높게 나타난다(Eliot, 2009). 이와 관련된 내용을 좀 더 자세히 살펴 보도록 하자.

대부분의 아이는 23쌍의 염색체를 가지고 태어난다. 각각의 염색체에는 아빠와 엄마의 염색체로 이루어져 있다. 22개의 염색체는 상호 아주 유사하게 보이며, 같은 유전자를 갖는다. 만약 각 쌍의 염색체에 대한 유전자 문제가 발생하면 다른 염색체가 유전물질을 보내 문제를 해결하게 된다. 만일 문제해결이 성공적이지 못할 경우에는 완벽한 염색체가 해당 유전자의 임무수행을 위해 책임을 떠맡게 되는데, 이 때 다른 쌍의 염색체들은 활동을 하지 못하게 되는 소위, '동면 염색체'가 된다.

  예를 들어 아빠로부터 받는 10번 염색체에 이상이 있다면, 엄마로부터 받는 10번 염색체가 문제를 해결하려고 노력한다. 엄마의 염색체는 아빠의 염색체를 수정하려고 몇 년 동안이나 힘써 보지만, 노력이 제대로 먹혀 들지 않게 된다. 결국 엄마의 염색체가 그 역할을 담당하고 아빠의 염색체는 동면상태가 된다. 이러한 염색체의 결정은 겉으로 드러나지 않는다. 복잡하게 들리지만, 대부분의 사람들에게 이 과정은 특별한 문제없이 진행되고 있다. 하지만 아빠, 엄마 염색체 모두에서 문제가 발생할 경우에는 그 불완전성이 밖으로 드러나게 된다.

  사실 23번째 염색체 쌍이 우리의 인생을 결정하게 된다. 23번째 염색체 쌍은 남자, 혹은 여자라는 성을 정해주는 염색체이기 때문이다. 남자인 경우에는 아빠로부터 Y 염색체를 받고, 엄마로부터 X 염색체를 받게 된다. 아이의 성을 결정짓는 것은 항상 아빠의 염색체이다. 엄마의 염색체는 항상 X로 나타나지만, 아빠의 염색체는 X 혹은 Y로 나타나기 때문이다. 염색체 XX와 염색체 YX는 전혀 다른 유전적 특징을 갖고 있다. 인간 게놈 프로젝트를 통해 인간의 염색체 상에 존재하는 유전자를 밝혀낸 과학자들은 이제 X 염색체의 상의 약 2천 개 유전자가 두뇌 기능과 관련되어 있다는 것을 알고 있다. 여성의 경우 유전자들 가운데 이상이 발견되면 X

염색체로 대체하는 작업을 수월하게 해낸다. 하지만 남성은 그러한 작업을 쉽게 해내지 못한다. 언어 능력부터 사회화에 이르기까지 X 염색체에서 손상된 유전자는 남성을 괴롭힌다. 여성들은 실제로 여러개의 X 염색체 가운데 하나만을 사용한다. 좋은 것도 너무 많으면 좋지 않은 것처럼 두 번째 X 염색체는 부분적으로 두뇌 발달의 초기 단계에서부터 자신의 동력을 잃게 된다(Medina, 2008). 여성의 두뇌도 남성의 두뇌와 비슷하게 활동하게 되는 이유다. 하지만 남성의 X 염색체에 이상이 발생하게 되면 남성은 인지력 저하, 정신 분열증, 혹은 자폐증 등을 더 많이 겪게 된다.

말하기와 읽기의 경우는 어떠할까? 만약 남아의 X 염색체가 손상되면 어떤 일이 발생할까? 이에 관해 영국의 연구자들이 분석, 연구한 후에 내놓은 결론은 다음과 같다. 여아 보다 남아가 읽기에 더 많은 문제가 있는 것으로 보인다(Clark & Burke, 2012). 이 결론은 지금도 끊임없는 논쟁거리가 되고 있지만 수긍이 된다. 왜냐하면 태어날 때부터 남자와 여자의 두뇌는 서로 다르게 만들어졌고, 말과 언어에 대한 접근법 또한 서로 다르기 때문이다.

두뇌 양반구를 모두 이용한 말하기

1980년대에 내가 처음으로 수강한 두뇌 관련 수업은 '좌반구와 우반구'라는 제목이 붙어있었다. 그 수업에서 나는 남자의 80%는 '좌반구 기반', 여자의 80%는 '우반구 기반'이라는 말을 들었다. 좌반구는 논리적이고, 순차적이며, 또한 구체적인 사고를 하며, 한 번에 한 가지만 집중하며 감정을 조절한다고 설명하였다. 그 반대로 우반구는 보다 큰 그림에 집중하며, 좀 더 창의적이고, 직관적이며, 감정에 숨김이 없다고 설명하였다. 여성의 두뇌는 너무나도 감성적인데 비해, 남성의 두뇌는 상대적으로 감성이 부족하다는 것이었다.

1980년대를 넘어 두뇌 연구가 계속되면서, 이제 좌반구, 우반구를 대조하던 이론은 힘을 잃게 되었다. 각 두뇌는 모두 전체적으로 통합되는 것임을 확실히 알 수 있게 되었기 때문이다. 과학의 발달로 인해 우리는 보다 더 생산적인 방향으로, 그리고 보다 더 분명하게 두뇌를 관찰할 수 있게 되었다. 남자와 여자의 두뇌에는 차이가 있다. 하지만 그 차이점은 양반구의 차이점과 같이 미리 확정되어 나오는 것이 아니다. 언어와 읽기 부분에 관련해서 양반구를 다시 한 번 관찰하며 비교해 볼 필요가 있다. 일부 과학자들은 생후 몇 년 동안에는 여아가 남아에 비해 좌반구가 좀 더 강하게 작용하는데 이로 말미암아 여아가 남아에 비해 언어 발달이 더 빠른 이유가 된다고 말한다. 이때 남아의 두뇌는 상대적으로 우반구가 보다 더 활발하게 작용한다고 설명한다. 이는 남아가 여아에 비해 공간 활용 측면이 앞서지만, 언어적인 면에서는 여자아이보다 뒤처지게 되는 이유가 된다(Gurian, Henley & Trueman, 2001).

두뇌의 양반구는 모두 함께 작용을 하지만, 초기 발달 단계에서는 혈액순환과 전기적 활동이 한쪽에서만 관찰될 수도 있고, 양측에서 관찰될 수도 있으며, 또한 (좌반구 및 우반구가) 서로 협조하는 것이 관찰되기도 한다. 중요한 것은 서로 협조하는 것이지, 서로 방해하는 것이 아니라는 점이다. 즉 두뇌의 한쪽 반구에서 자신의 작업을 마친 후 관련 정보를 반대쪽 반구로 전달하여 다른 방식으로 커뮤니케이션 기능을 하는 것이다. 정보는 뇌량이라고 하는 섬유질 다발을 통과한다. 아이는 뇌량이 잘 발달된 상태로 태어나지는 않지만, 두뇌 양반구의 상호 협조와 커뮤니케이션을 통하여 성장이 촉진된다. 뇌량을 사람의 발길이 닿지 않아 잡초가 무성하고 다듬어지지 않은 숲길이라 가정해보자. 이러한 길을 지나가기 위해서는 먼저 길 주위에 무성한 잡초를 걷어치워야 하고, 수많은 돌멩이를 없애버려야 할 것이다. 길이 난 다음에는 길을 자주 사용해야 한다. 그 길은 많이 사용하면 할수록, 매끄러운 길로 바뀌게 된다.

쿠시와 그린버그는 좌뇌와 우뇌가 처음으로 연결되는 기회에 대해 설명한다. 이는 감정적인 경험을 통해서 일어난다. 아이가 언어를 배우기 전에 부모는 아이에게 말을 해주어야 한다. 그러한 말은 간단한 단어들 혹은 표현들로부터 시작된다. 실례로, "이 인형 좀 봐!" "이게 너의 코야!" 등의 표현을 사용한다. 경험과 관련되는 것도 말을 통해 제시해야 한다. 가령, 메이브가 어떤 물건을 만지려고 하다가 넘어지면, 울어버리기 쉽다. 이때 메이브의 부모는 다음과 같이 말해줄 수 있을 것이다. "괜찮아, 괜찮아!" 그런 다음 아이가 혼자 일어설 수 없으면 일어나도록 도와주면 된다. 그런데 이에 더하여 부모가 아이가 갖는 느낌, 즉 감정적인 부분과 신체적인 부분에 대해 보다 더 세심하게 배려하면서 말해 준다면, 부모는 아이의 좌뇌와 우뇌를 연결시킬 수 있는 기회를 제공하게 된다. 만약 부모가 "이런! 다쳤구나! 이리와! '호호' 해줄게. 예쁜 곰 인형을 만지지도 못하고 넘어져 버렸으니 많이 속상하겠구나!" 하고 말해 준다면, 부모는 메이브에게 좌반구에서 처리할 단어를 전달한 후, 우반구에서 처리하는 감정도 함께 전달하게 된 것이다. 이로써 아이의 좌반구와 우반구 사이에는 연결된 길이 생겨나는 것이다.

〈표 1.3〉 두뇌 양반구의 기능

좌 뇌	우 뇌
– 세부내용 중심	– 큰 그림 중심
– 순차적	– 전체적
– 언어 중심	– 운율, 어조 중심
: 표현, 수용언어, 말하기, 문법, 소리 등	– 감각 이미지 기억
– 단기 구두 기억	– 불쾌한 감정신호 전달
– 즐거운 감정	– 좋아하거나, 좋아하지 않는 감정의 수용
– 사실	– 신체언어, 얼굴표정 읽기
– 추상적 처리과정	– 구체적 처리과정
– 지식	– 감정적 의미의 지식

　왜 좌반구와 우반구의 연결이 언어 학습에 중요한 것일까? 〈표 1.3〉은 두뇌의 각 반구가 수행하는 기능을 보여준다. 예를 들어, 단어에 관한 사항, 또는 단어의 의미에 관한 사항은 좌반구에서 처리되지만, 어조나 운율(소리의 높낮이, 리듬 등)은 우반구에서 처리된다. 언어의 감정적 부분들도 우반구에서 처리된다. 좌반구와 우반구 사이를 잇는 연결 부위들이 빨리 발달할수록 아이의 말하기가 빨라지고, 단어 및 단어의 의미를 이해하는 수준이 더 나아진다(Kagann & Herschkowitz, 2005).

거울 신경

지난 수십 년 간 두뇌 과학이 밝혀낸 가장 흥미로운 것들 중 하나는 거울 신경(Mirror Neurons)이다. 다른 사람이 하품하는 것을 보면 왜 자신도 하품하게 되는지 궁금했다면, 이것은 거울 신경 때문이다. 이 두뇌 세포는 당신이 보고 듣는 것을 연결시켜주는 거울이 된다.

1995년 이탈리아의 몇몇 학자들은, 원숭이들이 무엇인가를 성취할 때 두뇌에 어떤 변화가 일어나는지를 연구했다(Iacoboni, 2009). 연구자는 원숭이가 자신을 바라보고 있을 때, 원숭이의 행동을 따라 해 보았다. 그리고 그 원숭이 두뇌의 신경활동 반응을 살펴보니, 보는 것만으로도 그 행동을 했을 때와 똑같은 반응이 나타났다.

거울 신경은 사람들이 어떤 동작을 쳐다보거나, 그 동작과 관련되는 책을 읽을 경우에 활성화된다. 이것은 언어를 배울 때, 아이가 다른 사람과 상호작용하고 다른 사람을 모방하기 위해 표정, 입, 혀의 움직임을 쳐다보는 일이 중요하다는 것을 말해준다. 갓 태어난 아이에게, 아이를 안고 있는 어른이 혀를 내밀면, 아이도 혀를 내밀 것이다. 「Mirroring People」이라는 책을 쓴 학자 마르코 라코보니와 같은 연구자들은, '거울 신경 네트워크'가 인간이 모방을 통해 배우고, 언어 속의 의미를 사용하고, 공감을 할 수 있게 하는 놀라운 역할을 수행한다고 믿는다.

부모나 교사가 확실하게 감정 표현을 하면서 아이와의 대화에 행복하고 기쁜 표정으로 반응해주면, 아이의 거울 신경은 동일하게 반응하며 즐거움을 느끼게 된다.

부모가 즐거운 마음으로 아이에게 책을 읽어 주는 일, 특히 큰 소리로 책을 읽어주는 일은 아이에게 기쁨을 주는 행동이며, 앞으로 더 많이 읽고 듣는 것을 배울 수 있도록 격려하는 행동인 것이다.

언어 개발을 돕는 주요활동

부모와 교사가 아이의 언어 개발을 돕는 방법에는 여러 가지가 있다. 아이가 학교에 들어가기 전까지는 아이를 키우고 있는 부모가 아이의 첫 번째 교사이다.

생후 두 살까지
| 아이에게 말해 주기. 아이가 하고 있는 일을 설명한다. "여기 단추가 세 개 있네. 하나, 둘, 셋!"

| 아이가 내는 소리는 어떤 것이든지 인정해 주고, 그 소리를 다시 반복해서 들려준다.

| 부모는 아이의 얼굴 표정을 흉내 내고, 그 표정을 과장되게 표현한다. 예를 들면, "까꿍" 놀이를 하면서, 크게 놀란 표정을 보여준다.

| 아이에게 큰 소리로 책을 읽어준다.

| 아이가 거울을 통해 자신을 볼 수 있도록 해주며, 소리를 낼 때 아이 자신의 입 모양을 쳐다보게 한다. 부모가 아이에게 말을 할 때에도 부모의 입 모양을 아이가 볼 수 있게 한다.

두 살 이후 네 살까지
| 아이가 말한 것을 다시 말해주며, 엄마가 자신을 이해한다는 것을 알아차리게 한다.

53

| 아이에게 큰 소리로 책을 읽어 준다.

| 아이에게 신체부위, 방안의 물건 등 주변 사물의 이름을 알려
  준다.

| 자주 접하는 물건을 보여주며, 그 이름이 무엇인지 아이에게
  물어본다.

| 동요를 불러주고, 아이가 혼자 부를 수 있도록 격려해준다.

| 아이에게 사진을 보여주고, 사진 안에서는 어떤 일이 일어나고
  있는지 물어본다.

| 보고 있는 사진에 대한 이야기를 하게 한다.

네 살 이후 여섯 살까지
| 말하기 전에 아이가 집중하고 있는지 확인한다.

| 물건을 분류해 보도록 한다.

| 아이에게 말을 할 때 잠시 쉬는 시간을 주어, 아이도 말할 수
  있는 기회를 준다.

| 간단한 일을 하도록 지시하고, 이를 행할 수 있는지 살핀다.

| 아이에게 큰 소리로 책을 읽어준다.

| 소꿉놀이 등과 같은 역할놀이를 한다.

| 아이를 시장에 데리고 가서 구입할 물건이 무엇인지 얼마나 사야 하는지 물어본다.

| 사야 할 것들을 세어보게 한다.

여섯 살 이후
| 어른과 말하듯 아이와 대화 한다.

| 큰 소리로 책을 읽어준다.

 요약정리

언어는 그 무엇과도 비교할 수 없는 인간 능력 중 하나다. 언어는 두뇌 속에 단단하게 고정되어 있다. 두뇌 속에는 각 영역별로 담당하는 특수 언어관련 분야가 있다, 각 영역들이 적절한 시기에 잘 연결되도록 해주는 경험이 필요하다. 적절한 환경이 제공되고 두뇌 활성화를 통해 얻어지는 지식이 늘어나게 되면, 아이는 훨씬 나은 언어 학습자가 될 수 있다. 아이들은 단어의 수를 늘려가고, 해당 단어가 무엇을 의미하는지 알게 되며, 점차 시간이 지나면서 읽을 줄 알게 되고, 소리의 조합이 곧 의미를 형성하며, 이러한 것들은 곧바로 생활에 영향을 미친다는 것을 이해하게 된다.

하지만 최근 연구결과에 의하면 두뇌에는 읽기를 위한 연결 경로가 선천적으로 형성된 것이 아니라는 사실이 밝혀졌다. 다음 장에서는 읽기 작업이 신경의 재순환 과정을 통해 이루어지는 것임을 설명할 것이다. 즉 읽기 경로를 만들어 내기 위해 두뇌세포가 보충되는 신경의 재순환 과정에 관한 것으로 대부분 언어 경로 구축은 신경 재순환 과정을 통해 이루어진다. 따라서 아이가 성공적으로 읽을 수 있도록 하기 위해서는 언어 경로가 최상의 생산을 할 수 있는지 확인하는 일이 중요하다. 언어 경로가 단단해질수록 두뇌는 강력한 읽기 네트워크를 만드는데 필요한 세포를 보다 더 쉽게 재사용할 수 있게 된다.

제 2 장

언어 학습과 두뇌

Wiring the Brain for Reading

제 2 장 | 언어 학습과 두뇌

학습 중인 두뇌가 실제 어떻게 작용하는지 알게 된 것은 전적으로 영상 기술의 발전 덕분이다. 두뇌가 어떻게 읽을 수 있게 되는지를 연구하는 전문가들은 발전된 영상 기술을 사용하여 기존의 이론을 검토하고, 책 읽는 사람들을 상호 비교하며 두뇌 속에서 나타나는 특이한 현상을 연구한다. 기술이 발달하기 전에는 읽기에 어려움이 있는 사람을 연구하기 위해서, 그들이 사망한 후 두뇌를 해부하여, 어떤 부위에 손상이 생겼는지, 혹은 어떤 연결이 부족했는지를 연구했다. 하지만 최근에는 책 읽는 두뇌를 실시간 관찰함으로써 읽기에 어려움을 겪는 많은 학생들에게 도움을 줄 수 있는 해법을 제시할 수 있게 되었다.

대부분의 사람들은 책 읽기 능력이란 자신의 자녀는 물론 모든 아이가 태어나면서부터 자연적으로 갖게 되는 능력이라고 생각하고 있다. 이러한 생각을 바탕으로 아이를 가르치는 교사들은 읽기 교육은 어렵지 않게 행할 수 있을 것으로 기대한다. 아이가 조금 더 자라 초등학교, 중학교, 고등학교에 들어가게 될 때, 읽기 능력은 타고난다고 생각하는 교사는 학생들이 학습에 필요한 읽기능력을 이미 완전히 갖췄을 것으로 믿는다. 하지만 이러한 기대에 부응하지 못하는 아이들에게 읽기는 엄청난 압박을 주는 과제가 되며,

이로 인해 스스로 위축되어 버린다. 읽기능력을 제대로 갖추지 못한 아이의 부모나 교사 역시 아이의 읽기능력을 제대로 구축해주지 못한 점을 자책하며, 다음과 같이 자문하게 된다. '무엇이 잘못된 것일까? 내가 아이에게 제대로 가르쳐 주지 못한 것이 무엇일까? 아이의 읽기 능력을 향상시키기 위해 내가 더 노력해야 할 일은 무엇일까?'

이번 장에서는 아이가 읽기를 어떻게 배우는지를 이해하는데 필요한 기초지식을 쌓기 위해, 먼저 두뇌 각 부위의 역할에 대해 살펴볼 것이다. 이미 두뇌 관련 지식을 충분히 알고 있는 독자들이라면, 본 장의 일부 내용을 읽지 않고 건너뛰어도 무방할 것이다. 하지만 두뇌와 관련한 내용을 잘 모르고 있다면, 본 장은 읽기 학습과 관련된 신경과학자들의 최근 연구 결과를 이해할 수 있는 유용한 기초지식을 제공해 줄 것이다. 책 읽는 두뇌 능력은 시간이 지나면 자연히 생겨나거나, 거저 얻어지는 능력이 아니다. 책 읽는 두뇌는 두뇌에 새로운 소프트웨어가 장착되는 것과 같이 의도적인 과정이 필요하다. 몇몇 학자들은 책을 읽을 수 있는 두뇌가 되는 과정을 재순환 과정(recycling process)이라고 말한다. 또 다른 학자들은 두뇌가 책을 읽게 되는 과정을 '기적'이라는 단어로 표현하고 있다.

두뇌의 구조

읽기 능력이 어떻게 개발되는지 이해하기 위해서는 먼저 두뇌의 구조와 기능에 관한 기본 지식이 있어야 한다. 우리의 두뇌는 매우 복잡하게 구성되어 있다. 또한 두뇌는 환경에 적응하고 생존하기 위해 끊임없이 진화 발전해 왔다. 인간 두뇌는 가장 중요한 목표를 생존에 두고 살아왔으며, 지금도 그러한 목표 하에 살아간다. 매순간 생존을 최우선 순위에 놓고 생각하고, 결정하고, 실행한다. 그 무엇보다 생존을 최우선에 두면서 사람, 장소, 혹은 사물을 선택하거나 회피하게 되는 것이다.

성인의 두뇌 무게는 약 1.4kg이다. 남성의 두뇌가 여성의 두뇌보다 조금 더 무겁다. 두뇌 무게가 지능에 영향을 주지는 않는다. 태어날 때의 두뇌는 약 0.5kg 정도에 불과하다. 태어나는 순간에는 모든 신체 부위 중에서 가장 덜 발달된 기관이다. 하지만 냄새를 맡고 소리를 듣는 일과 관련된 두뇌 연결 부위를 빠르게 발달시키기 시작한다. 두뇌는 좌뇌와 우뇌로 나뉘는데, 중심부에 위치하고 섬유질 다발로 구성된 뇌량이 두 반구를 연결한다. 두뇌 발달이나 언어 발달이 어떻게 이루어지는지 알아보기 위한 핵심 열쇠는 좌뇌와 우뇌가 수행하는 기능을 이해하는 것이다. 하지만 우리가 먼저 알아야 두어야 하는 것은 좌뇌와 우뇌는 항상 함께 작업한다는 사실이다. 우리는 이를 '뇌의 전체성(whole-brained)'이라고 부

른다. 좌뇌와 우뇌를 따로 구분하여 설명하는 일은 이제 낡고 오래
된 방법이다.

두뇌 바깥층은 신피질이라고 부른다. 두께는 0.3cm~0.6cm 정
도가 되는데, 인간의 두뇌에서만 나타나는 유일한 특징이다. 신피
질의 존재로 인간은 한 차원 더 높은 생각을 할 수 있게 된다.

좌뇌와 우뇌는 각각 측두엽, 전두엽, 정수리엽, 후두엽이라는 네
개의 엽으로 구성되어 있다(그림 2.1 참조). 〈그림 2.1〉에는 이어
서 언급할 두 개의 언어 중추부가 표시되어 있다.

네 개의 엽들은 특정 언어 중추부들과의 상호 작용을 통해 구두
언어의 기본적인 내용을 이해할 수 있게 되고, 최종적으로는 우리
가 이 책을 읽듯이 읽을 수 있게 된다.

〈그림 2.1〉 두뇌 속의 각 영역과 언어 중추부

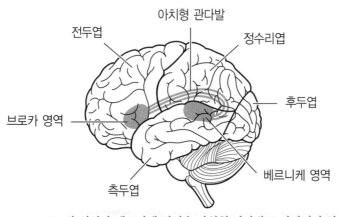

브로카 영역과 베르니케 영역은 아치형 관다발로 연결되어 있다.

후두엽(Occipital Lobes)

후두엽은 두뇌 뒤쪽에 위치하고 있다. 위치를 확인하고 싶다면, 손을 머리 뒤쪽으로 옮겨 보기 바란다. 그곳이 바로 후두엽이다. 후두엽에서는 시각적 정보를 인지하고 해석한다. 후두엽을 감싸고 있는 신피질의 바깥 부분은 시각피질로써, 책 읽기와 관련된 매우 중요한 부분이다.

정수리엽(Parietal Lobes)

후두엽의 윗 부분에 있다. 두뇌 뒤 꼭대기 부분에 위치하는 정수리엽은 감각 정보를 종합한다. 읽기 학습의 핵심 구조체인 정수리엽은 두뇌로 들어오는 모든 청각 정보와 시각 정보를 촉각 입력으로 통합시킨다.

측두엽(Temporal Lobes)

측두엽은 두뇌 속, 양쪽 귀의 윗 부분에 위치한다. 듣기 작업을 관장하며, 소리를 내거나 기억하는 일도 부분적으로 관여한다. 측두엽은 청각 피질이라고 하는 신피질로 쌓여있다. 측두엽은 외부에서 입력되는 모든 청각적 자극과 정보를 해석한다.

전두엽(Frontal Lobes)

전두엽은 전전두엽을 포함한다. 전전두엽은 이마 뒷부분의 피질을 일컫는데, 여기서는 이성적 판단, 동작 기능, 높은 수준의 인식, 언어 표현력 등을 관장한다. 전두엽을 감싸는 신피질의 일부는 결합 피질이라고 한다. 먼저 기억된 내용에 대한 그림을 그린 후, 이어서 인간의 기본적 감정을 관장하는 구조체인 편도체로부터 감정적 정보를 전달받아 판단을 내리는 곳이 전두엽이다. 두뇌의 CEO라고 불리는 전두엽은 감정대로 행동하는 일이 발생하지 않도록 여러 감정을 조절한다.(줄을 서서 기다리고 있는데, 앞으로 누군가가 새치기하여 들어올 경우 그 사람을 밀쳐버리고 싶은 생각이 들지만, 그러한 감정을 자제하도록 생각을 조절해 주는 곳이 전두엽이다.)

간뇌의 시상(Thalamus)

시상은 두뇌의 '성대한 중앙 역'이라고 일컬어진다. 시상은 입력되는 모든 정보를 수용하고, 수용된 정보를 처리할 적절한 구역으로 보낸다. 청각 정보는 청각 피질로, 시각 정보는 시각 피질로 각각 내보내는 역할을 하는 중앙 역이다.

브로카 영역(Broca's Area)

언어의 의미는 이해하였지만, 이를 표현하지는 못하는 환자를 치료한 프랑스 출신의 외과 의사 폴 브로카(Paul Broca 1824-1880)의 이름을 사용한 것이다. 환자의 사후 부검 결과 전두엽의 왼쪽 부분이 손상되어 있었다. 브로카 영역은 두 가지 기능을 수행한다. 하나는 언어의 소리를 만들어내는 일이며, 다른 하나는 언어의 의미를 이해하는 일이다.

베르니케 영역(Wernick's Area)

독일의 정신과 의사 칼 베르니케(Carl Wernicke 1848-1904)가 발견한 두뇌 부위이다. 베르니케는 언어의 의미를 이해하지 못하거나, 일관성 있게 말하지 못하는 두 환자의 특정한 두뇌 영역, 즉 좌측 측두엽과 정수리엽 부위를 연구하였다. 이 부위는 신호 언어, 구두 언어 및 문자 언어를 사용할 때 활성화되는 영역이다. 베르니케 영역은 머릿속에 단어를 담는 기관, 혹은 두뇌 속의 사전이라고도 한다.

아치형 관다발(Arcuate Fasciculus)

브로카 영역과 베르니케 영역을 연결하는 섬유질 다발이다. 두 영역 사이에서 정보를 중계한다.

각회(Angular Gyrus)

피질 조직이다. 베르니케 영역과 후두엽의 외부층인 시각 피질의 중간 부분을 말한다. 글자를 비롯한 각종 상징물을 인식하는 곳이다.

소뇌(Cerebellum)

후두부 아래쪽, 두뇌의 뒤쪽 부분에 위치한다. '작은 두뇌' 라고 일컬어지는 소뇌는 운동 즉, 언어의 시간성과 동시성이 발현될 수 있도록 도와주는 역할을 수행한다.

두뇌 활동 관찰 방법

수술이나 해부를 통해서만 두뇌의 구조와 기능에 대한 정보를 알 수 있었던 과거와는 달리, 최근에는 발달된 두뇌 영상 기술로 인해 신경과학자와 의학전문가들이 두뇌를 확인하고 분석할 수 있는 계기가 마련되었다. 대부분의 두뇌 영상 기술들은 이제 방사능에 노출되지 않은 상태로 사용할 수 있게 된 것이다.

과거에 많이 사용되던 X-선 대신, 최근에는 발달된 각종 영상 기술을 통해 두뇌를 관찰하고 분석한다. 과학자와 의사들은 측정하고자 하는 내용에 따라 보통 6개의 스캐닝 장치를 사용하고 있으며, 앞으로는 이와 유사한 장치들이 더 많이 사용될 것으로 전망된다.

두뇌의 모습이나 기능을 살펴보는데 가장 유용하게 사용되고 있는 도구들을 간략히 정리하면 다음과 같다.

뇌파 기록장치(Electroencephalography)

두뇌는 전기적 기능과 함께 화학적인 기능도 수행한다. 뇌파기록장치(EEG)는 두뇌 속의 전기적 활동 상태를 측정한다. 이를 통해 과학자들은 특정한 자극에 반응하는 신경세포의 영역이 어떻게 움직이는 지를 볼 수 있게 된다. 즉 말을 하거나 책을 읽는 것과 같은 특정업무를 수행할 경우 이동하는 전기 신호를 감지하는 장치를 통하여, 전기적 진동이나 순환이 어떻게 변화하는지 그래프로 분석할 수 있게 된 것이다.

컴퓨터 축선 그림 장치(Computerized Axial Tomography)

CT 혹은 CAT라고 일컫는 컴퓨터 축선 그림 장치(CAT)는 컴퓨터 기술과 X-선을 결합시켜, 두뇌의 단면을 2차원 혹은 3차원의 이미지로 제공한다. 이처럼 정밀한 이미지를 통해 두뇌의 기능뿐 아니라 그 구조를 같이 살펴볼 수 있도록 해준다. CT를 활용한 정밀검사는 방사능에 노출되기 때문에, 연구 목적이 교육에 한정된 경우에는 사용이 허가되지 않는다.

양전자 방출 사진 장치(Positron Emission Tomography)

양전자 방출 사진 장치(PET)는 두뇌 속 여러 부분의 활동 상태를 측정하기 위해 사용된다. 두뇌는 포도당의 힘으로 움직이기 때문에, 실험 대상자들의 두뇌 속 상황을 살펴보고자 할 경우, 대상자들에게 방사능 원소와 결합된 포도당 주사처리를 하게 된다. 보다 더 활발한 운동이 일어나는 부분에서는 좀 더 많은 포도당이 필요하게 된다. 연구자들은 대상자들의 혈액 순환이 어느 부분에서 가장 원활히 일어나는지 확인하기 위해 컴퓨터 화면을 주시한다. 말을 하거나 책을 읽는 동안 혈액 순환이 더 활발하게 진행된다면, 그러한 활동을 할 때 더 많은 포도당이 요구되고 있다는 것을 의미한다 (Sousa, 2010). 화면상 붉게 나타나거나, 노랗게 나타나는 부분이 가장 왕성한 활동이 일어나고 있는 부분이다.

PET는 두뇌의 기능을 살펴보기 위해 제일 먼저 도입된 영상 기법이지만, 환자에게 방사능을 투입해야 하는 문제가 있어 사용이 제한되고 있다. 특히 어린아이의 경우, 두뇌 손상이 의심되지 않는 이상 사용되는 일이 없다.

PET에 대한 사항은 〈그림 2.2〉를 참조하기 바란다. 읽기 작업을 수행하는 동안 나타나는 두뇌 사진을 볼 수 있다. 또한 책을 읽기 위해서 두뇌의 어떤 부위가 연결되어야 하는지도 확인할 수 있다.

〈그림 2.2〉읽기 작업과 관련된 두뇌의 기능별 활성화 구역

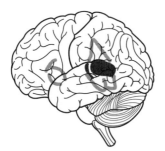

A. 단어 듣기

청각 부분 활성화

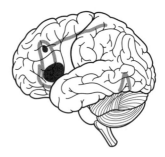

B. 단어 연상하기

브로카 영역과 전두엽 활성화

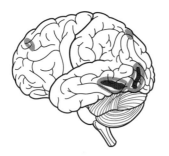

C. 단어 읽기

시각적 단어 형태 영역과 시각
피질 활성화

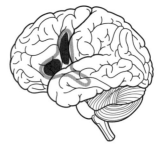

D. 단어 생성하기

브로카 영역과 운동 피질 활성화

두뇌 영상을 통해 밝혀진 내용

읽기 연구에 두뇌 영상 도구를 사용함으로써 밝혀진 내용들은 다음과 같다.

ㅣ 읽기에 어려움을 겪는 아이는 그렇지 않은 아이에 비해 두뇌 활용을 더 어려워한다.

ㅣ 난독증 아이는 유창하게 읽는 아이가 사용하는 두뇌영역과는 다른 두뇌 영역을 사용한다.

ㅣ 초보단계의 독자들은 전문적이고 숙달된 독자들이 사용하는 두뇌 경로와 다른 두뇌 경로를 사용한다.

ㅣ 여러 가지 중재 방법을 사용하면 읽기에 어려움을 겪는 아이와 난독증 으로 고생하는 아이의 두뇌 읽기 경로를 재조직화 할 수 있다.

자기 공명 영상(Functional Magnetic Resonance Imaging: fMRI)

자기 공명 영상관찰을 통해 두뇌 세포의 혈액 헤모글로빈이 얼마나 감소했는지 알 수 있다. 피실험자가 어떤 생각을 할 경우, 두뇌의 각 영역을 활성화시키기 위해서는 산소와 포도당이 필요하게 된다. 산소는 헤모글로빈을 통해 세포 속으로 이동하며, 헤모글로빈 속의 철분은 이동 과정에서 사용되는 많은 양의 마그넷에 반응하게 된다. 과학자들은 진행되는 과정을 살펴보면서 두뇌의 어떤 영역이 가장 많이 활성화되는지 분석하고, 두뇌 세포를 오가는 산소의 양을 비교한다.

두뇌 세포

두뇌는 개별화된 세포로 이루어져 있다. 세포들 중 어느 일부는 학습과 기억을 도와주는 네트워크를 만들어내기 위해 상호 소통하고, 다른 일부 세포들은 학습 세포들이 요구하는 세포 성장을 도와준다.

뉴런(Neuron)

인간은 뉴런으로 이름 붙여진 약 1천 억 개의 학습하는 신경세포를 가지고 태어난다. 자궁 속 태아는 약 2천 억 개의 뉴런을 가지고 있지만, 태어나기 전에 이미 절반 정도가 소멸된다. 두뇌는 자신의 생존 가능성을 높이기 위해 필요한 뉴런은 생성하고, 존재할 필요가 없는 잉여 뉴런은 스스로 가지치기하여 없애버린다. '계속 사용하거나, 없애 버리기' 전략을 통해 두뇌는 앞으로 사용하게 될 뉴런만을 살려 놓는다. 대개의 경우, 소멸된 뉴런은 다시 만들어지지 않는다. 즉 사용하지 않는 뉴런은 소멸된다. 하지만 과학자들은 두뇌의 특정 영역에서는 새로운 세포가 생겨난다는 사실을 발견했다(Doidge, 2007). 새로운 세포가 생성되는 영역에는 해마도 포함된다. 해마는 학습에 매우 중요한 부분이다. 두뇌의 중앙부에 위치한 해마는 그 생긴 모습에 따라 붙여진 이름으로, 새로운 기억을 생성해 낼 수 있도록 도와주는 조직체이다.

해마 세포는 전체 두뇌의 10% 정도로써, 그 수는 그다지 많은 편이 아니다. 하지만 3만 개 정도에 불과한 세포만으로도 두뇌 속의 지휘관 역할을 훌륭하게 수행해 낸다! 과학자들은 뉴런 조직을 세포체, 수상세포, 축색돌기라는 세 부분으로 구분하여 설명하고 있다. 세포체는 DNA, RNA, 미토콘드리아, 나아가 기억 혹은 망각에 도움을 주는 물질들로 구성된 세포핵으로 이루어져 있다. 어떤 정보를 학습하게 되면 더 많은 수상세포가 성장하게 된다. 인간의 두뇌 속 각 뉴런은 6천 개 내지 1만 개 정도의 수상세포가 있는데, 다른 뉴런의 6천 개 내지 1만 개 정도의 수상세포와 연결점을 만든다. 개별 뉴런에 수많은 수상세포가 있지만, 각 수상세포에 붙어 있는 축색돌기는 단 1개뿐이다. 축색돌기는 다른 세포에 정보를 내보내는 역할을 담당한다. 각 뉴런은 단일 구조체로 만들어져 있다. 하지만, 축색돌기의 끝 부분인 축색돌기 종점이라고 하는 작은 부속물체는 전달되어야 할 메시지가 늘어날 경우, 계속 성장한다(그림 2.3 참조).

〈그림 2.3〉 정보의 유입 경로.

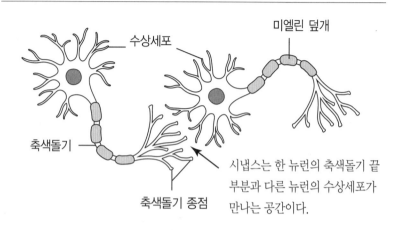

미엘린 덮개

수상세포

축색돌기

축색돌기 종점

시냅스는 한 뉴런의 축색돌기 끝 부분과 다른 뉴런의 수상세포가 만나는 공간이다.

정보는 수상세포 및 축색돌기를 통해 흘러간다.

　　대부분의 축색돌기는 미엘린이라고 하는 하얀색의 지방질 덮개로 둘러싸여 있다. 미엘린화 과정에 대해서는 여러 다른 의견들이 있으며, 논의가 계속되고 있다. 일부 학자들은 뉴런이 사용되어 미엘린이 형성된다고 주장한다. 즉 뉴런이 다른 뉴런들과 연결되는 과정에서 미엘린 형성이 강화된다는 것이다. 미엘린은 희소돌기아교세포라고 하는 축색돌기 주변을 에워싸는 세포로 구성된다. 아교세포는 정보를 보호하면서도 한편으로는 해당 정보가 쉽게 전달될 수 있게 해주는 일종의 보호막 세포이다. 하지만 이 이론에 동의하지 않는 학자들은 미엘린이 두뇌 자체의 발달에 따라 형성되는 것이라고 주장한다. 즉 두뇌의 일정 부위가 발달하게 되면,

해당 부위의 작업을 도와주기 위해 축색돌기 주위가 미엘린으로 둘러싸이게 된다는 것이다.

사람들이 행하는 모든 것, 즉 모든 행위는 뉴런간 상호 의사소통의 결과물이다. 말하기, 읽기, 그리고 쓰기 - 이 모든 것은 뉴런간의 의사소통을 통해 나타나는 결과물인 셈이다. 두뇌 세포들이 각 세포 단계에서 어떻게 작동되는지 이해한다면, 글을 쉽게 잘 읽는 아이가 책을 읽을 때 어떤 현상이 나타나는지 알 수 있게 된다. 아울러 글 읽는 문제로 계속 씨름하는 아이가 어려움을 겪는 이유도 알게 될 것이다.

아교세포(Glia)

세포를 양육하는 세포를 아교세포(glia 혹은 glial cells)라고 한다 (glia는 glue(접착제)를 뜻하는 라틴어이다). 아교세포는 여러 유형이 있다. 어떤 아교세포는 혈액이 두뇌로 들어올 때, 검문소와 같은 기능을 수행한다. 즉, 어떤 물질은 두뇌 속으로 흘러 들어오도록 허용하고, 죽은 세포 또는 산화되다가 남은 분자들은 들어오지 못하게 하는 기능을 수행하는 것이다. 희소돌기 아교세포는 축색돌기에 미엘린으로 코팅된 아교세포를 말하며, 미세 아교세포는 더 이상 변하지 않는 뉴런의 조직들처럼, 부스러기가 없는 아교세포를 말한다. 두뇌의 90%는 아교세포로 구성되어 있으며, 아교세포는 계속 재생된다.

아교세포에 관한 최근 연구는 아교세포가 수행하는 임무와 관련된 흥미로운 정보를 알려준다. 미엘린화된 축색돌기의 희소돌기 아교세포는 메시지 전달 혹은 정보 전달에 소요되는 시간과 밀접한 관련성을 갖는다(Leitzell, 2008).

세포는 어떻게 소통하는가?

두뇌 속에서의 메시지 전달은 전기-화학적 반응에 의해서 일어난다. 이 반응을 이해하려면 신경 자극을 일으키는 두 가지 요소, 즉 시냅스와 신경전달물질을 알고 있어야 한다.

시냅스

시냅스(염색체 접합부위)는 뉴런의 축색돌기와 다른 뉴런의 수상세포 사이의 공간을 일컫는다. 정보는 축색돌기를 통해 송신되고 수상세포에서 수신된다는 점을 기억하기 바란다. 이론적으로, 소통하는 뉴런들은 서로 접촉하지 않는다. 뉴런 내에서의 메시지 전달은 전기적으로 이루어지지만, 뉴런 상호간의 메시지 전달은 화학적으로 이루어진다. 뉴런 사이의 시냅스에서는 전기적 연결을 통한 메시지 전달이 아니라 뉴런 전달 매체라고 하는 일종의 화학물질이 시냅스를 가로지르며 메시지를 전달하게 된다.

신경전달물질

학습이라는 말을 두뇌과학 언어로 정의하면, 어떤 뉴런의 축색돌기에서 일어난 화학적 반응이 다른 뉴런의 수상세포에 접합되고 수용되는 것이라고 할 수 있다. 첫 번째 연결에 이어 동일한 접합이 두 번째 발생하게 되면, 연결 상태는 첫 번째보다 더욱 강력해진다. 더불어, 접합에 필요한 화학적 반응은 이전보다 적게 요구된다. 동일한 접합이 반복 될수록, 화학적 반응이 강하지 않아도 무방한 것이다. 화학적 메시지가 반복됨에 따라 시냅스들은 보다 더 강력하게 접합된다. 이것이 소위 말하는 장기 강화작용이다. 아이는 읽기 연습 혹은 다른 학습 내용을 반복해서 연습할 때마다, 읽기 연결 시냅스가 더욱 더 강력해지는 효과를 얻게 된다. 즉 장기 강화 작용으로 기억력이 향상 되는 것이다. 다시 말하자면 반복된 연습은 강한 연결망을 만들고, 강해진 연결망은 향후 더 적은 에너지를 사용하더라도 더 빨리, 더 쉽게 뉴런끼리의 정보 전달을 할 수 있도록 능력 향상이 되는 것이다.

신경전달물질이 적절한 균형을 이루면, 두뇌는 훨씬 더 효과적으로 작동하게 된다. 영양 부족, 수면 부족, 유전자 변화, 과도한 스트레스 등으로 인해 균형이 깨질 경우에는 새로운 학습은 물론 기억하기도 어려워지고, 심하면 정신과적 치료를 요하는 증상이 나타날 수도 있다.

신경전달물질의 종류는 다양하다. 하지만 이 책에서는 읽기와 두뇌에 초점을 맞추기 위해 그 가운데 몇 종류만 한정하여 간략히 언급 할 것이다.

각 신경전달물질은 정보 전달, 학습, 기억할 때의 기분 상태와 마음가짐 등에 따라 그 효율성이 크게 달라진다.

도파민(Dopamine)

도파민은 매우 중요한 신경전달물질이다. 기분이 좋을 때에는 더 많은 도파민이 방출된다. 도파민이 활성화되면 다른 신경전달물질 생성을 자극하고 이끌어내기도 한다. 도파민의 이런 특징을 이해하면, 왜 아이가 관심을 보이며 좋아하는 내용을 중심으로 학습하게 해야 하는지 알 수 있다. 도파민 방출을 도와주는 학습 자료, 즉 아이가 흥미를 느끼는 내용을 활용하여 가르치면, 잘 기억하게 된다. 또한 기억된 내용을 생성시키고 연결하는 화학물질을 더 빨리, 더 많이 만들게 된다.

도파민의 또다른 중요한 역할은 두뇌의 전전두엽 피질 내에서의 작용인데, 집중이 흐트러지지 않게 해주는 것이다. 집중력이 약한 아이에게서 나타나는 욕구조절 실패 현상은 전전두엽 안의 도파민 부족과 관련이 있다. 즉 유쾌한 학습은 더 많은 도파민 분출을 유도하여 집중력을 높이고, 욕구를 조절하며, 학습을 지속해 나갈 수 있도록 도와준다.

노르에피네프린(Norepinephrine)

학습과 기억을 돕는 노르에피네프린이라는 신경전달물질은 새로운 기억을 형성하고, 그 내용을 기억한 후, 장기 기억 저장창고로 옮길 때 반드시 필요한 물질이다. 뉴런들끼리 서로 연결되도록 해 주는 이 흥분성 신경전달물질은 동기를 부여하며, 어떤 사안에 집중하게 하고, 나아가 경계심을 높이는 데에도 도움을 준다.

세로토닌(Serotonin)

세로토닌은 두뇌와 신체를 평안하게 유지하도록 도와주며, 식욕을 북돋우고, 체온을 조절한다. 여러 입력 정보를 기억하기 쉽게 정리하기도 한다. 세로토닌이 충분하게 공급되지 않으면, 공격적인 성향이 나타나거나, 의기소침 해지거나, 불면증이 나타나는 것으로 알려져 있다.

아세틸콜린(Acetylcholine)

아세틸콜린은 '동작과 기억'에 필요한 물질이다. 이 분야를 연구하는 여러 전문가들은 운동이 왜 학습과 관련되는지, 그 이유 중 하나로 아세틸콜린에 주목하고 있다.

감마 아미노뷰티릭산(Gamma-Amionbutyric Acid)

두뇌 속에서 일어나는 대부분의 메시지 전달과 관련된다. 두뇌가 과도하게 자극되지 않도록 안정시키는 역할을 담당하는 화학물질이다.

글루타민산염(Glutamate).

글루타민산염은 학습과 기억에 연관된 시스템을 자극하거나 활성화시키는 물질이다.

이미 알고 있다고 생각하는 것의 오류

기존의 이론과 믿음은 새로운 연구결과로 인해 끊임없이 변화되고 있기 때문에, 어떤 질문에 대한 확고부동한 대답을 내놓는 일은 쉽지 않다. 읽기 교사인 나는, 다양한 교과과정에서 특정 교과전략이 어떤 학생에게는 효과를 보이지만, 다른 일부 학생에게는 왜 동일한 효과가 나타나지 않는지 항상 고민했다. 하지만 두뇌를 연구하고 이해하게 되면서부터 내가 가졌던 많은 의문점들에 대한 해답을 찾을 수 있게 되었다. 학생지도에 대한 연구를 더해가고, 여러 아이의 특성을 연구해가면서 해답은 더욱 명백해졌다.

나의 남편은 어린 시절 읽기를 잘 못해 학교 생활을 매우 힘들어했다. 당시 남편의 담당교사는 남편이 읽기를 어려워하는 이유를 다음과 같이 진단했다. "조금 더 노력해야 해. 게을러." "너무 빨리 판단하는 것 같아." "너무 산만해." "자신감을 더 가져봐, 너무 소심해." "책을 더 읽어야지. 너무 독서량이 적어." 남편의 담당교사는 자신의 생각과 진단이 적절한 것이라고 여겼기 때문에 남편에게 그저 '성실하게', '덤벙대지 말고', '더 많은 책을 읽게' 하였다. 남편의 부모는 남편의 책 읽는 소리를 들었고, 담당 교사도, 읽기지도 교사도 남편의 책 읽는 소리를 함께 들었다. 남편이 가끔 단어를 잘못 발음하면 수정해 주기도 했지만, 단어들이 어떻게 분해 되는지, 혹은 그 단어의 철자들이 만들어내는 소리는 어떤 것인지를 보여주진 않았다. 부모나 담당교사는 당시 '음소 인식'에 대한 지식이 전혀 없는 상태였다. 나는 마야 앤젤로의 '우리는 아는 것만 행하고, 더 좋은 것을 알게 될 때 더 좋은 것을 행한다'는 말에 진심으로 동의한다. 그러한 교육환경 속에서도 나의 남편 스캇이 자존심을 잃지 않고 학교를 졸업했다는 것을 생각하면 그저 놀랍고 감사할 따름이다. 어려운 상황 속에서도 스캇의 비상한 머리와, 남편을 받아들이고 사랑해주던 주위 사람들로 인해 극복해 낼 수 있었다. 스캇은 주위의 기대에 부응하기 위해 막대한 양의 단어를 외웠고, 요점을 파악하는 것이 읽기에 도움이 된다고 스스로 깨달았으며, 문제해결과 공간지각능력 향상을 위해 많은 노력을 했다. 하지만 교사는 스캇이 고군분투하고 있는 사실은 파악하지 못한 채, 상급반 진학에 문제가 없다고 판단했다. 결국 스캇의 읽기 능력은 부족한 상태로 남게 되고, 상급반 교사는 겉으로는 멀쩡하고 속으로는 힘겨운 스캇의 문제를 온전히 떠맡게 되었던 것이다.

이제 여러분들은, 스캇과 같은 어려움에 처한 학생을 도와줄 수 있는 최고의 교사가 될 수 있다는 말을 해주고 싶다. 어떻게 스캇이 고등학교를 졸업한 뒤 대학에서 전공 공부를 하고, 전공에서 요구하는 수준 이상의 전문적인 내용을 읽고 이해할 수 있었고, 나아가 주어진 업무를 훌륭하게 수행할 수 있게 되었는지에 관해 알려주려는 것이다. 물론 모든 것이 자연적으로 얻어지지는 않았다. 스캇은 자신에게 주어진 환경, 즉 별다른 도움이 되지 않는 주변 환경을 확인하고, 그 환경에서 살아남을 수 있는 훌륭한 판단력이 있었기에 가능했던 일이다. 스캇은 비록 읽기에 능숙한 두뇌를 갖추진 못했지만, 이를 대신할 명석한 두뇌가 있었던 것이다. 그것뿐이었다. 이 책만으로 책 읽는 두뇌의 방대한 내용을 다 언급할 수 없는 것 처럼, 책을 읽을 수 있는 것만으로 두뇌를 모두 설명할 수도 없다. 스캇 자신이 주변환경을 판단하고, 결정하고, 행동함으로써 오늘날의 스캇이 된 것이다.

신경 재순환 과정

두뇌가 무엇인가를 배우기 위한 최고의 방법은 연습을 반복하고 지속하는 것이지만, 그저 단순한 반복 연습만으로는 읽기에 어려움을 겪는 학습자를 도와주기 힘들다는 것을 지난 몇 년간의 연구를 통해 알게 되었다. 연구결과는(본 책자의 제4장부터 제8장까지의 내용에 언급한 바와 같이), 읽기와 관련된 구성 요소들을 명시적으로 가르쳐야 함을 말해준다. 음소인지 능력은 아이가 태어나면서부터 자동적으로 지니게 되는 능력이 아니다. 신경 재순환 이론에 의하면, 읽기를 배우는 유일한 방법은 얼굴, 장소, 혹은 사물을 지칭하는 단어의 시각적 형태를 만들어내는 시각 뉴런의 활용법을 배우는 것이다. 즉 읽기 능력 개발을 위해서는 시각을 담당하는 몇몇 뉴런을 빌려오도록 해야 한다.

책 읽는 두뇌에 관한 본 책자의 내용에 집중하되, 두뇌는 시간의 경과와 함께 변화한다는 사실을 명심하기 바란다. 갓 태어난 아이는 구두 언어와 문자 언어에 활성화될 수 있는 조건이 양반구 모두에 갖춰져 있다. 하지만 성장해가면서 차이가 나타나기 시작한다. 즉, 읽기 능력이 있는 아이는 좌반구가 점차 활성화되는 반면, 읽기에 어려움을 겪는 아이의 두뇌는 아직 읽기 능력이 개발되지 않은 (자신의 연령보다) 어린 아이의 두뇌와 비슷한 모습을 보인다 (Hoeft, 2010).

읽기를 배우기 위해서는 종이 위에 쓰여진 단어를 소리로 바꿀 수 있어야 한다. 즉 종이에 쓰여진 단어들을 아이가 소리 내어 보거나 부모나 교사가 소리 내어 읽어주는 것들을 들어 보아야 한다. 언어 발달 단계를 보면 읽기는 신경 결합체의 재배열을 통해 보다 쉽게 배울 수 있는 쪽으로 경로를 만들어 간다는 것을 알 수 있다. 인간이 말하기 능력을 확보하게 된 것은 약 4백 만 년 전의 일이다. 말하기에 관해서는 우리의 두뇌 속에 아주 단단한 상호 연결망이 형성되어 있는 것이다. 하지만 읽기 능력을 갖추게 된 것은 불과 4백 년 정도 밖에 되지 않았다. 따라서 두뇌 속에는 아직까지 읽기를 위한 굳건한 상호 연결망이 생성되지 않았을 것이다. 이미 언급한 바와 같이 두뇌의 읽기 경로는 타고나는 것이 아니다. 하지만 인간의 두뇌는 놀라운 언어 학습능력을 내재하고 있다(그림 2.4 참조). 때문에 연습과 노력을 통해 경로를 변화시키거나 새로운 경로를 만들어 읽기 경로를 구축해 낼 수 있다. 스태니슬로 드헤인 (2009)은 이 과정을 '신경 재순환 과정'이라고 이름 붙였다.

최근 20여 년 간 발전을 거듭한 읽기 두뇌 관련 영상 자료들을 분석해보면 예측 가능한 패턴이 나타난다. 읽기는 언어 학습 경로를 따른다(그림 2.5 참조). 눈을 통해 들어온 정보는 시상으로 흘러간다. 시상은 들어온 정보를 처리하기 위한 일종의 중계국인데, 시각 정보를 시각 피질로 내보내는 임무를 한다. 시각 피질로 들어온 정보는 각회로 이동하며, 각회에서는 눈으로 보이는 인쇄된 글자들을 소리, 즉 음소로 바꾼다. 유창하게 읽을 수 있는 비밀 열쇠는 바로 이곳에 있다. 각회로 들어온 정보는 의미 파악을 위해 두뇌 속의 사전인 베르니케 영역으로 이동하게 되고, 이어서 입력 정보는 음운처리 과정(읽기과정)을 수행하기 위해 아치형 관다발을 거쳐 브로카 영역으로 이동하게 된다.

〈그림 2.4〉확실하게 프로그램화 되어있는 두뇌 속 언어경로

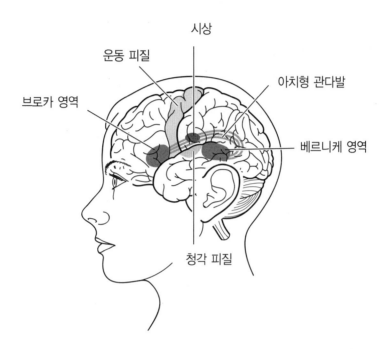

　소리 형태의 정보는 귀를 통해 들어와, 시상이라고 하는 내부구조로 들어간다. 시상에서는 청각정보를 확인한 후 청각피질로 보낸다. 청각피질에서 수용된 정보는 연관된 정보 확인을 위해 베르니케 영역으로 이동하게 된다. 확인된 정보는 음운 과정을 수행하기 위하여 아치형 관다발을 경유하여 브로카 영역으로 옮겨간다. 마지막으로 운동 피질은 소리로 표현할 수 있도록 입술과 입을 작동시키게 된다.

두 갈래의 신경 경로

샐리 세이비츠(2003)와 같은 학자들은 읽기에 필요한 두 가지 신경 경로는 둘 다 좌반구에 위치한다고 말하고 있다. 읽기 경로의 시작 지점은 귀 뒤의 약간 위에 위치한 정수리-측두엽이다. 책 읽기를 시작하는 단계의 모든 아이가 단어를 처음 소리 낼 때는 바로 이 정수리 부분을 사용한다. 차츰 읽기 실력이 향상되어가면 좀 더 아래쪽 경로인 후두-측두엽를 사용하게 된다. 후두-측두엽에서는 단어에 대한 생생한 정보들을 저장하고 즉시 호출할 수 있게 조치한다. 후두-측두엽을 사용하는 독자들은 글자에 대한 시각적 특징을 처리함에 있어, (실선이나 곡선 등의) 시각 피질을 처리하는 후두엽과 측두엽의 신경 조직을 사용한다. 아울러 글자를 소리로 바꾸는 각회 부분을 사용하며, 마지막으로 단어의 의미와 관련된 베르니케 영역을 사용하게 된다.

이와 관련된 구조적 내용들은 그림 2.5를 참조하기 바란다.

〈그림 2.5〉 단단하게 프로그램화 되지 않은 두뇌 속 읽기 경로

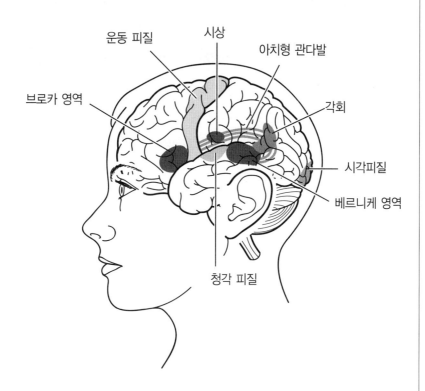

시각 형태의 정보는 눈을 통해 들어와 시상이라고 하는 내부구조로 보내진다. 시상에서는 시각정보를 확인하고 이를 시각피질로 보낸다. 시각피질에서는 단어를 그림으로 인식하며, 이 그림에 대한 정보사항 확인과 의미 이해를 위해 베르니케 영역으로 이동시킨다. 확인된 정보는 문장구조의 처리 과정을 수행하기 위해 아치형 관다발을 경유, 브로카 영역으로 옮겨가게 된다. 그 다음 해당 정보를 종합적으로 이해할 수 있는 전두엽으로 이동하게 된다.

숙련된 독자와 읽기를 처음 시작하는 독자의 차이를 설명할 때, 왜 위의 두 가지 경로 개념이 적절한지 그 이유는 다음과 같다. 단어를 순간적으로 확인하는 숙련된 독자와는 달리, 정수리-측두엽을 사용하는 초보 독자의 단어 분석 작업은 느리게 진행된다. 책 읽기에 초보인 독자들은 기본적으로 단어를 각기 다른 여러 소리로 분해하고, 분해한 단어를 다시 합친 후 해당 단어의 소리를 입 밖으로 내뱉게 된다. 하지만 숙련된 독자들은 후두-측두엽을 사용하기 때문에 단어를 읽는 동시에 단어의 의미도 알아차리게 된다. 이러한 차이가 나는 이유는 서로 다른 패턴으로 경로를 인식하기 때문이다. 좀 더 자세한 사항은 음운의 처리과정과 단어의 패턴에 관해 집중적으로 논의하는 제5장을 참고하기 바란다.

책 읽기 초보 독자들이 단어를 읽고 분석하는 일을 몇 번이고 계속 반복하면, 해당 단어의 뉴런네트워크가 만들어지고, 그 단어를 후두-측두엽에 저장하게 된다. 저장된 단어를 나중에 다시 만나게 되면 발음, 의미, 철자와 단어의 시각적 형태 등 모든 것들이 자동적으로 되살아나면서 활성화 된다. 책 읽기 지도와 관련하여 우리 모두가 바라는 바는 바로 이러한 활성화 과정이 모든 아이에게서 나타나도록 만드는 일이다.

책을 잘 읽는 아이와 난독증상을 보이는 아이의 두뇌 이미지를 비교해 보면, 활성화되는 두뇌 부위들이 확연히 대비된다. 책을 잘 읽는 아이는 전두엽이 활성화되기 보다는 후두엽의 활성화가 훨씬 두드러진다. 하지만 난독증상을 보이는 아이는 책을 읽을 때, 후두엽보다 전두엽 활동이 왕성하다. 난독증상의 아이는 성장 할수록 두뇌 앞부분의 활동이 더 활발해진다. 단어를 자동으로 인식하는 측두-후두엽이 발달되지 않아서 읽기에 어려움을 겪고 있는 아이에게 '더 열심히 하라' 고 권고하는 것은 참으로 부질 없는 일이다. 이미 충분히 고통 받고 있는 아이에게 스트레스만 더 안겨줄 뿐이다. 아이는 읽고 있는 내용의 의미를 알기 위해 이미 많은 노력을 기울이고 있다. 읽기 실력이 늘지 않아 고생하는 아이의 문제점은 열심히 하지 않는 것이 아니다. 인식된 단어의 소리, 뜻 등을 한 순간에 떠오르고, 기억나게 되는 두 번째 경로가 두뇌에 단단하게 만들어지지 않았다는 것이 문제다. 읽기를 힘들어 하는 아이들이나 지도하는 교사들 모두 해결해야 할 문제 영역에 제대로 집중하지 못하고, 그 많은 노력들이 엉뚱한 곳에 허비되고 있다는 점을 분명히 알아야 한다. 책을 유창하게 읽는 대부분의 아이가 사용하는 경로, 그 경로를 학생들이 개발할 수 있도록 하는 일에 집중하고 전력을 쏟아야 한다. 다시 말하면, 단어의 정의나 의미, 철자가 연습되고 기억되는 측두-후두엽 통로를 제대로 사용하지 않으면, 단어들은 기억에 남아 있지 않고 거의 다 사라져 버린다는 점을 잊어서는 안 된다. 책 읽기에 어려움을 느끼는 학생들 대부분이 많은 노력을 했음에도 불구하고 두뇌 속에 남아 있는 단어가 극소수에 불과한 것은 바로 이러한 이유 때문인 것이다. 이번 장과 다음 장에서는 기억이 읽기 과정에서 얼마나 중요한 역할을 담당하는지 논의하게 될 것이다.

읽기를 담당하는 두뇌 경로는 읽기가 더욱 중요해지는 고학년이 되기 전에 충분한 미엘린화가 이루어져야 한다. 대부분의 뉴런 축색돌기를 감싸고 있는 절연체가 미엘린이라는 것을 기억하기 바란다. 소리와 글자의 연결작업에는 각회가 매우 중요한 임무를 담당한다. 5세 정도가 되어야 성숙해지는 두뇌의 다른 여러 조직들과 달리, 각회는 태어나면서부터 바로 성장하고 완성된다(Wolf, 2008). 사실, 읽기 준비가 제대로 되어있지 않은 독자들의 두뇌에 강제로 읽기를 주입하는 것도 불가능한 일만은 아니다.

학습과 기억 : 정의

학습은 뉴런에서 시작되는 과정이다. 학습이란 수 천 개의 뉴런들이 활성화 되는, 즉 뉴런들이 네트워크를 형성하기 위해 연결되는 현상이다. 두뇌 속의 뉴런 네트워크는 지도와 비슷하다. 집에서 학교까지 가는 방법을 잘 알고 있다면, 학교에 가는 동안에 지나가는 도로, 교차로 등의 모든 내용을 마음속으로 그려볼 수 있다. 운전 중이라면 이 지도는 운전 경로가 될 것이다. 어떤 길을 맨 처음 운전할 때에는 GPS의 지시를 따르게 된다. 같은 길을 두 번째 운전할 때에는 그 길에 대하여 좀 더 잘 알게 된다. 같은 길을 100번 넘게 운전한다면 어떻게 될까? 수 백 번씩 다녔던 학교까지의 길을 곰곰이 생각해 보라. 어떻게 학교에 도착했는가? 아마도 운전을 하는 동안 그 길에 대해 특별한 주의를 기울이지 않았을 것이다.

학습이란 꾸준한 연습을 통해 점점 더 강력한 뉴런 네트워크를 만들어 내는 작업이며, 이미 우리의 두뇌 속에 프로그램화되어 있는 수많은 뉴런들을 서로 연결시키는 과정이기도 하다. 기억이란 이러한 학습 과정을 재활성화 하거나 재구조화함으로써 이미 저장된 정보를 다시 불러오는 작업이다.

기억에는 여러 종류가 있다. 학습하고 기억하는 과정을 이해하기 위해 감각 기억, 작업 기억, 장기 기억에 대해 살펴보려 한다.

감각 기억

감각 기억은 매우 짧은 시간 동안 정보를 저장하는 기억이다. 감각 기억은 유입된 정보를 처리하지 않고 그대로 두는 기억으로, 전화상으로 대화를 한 후 중요한 사항을 적어두거나, 스스로 반복하여 말하지 않으면 사라져버리게 되는 청각 정보 등이 감각기억에 해당한다. 모든 정보는 감각 기관을 거쳐 두뇌로 들어가게 된다. 세상의 모든 사물에 대한 인식은 시각, 청각, 촉각, 후각 혹은 미각 형태로 두뇌에 들어오게 된다. 입력되는 정보는 두뇌의 가장 바깥 부분에 위치하며, 가장 관련성이 높은 결합피질 쪽으로 이동하게 된다. 감각 정보들이 확인되는 곳이 바로 이곳이다. 유입된 모든 정보를 처리하며, 인지하기 곤란하거나 제한된 사항으로 인해 주목할 필요가 없는 사소한 정보들은 소멸되어 버린다. 사실, 99%에 이르는 감각 정보들은 별다른 주목을 받지 못하고 소멸된다.

작업 기억

간혹 의식적 기억이라고도 하는 작업 기억은 감각 기억이 두뇌 속에서 유지되는 과정을 말한다. 심리학계의 저명한 연구자이자 인지심리학 창설 멤버 중 한 사람인 조지 밀러는 작업 기억에 대한 심층적 연구와 정리를 바탕으로 「The Magical Number Seven, Plus or Minus Two(1956)」를 출간하였다. 그 이후, 작업 기억은 한 번에 7개의 정보를 기억시킬 수 있다는 것이 정설로 유지되어 왔다 (Baddeley, 1999). 하지만 작업 기억에서 유지 가능한 정보의 형태는 7개가 아닌 4개라고 주장하는 이론도 계속 제기되고 있다. 최근의 일부 연구들은 작업기억에 저장할 수 있는 숫자는 밀러가 주장한 7개보다 훨씬 적다고 말한다. 코완(2001)은 성인들이 작업기억으로 수용할 수 있는 정보의 양은 3개 내지 5개 정도라는 결론을 내리고 있다.

작업 기억은 사람들이 계속적으로 사용하는 기억 시스템이다. 작업 기억은 몇 분, 몇 시간, 혹은 며칠간 해당 정보를 '마음속에' 유지함으로써, 읽기 과정을 포함한 제반 학습에서 성공 여부를 가름할 수 있는 여러 중요한 과업을 수행한다. 가령, 다음 문장을 읽는 일곱 살 타이슨을 예로 들어보자. "Germain was crying hysterically after the enormous dog jumped up against him."(저메인은 거대한 몸집의 개가 자신에게 달려오자 신경질적으로 울었다.) 타이슨은 'hysterically'라는 단어를 본 적도 없고, 어떻게 발음하는지도 모른다. 읽기를 잠시 멈춘 타이슨은 선생님이 'hysterically'라는 단어를 어떻게 발음하는지 알려주기를 바라고 있다. 아이는 조용히 단어 'hysterically'를 뚫어져라 쳐다보며 몇 초 동안 아무 것도 하지 않고 기다리다가, 어떤 발음이든 시도해 볼 것이다. 타이슨은 자신의 읽기 시도가 별로 탐탁하지 않을 때에는 'hysterically'를 'hard'로 대체해보기도 할 것이다. 언젠가 다른 책에서 "crying hard"라는 표현을 읽어본 기억이 떠올랐기 때문이다. 계속해서 문장을 읽어 가던 중 이번에는 'enormous'라는 단어를 만나게 된다. 역시 잠깐 동안의 침묵이 필요하다. 'hysterically'를 'hard'로 대체했던 것처럼 'enormous'를 대체할 수 있는 단어를 만들어 보려 하지만, 이제 생각도 나지 않고 설상가상으로 앞서 읽었던 문장의 전반부에 대한 기억마저도 사라져 버리게 된다.

타이슨에게는 단어를 적절히 해독하고, 새로운 단어로 바꾸며, 동시에 그 문장을 마음 속에 유지해 두는데 필요한 작업 기억 공간이 충분하지 않았다. 다시 말해서 타이슨이 당장의 문제를 해결하고자 노력하는 동안, 충분하지 못했던 작업 기억 공간이 새롭게 생긴 문제로 채워져 이전 내용들과 함께 가지고 갈만한 여유 공간이 사라져 버린 것이다. 이는 스트레스와 근심으로 인해 기억의 공간을 빼앗기면 정작 필요한 기억 공간마저 여유가 줄어들게 되는 것과 같은 이치이다.

이 책에서 언급되는 읽기 요소와 관련된 여러 전략들은 작업 기억을 향상시키기 위한 것이라는 점을 기억해두기 바란다. 아이가 알파벳 원칙을 확실히 이해할 수 있고, 단어를 제대로 해독할 수 있으며, 책을 유창하게 읽을 수 있게 되면, 그 아이의 작업 기억은 읽은 내용을 이해하는데 온전히 사용할 수 있게 되는 것이다.

장기 기억

장기 기억은 선언적 기억과 비선언적(혹은 절차적) 기억으로 나눌 수 있다. 선언적 기억은 책 속에서 '무엇'을 읽었는지에 관한 것이고, 비선언적 기억은 '어떻게' 읽었는지에 관한 것이다.

선언적 기억

선언적 기억은 사실과 사건에 대한 기억이다. 의식적으로 불러낼 수 있으며, 표현할 수 있다. 즉 문장으로 나타낼 수 있는 것이다. 선언적 기억은 두 가지로 나타난다. 하나는 의미를 통해, 다른 하나는 스토리를 통해 나타난다. 의미를 통한 기억이란 사실과 개념에 근거한 것이며, 스토리를 통한 기억은 시간, 장소, 사람, 사건 등의 경험이 포함된다. 선언적 기억은 새로운 기억을 만들고 저장하는 해마와 두뇌의 몇몇 구조체가 포함되는 작업기억 과정의 사용이 요구된다(Bourtchouladze, 2002). 의미적 기억은 현재 읽고 있는 내용과 그 전에 일어난 정보를 종합하여 사건을 이해하는 것이다.

읽기의 관점에서 보면 두뇌 속의 여러 영역과 구조체들이 각각 중요한 역할을 담당하고 있다. 즉 의미적 기억을 위해 두뇌 속 어학사전인 베르니케 영역, 구조부와 문장의 구조를 담당하는 브로카 영역, 그리고 사전 지식을 담당하는 신피질이 각각 역할을 하는 것이다. 읽은 문장을 이해하는 경우에도 의미적 기억이 관여하게 된다.

비선언적 기억

비선언적 기억은 읽는 방법에 관한 것이다. 비선억적 기억에는 교사가 학생에게 가르치는 해독 기술 및 이해력 향상 전략이 포함된다. 비선언적 기억은 연습을 통해 오랫동안 유지할 수 있게 되는 기억이다. 책 읽기의 경우 해독 기술 향상 전략, 읽기의 시야범위 넓히기 전략, 단어 노출 빈도 늘리기, 유창성 향상 전략, 나아가 중요 어휘 및 읽은 내용을 이해할 수 있게 도와주는 읽기 전략 등이 비선언적 기억(절차적 기억) 구성 요소들이다. 다시 말해, 독자의 두뇌가 텍스트를 읽고 이해하는데 충분한 필요 시간과 공간을 확보할 수 있도록 고차원적인 해독 기술 및 넓은 읽기 시야범위의 확보, 단어 노출 빈도의 증진 전략, 중요 단어 이해 및 읽기 전략 등의 모든 것들이 자동적으로 수행되도록 해야 한다.

 요약정리

두뇌의 발달 단계와 구조, 그리고 두뇌의 기능을 이해한다면, 아이가 읽기를 어려워할 때 혹은 아이가 자신만의 방식으로 이해하려고 노력할때 직면하는 어려움의 근본적인 원인을 파악 할 수 있게 된다. 왜 책 읽기에서 어려운 문제를 경험하게 되는지, 읽은 내용을 이해하지 못하게 되는 원인은 무엇인지 파악 할 수 있게 된다. 두뇌와 관련된 과학적 연구가 계속되고, 그 연구 결과를 현장 교육자들과 함께 공유한다면, 학생들의 책 읽기와 관련된 여러 문제들을 명확하게 파악하고 쉽게 해결할 수 있을 것이다.

두뇌에 영향을 주는 주요 요인들

Wiring the Brain for Reading

제 3 장 | 두뇌에 영향을 주는 주요 요인들

생후 3개월이 된 어느 날 메이브는 처음으로 옆 구르기를 시작했다. 엄마는 아이가 제대로 구르기를 할 수 있도록 넓은 거실로 데리고 갔다. 하지만 아이는 더 이상 구르려 하지 않았다. 거실 바닥에 등을 대고 누워 형과 누나를 바라보고 있었다. 엄마의 도움으로 한쪽 손을 들어 힘을 주고, 바닥에 배를 대고 거의 뒤집으려다가 포기하고 다시 누워 버렸다.

아이는 엄마의 뱃속에서부터 운동을 시작한다. 모든 엄마들은 뱃속에서 발길질 하던 태아 때의 아이 모습을 쉽게 기억해 낼 수 있다. 갓 태어난 아이는 자신의 팔이나 다리조차 마음대로 움직이지 못한다. 따라서 스스로 먹지 못하고, 입지 못하며, 혼자 기저귀를 갈지도 못한다. 하지만 아이는 세상에 태어난 그 자체만으로도 엄청난 일을 해낸 것이다. 크게 축하해 주어야 할 대단한 사건이다. 한번 상상해 보자. 아이가 태어난 날, 우리는 할아버지와 할머니, 삼촌, 이모들에게 건강한 아이의 탄생을 여기저기 전화로 알리며, 손뼉치고, 웃고, 환호하며, 축하해 주었다. 이번엔 메이브의 입장에서 생각해 보자. 메이브는 왜 자신의 출생을 주변 사람들이 그렇게 기뻐하고 요란하게 축하해 주는지 이유를 모른다. 다만 사람들이 보내주는 따뜻하고 정감 어린 미소에 마음이 편안해 져서, 손과

발을 움직여 신호를 보낼 뿐이다. 메이브는 얼마 지나지 않아 옆 구르기를 시작하고, 자신의 새로운 옆 구르기 기술은 주변 사람들의 시선을 완전히 사로잡는다는 것을 인지하며, 더욱 자신감 있게 옆 구르기를 반복한다.

당연한 말이겠지만 메이브는 신체활동이 자신의 인지능력에 어떤 영향을 미치게 될 것인지 알지 못한다. 메이브가 알고 하든 모르고 하든, 신체운동과 관련된 뉴런들은 빠르게 상호 연결되기 시작한다. 뉴런 연결작업은 메이브의 손과 발, 그리고 다리를 관장하는 두뇌의 특정 운동 영역은 물론 모든 신체 영역으로 확장되며, 신체 영역으로 확장된 뉴런 연결은 다시 두뇌로 연결된다(Hannaford, 2005).

두뇌와 신체의 연결이 단순히 몸을 움직이는 것만으로 이루어지는 것은 아니다. 물론 우리의 모든 동작들은 두뇌에 영향을 미친다. 신체 운동과 더불어 우리가 먹는 음식, 수면 시간, 주변의 스트레스 유발 환경 등의 모든 것들이 다 함께 두뇌에 영향을 주는 것이다. 이 장에서는 두뇌에 영향을 주는 여러 요인들에 관련된 최근의 연구 내용을 살펴보고, 특히 신체와 두뇌 능력을 향상시키기 위해 노력하는 전문가들의 제안 사항들을 알아보고자 한다.

음식, 영양 가득한 음식!

임신 기간 중의 영양 관리는 태아의 두뇌 발달에 매우 중요하다. 예를 들어 임신 중 엽산 부족은 이분 척추(spina bifida, 태아 발달기에 등뼈(척추)가 완전히 만들어지지 못하고 갈라져서 생기는 선천성 척추 결함이다. 대부분 척추의 뒤쪽에서 발생하며 하위 요부와 천골부에서 가장 흔히 발생하나 척추의 상부와 말단 사이 어디에서나 나타날 수 있다. 척추가 폐쇄되지 않았기 때문에 척수가 빠져 나와 신경 손상과 마비를 일으키고, 결함이 있는 쪽 밑으로 기능장애가 발생한다)와 같은 신경관 결손증(NTD:Neural Tube Defect)의 원인이 된다. 임신 중이거나 임신을 고려중인 여성들에게 충분한 엽산 또는 충분한 비타민 B9 섭취의 중요성이 강조되고 있는 이유이다. 엽산은 대부분 녹색 야채와 비타민 보조제 등에 들어있다. 좋은 음식을 골고루 섭취하는 임산부는 튼튼한 두뇌 뉴런 연결망을 갖추고 바깥 세상을 학습할 준비가 된, 건강한 아이를 낳게 될 확률이 높다.

엽산과 더불어 임산부와 태아에게 또 하나의 문제를 제기하는 중요한 요소는 알코올이다. 태아 두뇌 발달 시기에 산모가 알코올을 섭취하면, 태아는 치명적인 알코올 관련 증상이나 심각한 질병이 발생할 수 있다. 정서 장애, 행동 장애, 인지 및 기억 장애 등 여러 증상을 겪게 되는 원인이 될 수 있다는 것이다. 흔히 알코올 섭취로 인해 나타나는 문제 혹은 증상은 두뇌 속에서 적절한 장소로 적절한 때 이동해야 하는 뉴런이 이동하지 못하게 되는 것이다. 뉴런은 세포의 형태를 마음대로 바꾸어 버릴 수 있다. 두뇌가 발달하고 새로운 뉴런들이 성장해 가는 성장기 동안, 뉴런은 자신을 필요로 하는 두뇌 영역으로 이동한다. 예를 들어, 시각 뉴런은 시각 뉴런이 왕성하게 활동해야 하는 영역이 정해져 있다. 때문에 사물을 보지 못하는 상태로 태어난 아이의 경우에는 시각 뉴런이 다른 영역에서 사용된다. 알코올로 인해 뉴런의 경로가 바뀐다면, 시각 뉴런이 활동해야 할 영역이 바뀌면서 두뇌 속 구조에 틈이 생기고, 일부는 매우 복잡한 구조로 변해버리게 된다.

두뇌는 전체 몸무게 대비 2% 정도에 불과하다. 하지만 두뇌가 사용하는 에너지는 몸전체에서 사용되는 에너지의 20~25%를 차지한다. 두뇌는 우리 몸 가운데 유일하게 에너지를 축적하지 않는다. 끊임없이 영양분을 보충해 주어야 하는 이유가 바로 여기에 있다. 과일, 야채, 곡식에서 얻을 수 있는 복합 당류 등은 두뇌 영양분의 원천이 된다. 복합 당류는 간에서 포도당으로 바뀌며, 이 포도당은 경동맥을 통해 두뇌 연료로 제공된다.

두뇌는 78%의 수분과 10%의 단백질, 그리고 10%의 지방으로 이루어져 있다. 이 비율은 각 영양분을 어떤 비율로 섭취할 것인지를 알려주는 적정지표로 사용되어도 무방하다. 두뇌 속의 지방은 오메가-3 지방산이다. 하지만 음식으로 섭취하는 대부분의 지방은 은 오메가-3가 아니라 오메가-6이다. 문제가 되는 것은 오메가-

6가 두뇌 속으로 혈류가 원활하게 들어가지 못하게 하거나, 경동맥의 흐름을 막아버리는 원인으로 작용한다는 점이다. 우리 몸에 적절한 지방산의 조화, 특히 오메가-3가 필요한 이유도 여기에 있다. 오메가-3는 '필수 지방산'이다.

사람의 몸과 두뇌에 필수 지방산인 오메가-3는 체내에서 스스로 만들어지지 않는다. 그렇기 때문에 적절한 음식이나 영양 보조제를 통해 오메가-3를 섭취하도록 해야 한다. 필수 지방산이 포함된 대표적 음식에는 연어, 참치, 고등어, 올리브 오일, 정어리 등이 있다. 환자들에게 콜레스테롤을 낮추고, 심장병을 예방하며, 관절 건강을 증진시키는 효과를 거두기 위해 대부분의 의사들이 어유(fish oil)를 처방하는 이유 또한 여기에 있다.

신경전달 물질과 영양

두뇌 속 모든 뉴런은 영양분을 받아 들이고, 받아 들인 영양분을 사용하여 우리가 모든 일을 잘 해내도록 돕는 신경전달 물질, 즉 두뇌 화학 물질을 만들어내기 위해 사용하는 생산 공장으로 생각할 수 있다. 신경전달 물질이 만들어지기 위해서는 필요한 음식이 적절하게 섭취되어야 한다. 섭취된 음식물 중 일부는, 요리하기 전의 음식 재료와 같이, 신경전달 물질이 되기 전 상태인 선구물질로 변형된다.

다음 목록은 음식물을 그룹별로 구분한 것이다.

각 음식물로 만들어지는 신경전달물질과 두뇌에 미치는 영향을
살펴보자.

  ｜육류, 계란, 치즈, 생선, 견과류와 같은 단백질은 티로신이라고
  하는 일종의 페놀성 아미노산을 만들어낸다. 티로신은 화학물
  질인 도파민을 생성한다. 도파민은 주의력을 높이고, 핵심 사안
  에 대한 집중력을 키우며, 동기를 부여하고, 모든 사안에 적극
  성을 갖도록 도와주는 물질이다.

  ｜칠면조 고기, 우유 혹은 통밀, 야채, 콩류와 같은 복합당류는 트
  립토판을 만들어 낸다. 이 트립토판은 세로토닌이라는 화학물
  질을 생성한다. 세로토닌은 감정과 행복감, 편안한 휴식 등과
  밀접하게 연관되어 있는 물질이다.

  ｜간, 계란 노른자, 콩류 안에는 비타민B 복합체를 생성하는데
  필요한 필수 영양소가 모두 들어 있다. 비타민B 복합체는 아세
  틸콜린을 생성한다. 아세틸콜린은 기억과 동작 및 집중력을 높
  여 관련 과업을 해결하도록 하며, 저장된 정보를 떠올려 필요
  시 사용할 수 있게 해주는 물질이다.

신경과학자에 따라 조금씩 다르지만, 지금까지 두뇌에서 발견된
신경전달물질은 50개에서 200개 정도가 된다. 어떤 특정 음식이
신경전달물질을 직접적으로 만든다고 말하기는 어렵지만, 위에서
언급한 것처럼 음식물을 그룹 지어 보면 각 그룹과 연관성이 높은
두뇌 화학물질이 상당수 검출된다. 우리는 모두 아이의 두뇌 속에
서 각각의 두뇌 화학물질이 건강하고, 균형 있게 자리잡기를 바란
다. 하지만 매일매일 학교와 집, 여러 학원을 바쁘게 다녀야 하는

아이에게 적절한 식사를 꾸준히 제공하는 일은 결코 쉬운 일이 아니다.

10 퍼센트의 단백질

두뇌의 10 퍼센트가 단백질로 구성된다면 신체와 두뇌에 더 많은 단백질을 공급해 주어야 하지 않을까? 단백질은 두뇌의 기본 요소인 아미노산을 생성하는데 도움을 준다. 신경전달 선구물질은 트립토판과 티로신이라 불리는 아미노산이다. 두뇌에 필요한 필수 아미노산을 섭취하기 위해 식단에는 단백질이 반드시 포함되어야 한다.

아미노산은 두뇌를 통한 흡수보다 신체 세포의 혈관을 통한 흡수가 훨씬 용이하다. 두뇌에는 아미노산 흡수 과정을 더디게 하는 혈관-두뇌라는 장벽이 있기 때문이다. 혈관-두뇌 장벽은 혈액 분자의 절반 정도만 투과시킨다. 원하지 않는 혈액 분자가 두뇌로 들어오지 못하도록 막기 때문이다. 따라서 두뇌와 신체에 요구되는 충분한 단백질을 섭취하는 일은 매우 중요하다. 고기, 치즈, 계란, 가금류, 요구르트 등이 필수 아미노산을 제공한다. 채식주의자들의 경우에는 쌀, 콩, 곡식류 등을 골고루 섭취함으로써 필수 아미노산과 단백질을 생성해 낼 수 있다.

초콜릿과 두뇌

초콜릿 섭취는 좋은 점과 좋지 못한 점이 동시에 존재한다는 사실을 우리는 잘 알고 있다. 정상을 눈앞에 두고 힘겹게 등반하는 두 사람이 나오는 TV광고를 상상해보자. 그 중 한 명이 배낭에 손을 넣어 사람들에게 많이 알려지지 않은 브랜드의 초콜릿을 하나 꺼낸다. 이어서 그 초콜릿을 한 조각씩 나눠 먹는다. 정상을 오르며 기진맥진하던 두 사람은 초콜릿을 입에 넣은 다음, 새로운 힘을 얻고 기분도 좋아져 다시 힘차게 정상을 향해 나아간다.

왜 그럴까? 초콜릿이나 사탕은 즉각적인 두뇌 활동에 도움을 준다. 그 효과가 일시적이라는 말이다. 초콜릿이나 사탕을 먹고 즉각적인 힘을 얻었다면, 이후 문제는 더 복잡하게 엉클어진다. TV 광고로 다시 돌아가 보자. 조금 과장되게 설명하면, 초콜릿을 먹은 사람은 정상을 눈 앞에 두고 발을 헛디딜 수 있다. 단순당분으로 급하게 만들어진 에너지는 혈당 수준을 갑자기 끌어 올린다. 혈당이 급격히 상승하면 몸은 피곤하고 쇠약하게 되고, 심한 경우에는 몸을 떨고 마음이 초조해 지기도 한다. 반면 단순당분이 아닌 복합당분은 집중할 수 있게 하고, 갑작스럽게 허기를 느끼는 일이 없도록 해 준다. 또한 초조해 하는 일이 없도록 하며, 혈당을 천천히 끌어올리며, 인슐린 수준도 일정 속도로 천천히 끌어 내린다(Augustine, 2007).

건강 음식 리스트에 초콜릿 사탕, 케이크, 과자류를 제거해 버려 기분이 좋지 않을 것이다. 초콜릿에 관한 반가운 소식도 있다. 다크 초콜릿은 괜찮다는 것이다. 다크 초콜릿에는 두뇌와 몸에 이로운 항산화제가 가득 들어있다. 여러분들이 잘 알고 있듯 항산화제는 활성산소(우리가 호흡한 산소가 에너지를 만들고 물로 환원되는 과정에서 나타나는 수천 배 산화력이 높은 산소 찌꺼기)를 흡수한다. 껍질을 벗긴 사과가 공기중에 노출되면, 산화되어 갈색으로 변해 버리는 것과 같이 두뇌 속에서도 똑같은 산화 과정이 진행된다. 두뇌로 들어간 초콜릿 속의 항산화제가 어떤 일을 수행할지 상상해보라. 다크 초콜릿을 먹어보기 바란다. 매일 조금씩 먹으면 된다.

자기 자신을 만드는 것은 먹는 음식

눈 아래에 다크 서클이 있는 아담을 바라보면, 측은한 마음이 든다. 얼굴은 환하고 눈동자는 초롱초롱하게 빛나야 하는데 그렇지 못하기 때문이다. 아담은 창백한 얼굴에 코감기를 달고 산다. 아담의 엄마는 눈 아래 다크 서클에 대해, "아, 아담이 나를 닮았어요. 나도 눈 밑에 다크 서클이 있답니다." "콧물도 계절마다 행사처럼 치르는 알레르기랍니다"라고 설명해준다.

아담 엄마의 말에 상관없이, 해결되지 않고 지속적으로 남아있는 문제가 있다. 아담의 건강 상태가 좋아 보이지 않았고, 예측 불가한 행동을 할 때도 있다는 것이다. 그래서인지 몰라도 학교 성적도 좋지 않았다. 아담의 엄마는 늘 아담의 학교성적 부진에 대한 고민을 하지만, 딱히 해결 방법이 없었다. 교사였던 나에게 숙제를 더 내주고, 방과 후에도 따로 가르쳐 주기를 바랐다. 아담에 대한 엄마의 깊은 관심과 의도는 좋았다. 하지만, 아담에게 왜 문제가 생겼는지에 대한 근본 원인을 파악하지 않고 '학교 성적 향상'이라는 결과를 얻는데 더 집중하는 것이 문제였다. 아담이 여러 문제가 유발될수 있는 음식을 먹고 있고, 알레르기 증상으로 고생하고 있는데, 과제를 더 내거나, 방과 후 개별 수업을 더하는 방식으로 성적을 올릴 수는 없는 일이다. 도리스 랩은 자신의 저서 「Is This Your Child's World? How Schools and Homes Are Making Our Children Sick(1997)」에서 자녀에게 학습관련 문제가 생길 경우, 부모는 먼저 알레르기 전문가와 상의하는 일을 문제해결 목록에 포함시키라고 권고하고 있다. 또 아이에게 문제를 일으키는 음식은 없는지 꼭 살펴보아야 한다고 말한다. 종이에 아이 자신의 이름을 쓰게 한다. 이어서 의심이 되는 음식물을 먹도록 한다. 45분쯤 뒤, 다시 아이의 이름을 쓰게 한다. 그런 다음 이름 쓴 것을 비교해 본다. 혹 두 번째 쓴 이름을 알아보기 힘들게 썼다면, 문제를 야기하는 음식을 찾아낸 것과 다를 바 없다. 물론 제대로 확인하기 위해서 내과 의사나 알레르기 전문가와 상의하는 것이 가장 좋다(Healy, 2010).

　아담의 엄마도 위와 같은 간단한 테스트를 실시했다. 몇 차례의 시도 끝에 아담이 우유에 민감하다는 사실을 발견해 낼 수 있었다. 아담의 엄마는 우유 대신 두유로 메뉴를 바꾸었다. 다행히 아담은 얼마 후 다크 서클이 거의 없어지고, 매일 킁킁대던 알레르기 코감기도 상당히 좋아졌다. 항상 자신을 괴롭히던 문제가 사라지자 상쾌한 기분으로 학습에 집중하고 전념하는 일이 한결 쉬워졌다. 학습이 뒤쳐져 힘들어 했던 예전과 달리 성적도 많이 좋아졌다. 아담의 경우처럼 문제를 진단하고 해결해낸 사례는 참으로 다행스런 경우다. 현실 속에서는 문제의 원인을 찾기도 어렵고 또 원인을 해결하려는 시도를 계속하기 힘들다. 무엇보다 중요한 것은 문제의 근원을 찾는 일이다. 겉으로 나타난 증상만을 처리하려 해서는 절대로 안 된다.

언제 먹는 것이 좋을까?

먹는 시간 또한 우리의 행동과 감정, 그리고 학습에 영향을 미친다. 아침을 먹지 않는 경우를 생각해 보자. 앞서 두뇌는 에너지를 저장해 두지 않는다고 말했다. 에너지를 저장해 두지 않은 두뇌이지만, 아이가 일어나는 순간부터 활발하게 활동하기 시작한다. 에너지를 쓰기 시작한다는 의미이다. 아침을 거를 경우 오전 동안의 두뇌 에너지는 어디에서 충전 받아야 할까? 나는 학생들에게 아침식사가 하루 세 끼 중 가장 중요한 것이라고 말하곤 한다.

이렇게 중요한 아침 식사를 왜 거를까? 부모와 교사가 아이에게 듣게 되는 대표적인 변명은 다음과 같다.

- | "잠이 부족해요. 더 자고 싶어요."
  (수면 자체도 매우 중요한 문제다. 본 장의 뒷부분에서 자세히 다룰 것이다.)

- | "다이어트를 하는 중이에요."

- | "원래부터 아침식사를 하지 않아요."

- | "이른 아침엔 입맛이 없어요."

잠을 좀 더 자기 위해 아침을 먹지 않는다면, 길게보면 더 위험한 일이다. 아침 식사로 단백질을 공급 받는 것은, 하루 일과 내내 더 상쾌한 느낌을 들도록 두뇌에 아미노산을 제공해 주는 일이다. 잠을 더 잔다고 해서 두뇌에 아미노산이 공급되지는 않는다.

체중 감량은 중·고등학생에게 큰 관심사항이다. 많은 연구자들에 따르면 아침을 거르면 하루 중 많은 시간에 허기를 느끼게 된다고 한다. 허기를 느끼게 되면, 다이어트에 중요한 영양분, 칼로리 등을 고려한 세심한 음식 선택이 어려워진다. 배가 많이 고플 때, 마트에 들러 본 경험이 있을 것이다. 평소에는 그냥 지나칠 음식물을 카트에 무심코 집어넣는 자신을 발견한 적은 없었는가? 아침에 아무것도 먹지 않는 날은 오히려 하루 전체 음식 섭취량이 더 많아지기 쉽다. 학생들에게 있어 아침식사는 더욱 중요하다. 에너지 공급이 제때 이루어지지 않으면, 에너지를 저장해 두지 못하는 두뇌는 정보를 민첩하게 처리하지 못한다. 허기진 두뇌는 학습, 동기부여, 주의 집중 등에 신경을 쓸 겨를이 없다. 생존의 문제가 더 급박한 문제가 된다. 생존이 다급해진 두뇌는 음식 섭취라는 신체의 기본 욕구 충족만을 위해 모든 에너지를 사용해 버린다.

비만 또한 아침 식사를 거르는 일과 관련이 깊다. 이는 어른이건 아이이건 마찬가지다. 비만은 두뇌뿐만 아니라 신체 전반의 건강에도 좋지 않은 영향을 미친다. 몸이 지나치게 비대해지면 심장과 폐가 담당해야 할 노동량이 더 늘어난다. 두뇌에 필요한 영양분이나 산소를 확보하기 힘들게 된다는 말이다. 필요 영양분 확보에 더 많은 관심을 둔 두뇌는 다시 생존 추구형으로 되돌아가게 되고, 그 결과 학습에 집중할 여지는 줄어들게 된다.

사회경제적 요인만으로 학생의 영양불균형 문제가 생기는 것은 아니다. 최소한의 균형 잡힌 영양분을 섭취하지 못하는 극빈 가정에서는 영양불균형의 문제가 발생할 수도 있고, 한편으로는 음식을 지나치게 편식하거나 너무 많은 칼로리를 섭취하는 아이도 많다. 입을 달콤하게 하거나 눈을 즐겁게 하여 당장의 만족을 주는 음식들도 많지만, 이런 음식으로 두뇌를 만족시킬 수는 없다. 음식을 잘 챙겨 먹는 것이 중요하다. 더 중요한 것은 어떤 음식을 먹을 것인가 하는 문제다. 영양이 부족하면 아이는 자주 아프고, 그로 인해 오랫동안 결석할 수도 있고, 회복기간도 길어질 수 있다.

코넬대학교의 에드워드 프론길로 교수는 음식 영양분이 책 읽기에도 영향을 미친다는 연구 결과를 발표하였다. 2,100명의 실험대상자를 장기간 관찰한 결과, 남녀 간에 유의적인 차이가 있었다. 짧은 기간이든 오랜 기간이든 필요한 영양분을 제대로 섭취하지 않을 경우, 남학생보다 여학생이 책 읽기에 더 많은 어려움을 겪었다. 음식 영양분은 학생의 사회관계 기능에도 영향을 미치는 것으로 드러났다(Jyoti, Frongillo, & Jones, 2005). 이 연구는 앨라이모, 올선, 프론길로(2002)가 행한 선행연구를 토대로 진행되었다. 세 사람은 미국의 학생과 성인들의 교육과 사회심리학적인 발달을 심각하게 훼손하는 주범은 다름 아닌 가난과 배고픔이라는 것을 밝혀냈다.

공부하는 두뇌에 좋은 식단

두뇌의 힘을 극대화하기 위해 우리 아이에게 어떤 음식을 주면 좋을까? 각 가정마다 선호하는 음식이 다르겠지만, 매 끼니마다 섭취할 만한 좋은 음식을 제안해 본다.

아침 식사

두뇌 연구자들은 효율적인 두뇌 기능을 위해 단백질 섭취로 하루를 출발하도록 권고한다. 단백질은 티로신을 만들어 낸다. 티로신은 뉴런으로 하여금 노르에프네프린과 도파민을 만들도록 도와준다. 신경전달 물질인 노르에프네프린과 도파민은 두뇌가 항상 깨어있도록 하여 경각심을 유지시켜주며, 더 잘 집중하고 학습할 수 있게 뉴런을 연결하는 작업을 돕는다.

단백질이 풍부한 아침 식단은 계란, 고기, 가금류, 치즈, 과일, 요구르트, 복합 당분 등으로 구성된다. 추천 메뉴는 다음과 같다.

추천메뉴1	추천메뉴2	추천메뉴3
- 야채 오믈렛 - 사과 혹은 오렌지 조각 - 버터를 바른 혼합곡물 빵	- 요구르트 - 통밀 시리얼	- 통밀 와플 - 호두 - 치즈 조각

통밀 크러스트나 소시지, 감자, 계란, 치즈 따위를 얹어 놓은 피자를 좋아하는 아이도 있다.

점심 및 간식

전문가들은 점심 식사에도 단백질을 포함시키는 것이 좋다고 말한다. 하루 일과를 제대로 수행해내기 위해서 두뇌는 항상 경각심을 유지하고 있어야 한다. 따라서 도파민과 노르에프네프린 등의 신경조절물질이 계속 생성 되어야 한다. 두뇌 영양을 고려한 점심 식단은 다음과 같다.

추천메뉴1	추천메뉴2	추천메뉴3
- 땅콩이나 아몬드 버터를 바른 곡물 빵 - 호두나 아몬드 - 딸기나 블루베리	- 칠면조 가슴살을 얹은 통밀 빵 - 방울 토마토 - 요구르트	- 피자 한 조각 - 당근 - 바나나

| 땅콩 종류, 혹은 땅콩버터 금지 기관에서는 해바라기 씨 등과 같은 땅콩 대체물 사용

허기가 밀려 오는 공복기가 되면 성질을 부리거나 피곤해 하는 학생이 많다. 이들은 간단한 간식거리를 찾기도 한다. 간식을 허용하는 학교도 있으나, 허용하지 않는 학교도 많다. 혹시 교실 안에서 학생들에게 간식 시간을 주고자 한다면, 간단한 크래커나 혹은 말린 과일을 추천한다.

저녁 식사

저녁 식사에는 트립토판을 만드는 탄수화물을 추가해 준다. 트립토판은 평온함을 유지하도록 도와주는 세로토닌을 생성하게 한다.

주요 저녁 식사 메뉴는 다음과 같다.

ㅣ 으깬 감자, 고구마, 참마

ㅣ 숯불에 구운 닭고기, 생선, 또는 기름기 적은 쇠고기

ㅣ 신선한 야채, 구운 야채, 샐러드

ㅣ 신선한 과일, 과일 스무디, 사과 소스

ㅣ 말린 통밀 빵

수면 : 기억에 필수적인 조건

학습과 관련해서 수면의 중요성은 아무리 강조해도 지나치지 않는다. 아이의 하루 수면 양은 장기 기억 속에 저장될 수 있는 정보의 양에 영향을 미친다. 아이는 당일 학습한 내용을 그 다음 날이면 대부분 기억하지 못하게 된다. 게다가 적절한 양의 수면을 취하지 못하면 기억할 수 있는 양은 더욱 더 줄어들게 된다. 단기기억에 저장된 내용을 장기기억으로 옮겨놓기 위해서는 제대로 된 수면이 필요하다.

잠을 제대로 자면 다음과 같은 이점이 있다.

| 신체 에너지를 제공한다.

| 두뇌 발달에 도움이 된다.

| 기억력을 강화시킨다.

| 스트레스를 줄이는데 도움이 된다.

| 주의 집중하는데 도움이 된다.

충분한 수면을 취하면 여러 가지 이점이 있음에도 불구하고 미국인 중 약 1억 명은 충분한 수면을 취하지 못하고 있다고 한다(Gary Small, 2002).

공부를 잘 하기 위해서는 적절한 수면이 필수적이다. 부모와 교사 등 모두가 아이들의 적절한 수면을 희망하고 있다. 규칙적인 수면을 취한 학생의 두뇌가 더 나은 학습 성적과 기억력을 유지 할 수 있다.

적절한 수면의 양은 나이 등 여러 요소를 고려하여 결정된다. 유아는 하루 16시간에서 18시간의 수면이 필요하다. 어린이들은 이보다 조금 적은 10시간에서 12시간의 수면이 필요하다. 중학생과 같은 10대는 하루 평균 9시간 정도의 수면이 필요하며, 성인은 7~8시간의 수면이 요구된다.

수면의 단계

수면은 1단계, 2단계, 3단계, 4단계, 그리고 급속 안구운동이 진행되는 REM 수면상태(REM: rapid eye movement) 등 5단계로 구분할 수 있다. 11살 된 브레넌의 수면 과정을 예로 들어보자. 취침 준비를 마친 브레넌은 이제 잠을 자기 위해 포근한 침대 위에 눕는다. 하루 동안 겪었던 일이나 다음날 어떤 재미 있는 일을 할 것인지를 생각하며, 편안한 휴식을 취한다. 잠을 청하던 브레넌이 다음날 닥쳐올 사건이나 이전에 겪었던 당황스러운 사건 때문에 스트레스를 받게 되면 취침 시작에 소요되는 시간이 다소 길어진다. 하지만 누구나 그러하듯 어느 정도의 시간이 흐르면, 숨소리가 규칙적으로 변하면서, 잠에 빠져 들고, 근육은 이완된다.

수면 1단계

브레넌은 1단계 수면에 돌입한다. 쉽게 잠에서 깨어날 수 있는 단계이다. 외부의 소음에 감각이 점점 무뎌지지만 깊은 잠에 빠져 든 상태가 아니기 때문에 깨우면 쉽게 잠을 깬다. 이 단계에서 잠이 깨면 보이는 시각 이미지가 현실과 동떨어진 이미지로 보일 수 있다. 안구는 천천히 앞뒤로 움직이며 심장 박동은 규칙적으로 뛰고 혈압은 낮아진다. 두뇌 속에서의 전기적 활동은 베타 파동을 만들어낸다(뇌파 정보를 위한 표 3.1 참조). 베타 파동은 우리 일상에서 흔히 나타나는 파동으로, 초당 12회에서 40회 정도의 주기율을 보이며, 관련 과업을 완성할 수 있도록 도와준다(주기율이란 두뇌 속에서 움직이는 활동력을 설명하는 용어로, 뉴런간의 접속을 일컫는다). 점점 잠이 깊어지며 두뇌는 더 고요한 알파 파동으로 접어들고 경각심이 이완되는 단계로 진입하게 된다. 곧이어 다음 단계인 세타 파동으로 진입하게 된다. 이 세파 파동을 시작으로 브레넌은 수면 1단계에 도달한다.

표 3.1 두뇌 파동의 유형

베타 파동	의식적인 두뇌 파동을 일컫는다. 두뇌는 1초 당 12회에서 40회의 주기로 파동을 형성한다. 일상적인 활동 상태에서 유지되는 파동이다.
알파 파동	경각심이 이완된 상태에서의 두뇌 파동을 말한다. 1초 당 8회에서 12회의 주기로 파동을 형성한다.
세타 파동	수면상태에 접어들기 직전의 상태, 혹은 잠에서 막 깨어나려는 상태에서의 두뇌 파동을 말한다. 수면 1단계와 2단계에서 나타난다. 1초당 4회에서 7회의 주기로 파동을 형성한다.
델타 파동	잠을 잘 때의 두뇌 파동을 말한다. 1초 당 1회에서 3회의 주기로 파동을 형성한다.

수면 2단계

1단계 수면에 돌입하여 5분에서 10분 정도가 지난 후, 브레넌은 2단계 수면상태로 접어들고 뇌파도 바뀌게 된다. 세타 파동이 길게, 안정적으로 이어진다(뇌전도 상에 나타남). 수면 2단계에서는 1단계에서 보였던 안구 운동이 중지되고, 깊은 잠에 빠지게 된다.

쉽게 깨어날 가능성은 여전하지만 1단계와 비교하면 더욱 더 깊은 잠에 빠져 있음을 알 수 있다. 보다 큰 뇌파를 볼 수 있으며 신체기능도 위축된다.

수면 3단계

2단계 수면 후 10분 정도가 더 지나면, 3단계 수면에 돌입한다. 이제 깊은 잠을 자기 시작하고, 델타 파동이 나타난다. 「Promise of Sleep(1999)」의 저자 윌리엄 드멘트 박사는 3단계 과정은 길고 고정적인 세타 파동이 델타 파동으로 교체되는 시기라고 설명한다. 브레넌은 이제 수면 4단계를 향해 간다.

수면 4단계

브레넌이 깊은 수면 단계인 4단계에서 깨어나면, 비몽사몽 상태로 정신을 차리는데 약간의 시간이 필요하다. 브레넌의 근육은 완전히 이완되고, 호흡은 느려지고, 느려진 호흡이 안정적으로 계속되고, 심장 박동은 천천히, 고르게 뛴다. 수면 4단계에서는 브레넌의 몸에서 성장 호르몬을 발산하며, 성장호르몬으로 신체 각 부위가 성장하고, 손상된 세포들이 다시 생겨난다(Dement, 1999). 면역 체계 또한 강해진다.

브레넌은 부모보다 훨씬 오랜 시간 동안 4단계 수면 상태를 유지한다. 45분 이상 지속되면, 브레넌은 이제 얕은 수면을 취하게 된다. 마지막 수면 단계인 REM 수면 상태로 접어들기 전에 브레 넌은 수면 3단계로 다시 되돌아 간다. 간혹 수면 2단계로 되돌아 가기도 한다.

REM 수면

수면 1단계에 진입한 뒤, 약 90분 정도가 경과한 다음 REM 수면 단계로 접어든다. 안구는 눈꺼풀 아래에서 빠르게 움직인다. 신체근육 또한 무기력한 상태에 놓인다. REM 수면 상태에서는 꾸고 싶은 꿈을 꿀 수도 있다. 브레넌은 이제 알파 파동, 베타 파동, 세타 파동을 모두 경험하게 되었다. 깊은 잠을 자고 있음에도 불구하고, 깨어있을 때와 같은 모습을 보인다. 이때가 바로 그날 밤 잠의 첫 번째 수면주기를 완성하는 때이며, 브레넌의 이러한 REM 수면은 약 10분 정도 지속된다. 그런 다음, 수면 4단계에서 1단계로 되돌아 갔다가, 1단계에서 4단계로 거슬러 올라와 다른 REM 수면 상태에 들어선다.

밤 사이 브레넌은 5~6회의 수면 주기를 반복한다. 주기가 반복될 때마다 REM 수면의 길이는 조금씩 늘어난다. 브레넌의 맨 마지막 REM 수면은 약 60분 정도 지속된다. 이른 아침에는 스트레스 호르몬인 코티솔이 방출된다. 아침에 방출되는 코티솔은 스트레스를 받았기 때문이라기 보다는 하루 일과를 준비하는 에너지를 얻기 위해 미리 방출되는 것이다. 브레넌이 REM 수면 중에 곧바로 깨어나면 자신이 꾸던 꿈을 기억할 수도 있다.

수면과 기억

REM 수면을 취하는 동안 기억력이 훈련되고 강화된다는 것은 오래전부터 알려졌지만 더 많은 연구를 시행한 결과, 기억력의 훈련 및 강화는 REM 수면에서 뿐 아니라, 비 REM 수면단계인 초기 수면의 4단계를 거치는 동안에도 이루어지는 것으로 밝혀지고 있다. 수면과 관련된 수많은 실험을 시행한 로버트 스틱골드와 동료들은, 적정 수면시간을 취하지 못한 대학원생들은 적정 수면시간인 8시간 동안 충분히 수면을 취한 동급 학생에 비해 기억력이 떨어진다고 결론짓고 있다(Stickgold, Whicdbee, Schirmer, Patel, & Hobson, 2000). 수면의 마지막 단계인 REM 상태는 물론, 각 수면단계에서 잠이 부족하면 기억력도 떨어지는 것으로 보인다. 새로 학습한 내용은 잠을 자는 동안 연습된다. 잠을 자는 동안 낮에 학습한 내용을 두뇌에서 다시 연습을 하며, 이때 뉴런들끼리의 연결망을 강화시키는 것이다.

시험을 하루 앞두고 많은 양의 정보를 한꺼번에 머릿속에 집어넣는 벼락치기 공부를 해 본 경험이 있을 것이다. 벼락치기 공부는 적정 수면 시간을 줄임으로써 장기기억에 정보를 저장하지 못하고, 작업기억에만 저장되어 필요할 때 빠르게 회상되지 못할 수 있다. 잠자리에 들기 바로 직전까지 꾸준히 학습할 수 있도록 해주면 좋다. 수면을 취하는 동안 두뇌는 직전에 학습한 내용을 다시 연습하고, 관련 내용들을 장기기억 속으로 저장하기 때문이다. 벼락치기 공부를 한 학생은 시험 직후엔 학습한 내용을 잊어버리게 된다. 결국 벼락치기 공부는 두뇌와 신체에 매우 중요한 충분한 수면을 취하지 못하게 했을뿐만 아니라 쓸데없는 시간을 허비한 것이다.

기억력을 높여주는 수면

잠을 자는 동안 기억이 잘 되도록 두뇌가 작동한다? 정확히 어떤 현상이 일어나는 걸까? 버클리에 소재한 캘리포니아 대학교의 매튜 워커(2009) 교수에 의하면, 두뇌는 잠을 자는 동안에 당일 학습한 내용을 장기기억 속으로 이전시킨다고 말한다. 서로 다른 기억들은 여러 가지의 수면 단계에서 처리된다. 초기 연구는 쥐를 이용한 동물 실험을 통해 이루어졌다. 밖으로 드러난 쥐의 뇌에 전극을 설치한 뒤, 미로를 찾아 치즈를 발견할 수 있게 하는 연습을 시켰다. 훈련을 몇 차례 거듭하며, 연구자들은 학습 단계마다 활성화되는 전극이 다르다는 사실을 알게 되었다. 학습 단계와 활성화 되는 전극을 자세히 기록하였다. 쥐가 치즈를 발견했을 때 뿐만 아니라 치즈를 발견하지 못했을 때 나타나는 두뇌 현상도 모두 기록하였다.

잠을 자는 동안에도 쥐의 뇌에 설치된 전극에서 나오는 데이터를 계속 기록하였다. 쥐의 학습상황 기록을 살펴보았을 때 전극의 활동패턴이 당일 학습을 했을 당시 기록된 활동패턴과 동일하다는 사실을 발견할 수 있었다. 잠을 자는 동안 당일 학습한 내용을 연습한 쥐들은 잠에서 깨어난 다음, 그 전보다 훨씬 빠르게 치즈를 발견해 냈다.

사람을 대상으로 한 실험 결과에서는 약간의 차이가 있었다. 쥐의 사례처럼 사람의 두뇌는 노출시켜 둘 수가 없었기 때문이었다. 그 대신, 특정 목록을 참가자들에게 보여 준 후 잠을 자도록 하였다. 사람들은 각자 자신의 스타일대로 수면을 취했다. 기상 시간은 서로 달랐지만, 실험 목적에 맞는 여러 가지 테스트를 실시 하였다. 그 중에는 새로운 언어를 배우는 것과 관련된 사항도 있었다.

연구자들은 많은 내용을 발견할 수 있었는데, 두뇌는 처음 들었던 음소에 대한 청각적 기억은 물론 새로운 단어의 경우 단어의 정의, 심지어 개별 단어들에 대한 발음을 정확히 기억하기 위해 필요한 신체 부위 기능까지 관리한다는 사실 이었다. 단어는 3단계 및 4단계 수면 단계에서 실제 정보를 관리하는 두뇌 속 구조체인 해마에서 종합적으로 정리된다. 발화법과 관련한 운동 기능은 비-REM 수면의 2단계에서 처리되지만, 청각 기억은 모든 수면 단계에서 강화되고 있는 것으로 보였다. 감정 기억은 REM 수면 상태에서 처리되었다.

적절한 운동

켄 웰슨(2005)은 중요도가 떨어지는 부분을 건너뛸 줄 아는 능력을 가진 것은 읽기 준비가 되어 있다는 또 다른 징표라고 말한다. 이에 관해서는 많은 읽기 전문가들도 공감하고 있다. 운동과 학습은 긴밀히 연관되어 있다는 연구 결과물들이 꾸준히 발표되고 있다. 아이의 교육을 책임져야 하는 부모와 교사는 연구내용을 자세히 살펴볼 필요가 있다. 몸을 움직이는 운동은 여러 다른 교과목 학습에 필요한 능력과는 차이가 있다.

운동을 하는 것이 두뇌에 좋다는 전제사항을 살펴보자.

1. 운동은 심장 박동수와 호흡수를 증가시킨다. 따라서 짧은 시간 동안에 더 많은 양의 혈류와 산소가 두뇌 속으로 흘러 들어가게 된다. 또 두뇌로 가는 혈관의 수를 증가시키며 두뇌로 하여금 더 많은 산소와 영양분을 받아들일 수 있도록 한다 (Hannaford, 2005).

2. 운동은 두뇌의 성장을 돕는 필수 음식과 같은 '뇌 유리 신경 성장인자(BDNF: brain-derived neurotropic factor)'가 두뇌에서 생성되도록 한다(Medina, 2008; Ratey, 2008).

3. 운동은 특정 부위의 혈류를 증가시켜 치상회(뉴런이 새롭게 생성되기도 하는 부위)에 영향을 주게 되는데, 이 부분이 기억력을 높이는 해마의 일부분이다(Medina, 2008; Ratey, 2008).

여기서 좀 더 살펴볼 내용들이 있다. 대부분의 연구자들은 움직이지 않으면 학습이 되지 않는다고 말한다. 운동은 전정계(전정계는 위치, 평형 감각을 담당하고 중력 자극에 반응을 보인다) 형성에 도움을 주는데, 전정계는 균형을 잡을 수 있게 도와주는 역할을 한다. 이 전정계와 함께 동작하기 위해서 필요한 것이 소뇌다. 소뇌는 몸이 방향을 잡을 수 있도록 도와준다. 또한 소뇌는 여러 가지 경로의 사고 과정에서 요구되는 연결점을 확보해 둠으로써 추후 필요할 때 두뇌를 사용할 수 있게 해준다. 이로써 우리는 학습과 운동의 실질적인 관련성을 확인할 수 있었다(Hannaford, 2005).

「Spark: The New Revolutionary Science of Exercise and the Brain」의 저자 존 레티는 운동이 학습에 미치는 영향을 살펴보기 위해 에어로빅을 중심으로 한 연구를 실시했다. 연구 결과는 다음과 같다. 개인의 호흡을 가쁘게 하고 근육 조직을 보다 폭넓게 사용하는 운동은, 두뇌의 충동을 억제하는 전전두엽 피질에 자극을 준다. 학습이나 행동에 문제를 가진 학생에게 수업 시작 전이나 수업 중에 적당한 운동을 하게 한 결과 긍정적인 결과가 도출되었다. 공부하는 내용에 대한 집중력을 높일 수 있게 된 것이다.

이러한 변화의 중심에는 단순한 신체운동일 뿐이라고만 단정짓기 쉬운 에어로빅이 자리하고 있다. 중학교 2학년 교사인 앨리슨 카메론(2012)의 교실에서 나타난 결과도 긍정적이었다. 앨리슨은 20여 분 동안 학생의 심장 박동수를 65%~75% 증가시키는 프로그램을 도입하고, 운동 전후 학생들의 상태를 관찰하였다. 2월에서 6월 말까지 프로그램을 실행하였으며, 그 결과는 매우 좋게 나타났다. 읽기와 수학과목에서 한 학년 이상, 즉 1년 이상의 학습성과 향상을 보여준 것이다.

노스캐롤라이나주 윈스턴시에 시에 소재한 워드 초등학교에서도 두뇌-신체 연결 프로그램을 실시하였다. 사용한 프로그램은 '자전거 타기와 읽기'였다. 학생들에게 매일 자전거 등 기구를 이용하여 운동하며, 자신들이 선택한 재미있는 책을 읽게 하였다. 책 읽기에 꾸준한 운동을 추가해 본 결과, 학생의 두뇌 기능이 향상되고 읽기 점수도 향상되는 효과가 있었다(Underwood, 2009). 아이다 호주 교사들도 같은 프로그램을 도입하였는데, 운동을 할 때와 마찬가지로 학생의 행동도 개선되었다(Bodnar, 2011).

똑똑한 두뇌를 위한 환경적인 요소

  햇볕은 우리의 기분을 바꾼다. 나는 몇 년 동안 창문이 없는 공간에서 수업을 진행한 적이 있다. 학생들은 물론 나 자신도 무척 어려운 시간이었다. 햇볕이 들지 않는 곳에서 수업하는 것이 학습성과에 미치는 손실이 얼마나 큰지 당시에는 제대로 알지 못했다. 언제부턴가 나는 창문이 있는 교실을 찾기 시작했다. 아이들에게 야외수업을 하자고도 했다. 이따금 햇빛이 많이 들어오는 복도 쪽에 아이들과 옹기종기 모여 수업을 진행하기도 했다. 클러와 린드스텐(1992) 등은 햇볕 드는 곳에서 진행한 수업과 학생의 학업성적 간에는 상당한 상관관계가 있다는 것을 밝혀냈다. 요즈음 학생들은 햇볕이 들지 않는 실내나 컴퓨터 앞에 앉아서 시간을 보내는 경우가 많다. 집이든 학교든 햇볕이 드는 곳에서 되도록 많은 시간을 보내도록 하는 것은 매우 중요한 일이다.
  햇볕의 중요성에 대해서 부모들도 잘 알고 있어야 한다. 집 안을 비춰주는 자연스러운 햇볕이 얼마나 중요한지를 인식해야 한다는 것이다. 해가 지기 전에 야외에서 놀 수 있다면 참으로 멋진 일이다. 수업을 진행 할 수 있다면 더 좋은 일이다. 하지만 현실적으로는 학교 수업이 끝난 이후에 실시하는 방과 후 활동 시간에 햇볕을 쬐기는 어렵다. 아이는 백열등이나 형광등 밑에서 공부를 하거나, 다른 활동을 하게 된다.

　조명도 중요하다. 깜빡이는 형광등은 학생의 주의를 산만하게 하고 수업 분위기도 어수선하게 만든다. 가능하면 자연 채광을 받도록 하는 것이 좋다. 학습 공간이나 책 읽는 공간은 자연 채광을 기본으로 하고, 백열등이나 테이블 램프 등을 보조 조명으로 사용하는 것이 좋다. 교실 등 학습 공간의 온도 또한 학습 성과에 영향을 미치는 중요한 요소가 된다. 섭씨 20도에서 22도 정도의 온도를 유지하는 것이 가장 좋다. 연구 결과에 의하면, 섭씨 24도가 넘으면 읽기 학습에 부정적인 영향을 미치고, 섭씨 26도 이상이 되면 수학 문제 풀이에도 부정적인 영향을 미친다고 한다(Jensen, 2005).

두뇌와 신체의 기본욕구

　아브라함 매슬로우(Maslow & Lowery, 1998)의 욕구 단계이론에 따라, 우리는 아이의 학습 집중에 전제가 되는 사전 욕구 단계가 있음을 알게 되었다. 학습에 집중하기 위해서는 먼저 생리적 욕구

(의, 식, 주, 호흡, 배설욕구)가 해결되어야 한다. 이러한 생리적 욕구가 충족되지 못한 학생은 일단 가장 기본적인 생존의 욕구를 충족시키기 위해 생존 모드로 돌입하게 된다. 생존 모드에 있는 학생에게 '학습'은 스트레스 반응을 부르는 일이다. 생존 욕구가 충족되지 못한 두뇌는 다른 그 무엇보다 자신의 생존을 위해 모든 에너지를 집중하는 수밖에 없다.

다음은 학생의 기본적인 생리 욕구 충족을 위한 것이다.

ㅣ마실 물, 물 컵, 필요하다면 물병과 약간의 음료수

ㅣ아침 식사를 거르거나, 점심 식사를 일찍 먹는 학생을 위한 건강용 간식

ㅣ편하게 사용할 수 있는 화장실

ㅣ맑은 공기를 공급하는 환기 기구

안전의 욕구

학생이 학습에만 집중하기 위해서는 공부하고 있는 곳이 안전하다고 느껴야 한다. 안전의 욕구는 매슬로우의 5단계 욕구 중 두 번째 단계의 욕구에 해당된다. 이것은 학교에서, 학생들이 어른들과 친구들로 부터 위협받지 않아야 한다는 것을 의미한다.

ㅣ학생은 학교에 안전관련 계획이 수립되어 있음을 알고 있어야 한다.

| 학생은 교실에서 지켜야 할 규정을 이해하고 있어야 한다.

| 학생은 교사와 행정 담당자들이 자신의 안전을 위해 노력하고 있음을 알고 있어야 한다.

사회적 욕구

인간은 모두 어딘가에 소속되고자 하는 욕구가 있다. 최근 연구 결과에 의하면 학습은 감정적인 것으로써, 여러 가지 사회적 관계 망들에 기초하고 있다고 한다. 교사가 학생과 똑 같은 친구가 되어야 한다는 것은 아니다. 하지만, 학생이 교사를 더 좋아하고 존경할수록 학교에서 더욱 편안함과 안정감을 느끼게 된다. 상호 존중의 관계가 형성되면, 학생의 학습 동기가 높아진다. 학생이 교사의 마음에 드는 행동을 하고자 하기 때문이다.

이를 위한 몇 가지 지침을 제시하면 다음과 같다.

| 교실 구성원 모두 공동체의 일원이라는 느낌이 우러나도록 해야 한다.

| 학생이 집단 속에서 배우는 시간을 갖도록 하고, 서로를 진심으로 이해할 수 있는 기회를 가져야 한다.

| 학생들에게 종종 자신이 선택한 학습방법(개별, 짝, 그룹)으로 학습할 수 있는 기회를 주어야 한다.

| 교실 안에서 특정한 과제를 수행하게 함으로써, 서로가 서로에게 필요한 존재이며, 상호 공동체의 일원이라는 느낌을 가져야 한다.

또래 집단

아이는 나이에 상관없이 특정 집단에 소속되기 마련이다. 학생은 교실이나 학교, 혹은 여러 공동체 내에서 사회적 관계를 형성한다. 아이들 간의 관계는 교실 내 역동성을 높여주며, 교실 안에서 이루어지는 여러 가지 학습에도 영향을 미친다. 중학생을 대상으로 한 연구 결과, 학생은 다음 네 가지의 사회적 그룹 중 어느 하나에 소속되어 있음을 알게 되었다(Sagarese, 2001). 대부분의 중학교 교사들은 어느 학년에서나 사회적 그룹이 존재한다는 것에 동의한다.

| **인기 그룹** 인기도에 따라 모이는 그룹이다. 인기 그룹은 운동선수, 괜찮은 외모를 지닌 학생, 부유한 집안 학생, 공부를 잘하는 학생 등으로 분류된다. 인기 그룹들 안에서는 인기의 기준이 다른 그룹끼리 합치기도 한다. 중학생 중 약 35%가 인기 그룹에 속한다. 이 그룹에 속하는 학생과의 면담 결과 흥미로운 점이 있었다. 즉, 자신감이 충만하고 기백도 있을 것 같아 보이는 인기 그룹 학생들 대부분 자신이 소속된 그룹의 인기가 떨어지지 않을까 걱정하고 있었다.

| **비주류 그룹** 인기 그룹 소속 학생과 거의 맞닿아 있다. 보다 높은 인기를 얻고자 하며, 인기 그룹에 소속되기도 하고 소속되지 못하기도 한다. 학생 중 10% 정도는 자신이 어느 그룹에 속해 있는지 몰라 스트레스 받고 있다.

| 고독한 아이 약 10%의 학생은 교실 내 다른 학생과 잘 어울리지 않는다. 혼자 있고 싶지 않다고 말하면서도, 혼자 있고 싶은 것처럼 행동한다. 정도가 심한 학생은 다른 학생과 친하게 지내지 못하고 외톨이가 되기도 한다. 옷을 입고 가꾸는 일에 관심이 적은 경우가 많아, 대부분 복장이 불량해 보인다. 똑똑한 아이가 종종 이 그룹에 속하기도 한다. 하지만 대부분 교우관계가 원만하지 못하다. 이 그룹에 소속된 아이들은 대개 자신의 상황에 대해 불만을 갖고 있다.

| 우정 집단 서로 함께 있으면 편안함을 느끼며 3~4명씩 어울리는 집단이다. 서로 돕고 지내며, 인기에 연연해하지 않는다. 이 그룹의 일부 학생들은 인기 그룹에 적대감을 보이기도 한다. 45% 정도의 학생이 이 그룹에 속한다. 이들이 함께 모이는 이유는 매우 다양하다. 취미가 같은 아이들끼리, 같은 운동 선수나 인기 스타를 좋아하는 아이들끼리, 때로는 각자 따로 놀기를 좋아하는 아이들끼리 모이기도 하고, 심지어는 폭력적인 집단을 만드는 아이들도 있다. 하지만, 이러한 우정 집단에 속한 학생들의 대부분은 학교 생활에 만족하며 행복해 보인다.

많은 학생들은 자신이 속한 소속 집단이나 혹은 여러 사회적 관계에 대해 스트레스를 받고 있다. 인기 그룹에 소속되어 있다 하여도, 인기가 언제까지 지속될지 걱정하며, 이는 또 다른 스트레스의 원인이 되기도 한다. 학생이 안고 있는 스트레스를 보다 정확히 살펴보고, 스트레스가 두뇌와 신체에 어떤 영향을 미치는지에 대해서 살펴보도록 하자.

몸과 두뇌를 상하게 하는 스트레스

스트레스가 모두 나쁜 것은 아니다. 좋은 스트레스도 있고 나쁜 스트레스도 있다. 스트레스가 미치는 영향과 결과에 대해 알아보자. 좋은 스트레스란 데이트 상대를 처음 만날 때와 같은 부드러운 스트레스를 말한다. 좋은 스트레스를 받을 때, 두뇌에서는 약간의 아드레날린과 두뇌 화학물질을 생성해 냄으로써 적절한 긴장감을 유지하게 해준다.

순간적으로 스쳐 지나가는 스트레스를 흔히 '참을 만한' 스트레스라고 부른다. 두뇌와 신체는 이 스트레스를 곧바로 이겨내고, 원상태로 복원시킬 수 있다. 하지만 신체와 두뇌에 끊임없이 더해지는 스트레스는 나이에 관계없이 스트레스를 받는 사람에게 매우 부정적인 영향을 미치게 된다.

지속적인 스트레스를 받게 되면,

| 두뇌 연결망에 물리적 변화를 일으켜, 학습에 영향을 준다.

| 두뇌의 원활한 정보전달을 일시적으로 방해함으로써 학습에 영향을 미친다.

| 면역체계와 신체를 약화시켜, 학습에 영향을 미친다.

| 동맥의 흐름을 막아, 심장혈관 체계에 영향을 미친다.

| 수면에 영향을 미친다.

| 생식에 영향을 미친다.

| 걱정, 불안 등 여러 심리적 불균형을 초래한다.

　스트레스를 받는 아이를 돕기 위해서는 스트레스에 어떻게 대처할 것인지 알아야 한다. 임산부가 받는 스트레스는 아이의 두뇌가 스트레스에 반응하는 방식에 영향을 준다는 것을 명심해야 한다. 먼저, 스트레스를 일으키는 화학물질은 두뇌 변연계에 영향을 준다. 즉 기억과 감정을 조절하는 두뇌 변연계가 피해를 당하는 것이다. 그래서 엄마의 스트레스는 아이의 감정적인 문제와 인지적인 문제를 일으킬 수 있다. 다음으로 아이의 스트레스 대응 시스템 내에서는 코티솔과 같은 화학물질이 지나치게 많이 발생하여 두뇌 조절능력이 상실 될 수 있다. 결국 이러한 아이는 스트레스 조절능력이 부족한 삶을 살 수도 있다(Medina, 2008).

스트레스 반응 따르기

　스트레스 반응은 신체적 상해를 당할 수 있는 위험한 순간에 나타난다(사자, 호랑이, 곰을 만났다고 상상해보기 바란다!). 두뇌는 스트레스 반응을 하는 그 순간의 스트레스 상황이 얼마나 위협적인지 판단한다. 호랑이와 마주친 위협적인 상황에서 두뇌는 둘 중 하나를 선택해야 한다. '뒤도 돌아보지 않고 도망가거나, 호랑이와

한 판 붙어보는' 것이다. 물론 오늘날 우리가 받는 스트레스의 원인은 호랑이를 만나는 것과 같은 예전의 스트레스 원인과는 상당한 차이가 있다. 여러 사람들 앞에서 말을 해야 한다거나, 혼잡한 교통상황 때문에 중요한 약속에 늦지 않을까 노심초사한다거나, 모든 교과목에서 우수한 성적을 거두어 주변의 기대에 부응해야 하는 등 여러 가지 다른 스트레스에 반응하고 대처해야 한다. 그 원인은 다르지만 스트레스에 대한 반응은 옛날 호랑이를 마주칠 때와 마찬가지로 우리의 두뇌와 신체에 나타난다.

급박한 위협상황에 처하면, 신체 에너지를 총집결 시켜 도망가거나, 한 판 붙어야 한다. 선택을 하고 그 선택에 따른 행동을 하는 것은 두뇌 속 화학물질 분출로부터 시작된다. 첫 번째 정보 여과장치는 망성 활성화 시스템(뇌의 정문에 있는 검문 시스템. 감각 기관으로 입력되는 많은 정보들 중 중요한 것에만 관심을 집중시키고, 기억할 수 있도록 해주는 관심 집중장치)으로, 무엇인가 새로운 것이 들어왔음을 알아차리고 곧바로 두뇌 전반에 신경전달 물질을 내보낸다. 두 번째 여과장치는 편도체다. 편도체는 화학적 메시지를 빠르게 수령한 뒤 즉시 시상하부에 경계령을 내리기 위해 호르몬을 발산하게 된다. 편도체는 두뇌 안쪽에 자리한 뇌하수체에 메시지 전달을 가능하게 해 준다. 뇌하수체는 콩팥 위에 위치한 부신(아드레날린과 다른 호르몬들을 분비함)에 위험신호를 보내 스트레스 화학물질을 분출시킨다. 두뇌와 신체의 연결 작용은 참으로 빠른 속도로 진행된다. 부신에서는 즉각 코티솔과 아드레날린을 발산한다. 일련의 과정은 시상하부-뇌하수체-부신피질을 축으로 이루어지기에 앞 글자들을 따서 HPA 축(the hypothalamic-pituitary-adrenal axis)이라 일컫는다. 이러한 화학작용으로 허파에는 더 많은 산소가 공급되고, 손발 끝부분까지 더 많은 혈액이 공급된다(싸울 때는 팔로, 뛰어야 할 경우에는 다리로 공급된다). 여러 기능이 모두 제대로 작동하면, 자신에게 발생한 스트레스를 적절하게 관리할 수 있게 된다. 평상시 상태와 별반 다르지 않게 스트레스를 제어할 수 있게 되고, 안정적인 두뇌-신체 상태를 회복하게 된다.

두뇌는 여러 중요한 신체 기능 중, 어떤 기능을 우선해야 하는지도 재빨리 결정한다. 생식 기능, 소화 기능, 성장 기능 등에 우선순위를 두며, 필요하다고 판단할 경우에는 면역 시스템도 변경시킨다. 상처를 입은 상태에서 감기에 걸렸다면, 두뇌는 감기와 싸우는 것 보다는 상처를 아물게 하는 일에 먼저 집중한다. 적에 맞서 싸우거나 도망쳐야 하는 응급상황이 발생하면, 조금 전 먹은 음식물을 소화시키기 위해 사용하던 혈액도 싸우거나 도망쳐야 할 긴급한 일에 모두 사용하게 된다. 직전에 섭취한 음식물의 소화 작용도 중요하지만, 눈 앞에 닥친 긴급 상황에 우선 집중하여 문제를 해결한 다음, 다시 음식물 소화를 시작하는 것이다.

중요한 것은 HPA 축을 제대로 유지하는 일이다. 만성 스트레스, 가볍게 이겨내기 힘든 스트레스, 때로 아주 극심한 스트레스를 받게 되면, 코티솔과 아드레날린이 필요 이상으로 발생되어 신체의 균형을 잃게 된다. 신체 균형이 무너져 통제할 수 없는 상황에 이르면, 심장병이 생길 수도 있으며, 면역체계가 손상되기도 하고, 연관된 어떤 일을 기억조차 할 수 없게 되는 비참한 결과에 직면할 수도 있다(McEwen, 2002).

공부하는 아이의 스트레스 상태를 살피는 것이 왜 중요한지 알게 되었을 것이다. 아이가 만성적인 스트레스로 고생하고 있는 것은 아닌지 살펴보아야 한다. 이는 매우 중요한 일이다. 스트레스로 인해 아이의 면역체계가 손상되면, 자주 아프고 학교에 결석하는 일도 잦아질 것이다. 안타깝게도 하루 결석을 한다거나, 수업 시간에 빠지거나, 혹은 학생 자신이 결석하고 수업에 빠져야 하는 상황을 교사에게 설명해야 하는 그 순간에 또 다른 스트레스를 받기도 한다. 그 어떤 경우이건 스트레스를 받고 있는 아이를 도와줄 방법을 찾아야 한다.

> | 학생과의 유대감을 강화시켜야 한다. 필요하다면 전담조직을 만드는 것도 필요하다.

> | 충분한 운동을 하고 있는지 확인한다.

> | 충분한 수면을 취하고 있는지 확인한다.

> | 편안한 환경을 제공한다.

| 마음을 안정시켜 줄 수 있는 좋은 음악을 듣도록 한다.

만성적인 스트레스는 위험한 결과를 낳을 수 있다. 만성적인 스트레스는 학업과 기억을 방해할 뿐만 아니라 정신 건강과 신체 건강 모두에 심각한 영향을 미치게 된다는 사실을 잊어서는 안 된다.

따돌림이 두뇌에 미치는 영향

어린아이가 신체적으로나 감정적으로 괴롭힘을 당하면, 아이의 두뇌 발달이 제대로 되지 못하고, 그 결과 두뇌가 바람직스럽지 못한 방향으로 변할 수도 있다. 괴롭힘을 당하면 두뇌는 스트레스를 받게 된다. 스트레스가 신체적인 문제뿐만 아니라 인지적인 문제를 야기할 수 있다는 점은 앞서 설명하였다. 이와 관련된 여러 연구 결과들은 우리의 우려가 사실이라는 점을 보여주고 있다. 두뇌에 심한 스트레스를 받은 아이는 신체적으로나 성적 학대를 당한 아이에게서 나타나는 것과 유사한 증상을 보여 준다.

견디기 힘든 스트레스로 두뇌 발달이 방해 받을 때 나타나는 증상 중의 하나가 바로 새로운 신경이 성장되지 않는 현상이다. 즉, 신경발생(뉴런의 생성, 발달, 소멸의 순환)의 부족 또는 감소 현상이다. 우리가 알고 있는 바와 같이 신경발생은 새로운 것을 배우는 학습 과정의 일부다. 아이가 어떤 새로운 사항에 관심을 갖게 되면, 두뇌 뉴런들은 새로운 내용을 기억하기 위해 신경 네트워크 일부를 집결시킨다. 하지만 스트레스를 받고 있는 학생은 다르다. 새로운 신경 네트워크 생성과 결집이 어려워진다. 결과적으로 그 아이는 새로운 내용을 학습하는 것도 어렵게 될 것이다.

따돌림으로 만성적 스트레스를 받고 있는 아이는 스트레스 반응 상태에서 벗어나기 힘들다. 스트레스 호르몬이 지속적으로 방출되는 상태에서는 두뇌가 학습에 필요한 집중을 할 수 없게 된다. 학습에 집중하기 힘든 현상이 두뇌에 나타나는 데에는 그다지 많은 시간이 걸리지 않는다.

마틴 테이처(2002) 박사는 따돌림을 받은 경험이 있는 청년들을 대상으로 실험을 한 결과, 학대 경험이 없는 성인들과는 다른 방식으로 뇌량이 개발된다는 사실을 발견했다. 뇌량은 두뇌의 양반구를 연결시켜주고 시각적인 처리과정과 기억에 필요한 부위이다. 실험 대상인 따돌림 경험이 있는 청년들의 경우 뉴런의 미엘린화가 제대로 진행되지 않았다는 점도 발견하였다. 이미 살펴본 바와 같이 미엘린화는 메시지의 전달속도가 빨라지도록 돕는 작용이다.

오타와대학교 연구진들은 동급생들에게 언어폭력을 경험한 12세 학생의 스트레스 호르몬 코티솔의 수치가 비정상적이라는 결과를 발견하였다. 따돌림 경험이 있는 여아의 경우에는 일반 아이에 비해 코티솔 호르몬 수치가 낮게 나타났고, 따돌림 경험이 있는 남아의 경우에는, 여자 아이와는 반대로 일반 아이에 비해 코티솔 호르몬 수치가 높게 나타났다. 따돌림 경험이 있는 여아의 경우 반복된 경험으로 따돌림에 대응하기 위해 두뇌가 코티솔의 양을 줄여서 분비한 것이라고 이론적으로 설명할 수 있다. 호르몬을 늘리거나 줄이는 방법 등의 방어기제를 통해 신체에 가해지는 스트레스를 줄이도록 하는 것이다. 스트레스는 장기적으로 기억체계와 면역체계 형성과 변형에도 영향을 미친다(Vallancourt, 2004).

 ## 요약정리

본 장에서는 경험과 환경이 두뇌와 신체에 미치는 여러 영향에 대하여 살펴보았다. 아이가 성장함에 따라 학습 성과는 점점 중요한 일이 된다. 학습 성과에 가장 많은 영향을 주는 기술인 책 읽기를 가르치기 위해서는, 책 읽기 지도 방법만 알아서는 안 된다. 아이의 책 읽는 두뇌는 물론 신체, 감정적인 요소에 대한 이해가 반드시 동반되어야 한다.

아이에게 적당한 수면과 적절한 영양분 섭취의 중요성을 알려주고, 그 이유를 설명해 준다면 학습을 더 수월하게 진행할 수 있다. 적절한 수면과 영양분 공급이 충족되어야 학습이 제대로 진행될 수 있다. 운동 또한 두뇌와 신체의 발달, 나아가 학습을 위해 반드시 필요한 부분이다. 부모와 학교 관계자들은 아이의 운동 시간을 계획하고, 운동하는 분위기 조성을 위해 노력해야 한다. 교사 역시 교실 내에서의 신체 활동이 학습 성과에 매우 긍정적인 영향을 미친다는 사실을 이해하고 있어야 한다.

교우 관계를 비롯한 여러 스트레스로 인해 발생되는 영향들이 결코 과소평가 되어서는 안된다. 학생 주변의 모든 인간관계와 환경도 학습에 영향을 미친다. 학생 본인이 소속된 집단에 따라 영향받기도 한다. 또한 자신의 사회적 위계 수준이 어디인지에 따라서 스트레스 정도가 결정되기도 하며, 관련 학습에 방해가 되기도 한다. 학생은 집에서는 물론 등교 하는 스쿨버스 안에서, 운동장에서 뛰어 노는 중에, 교실 수업을 받는 도중에도 여러 가지 요인들로 인해 쉽게 스트레스를 받는다. 부모와 교육 관계자들은 스트레스에 아이가 어떻게 반응하는지를 이해하고 있어야 하며, 스트레스가 반복되면 어떤 결과를 야기할 것인지에 대해서도 알고 있어야 한다.

부모와 교사는 아이가 평소 무엇을 먹고 있는지, 잠은 잘 자는지, 필요한 운동은 하고 있는지, 친구들과의 관계는 어떠한지, 또한 여러 사람이나 사물을 대하는 감정은 어떠한지 등을 알 수 있도록 노력해야 한다. 이 모든 것이 책 읽기를 배우는 데 있어 큰 영향을 미치는 요인들이기 때문이다.

제 4 장

음소인지 Phonemic Awareness

Wiring the Brain for Reading

제4장 | 음소인지
Phonemic Awareness

에이미의 담당교사는 영어 단어 '*dog*'의 소리를 강조하면서 아이에게 재미있는 이야기를 해 준다.

> 담당교사 : 얘들아, *dog*라는 단어 발음을 들어봐.
> /*D*/*o*/*g*/라는 세 개의 소리가 나지. 소리 내 볼까?

> 에이미(끼어 들면서) : 우리 할머니 집에 있는 강아지도 세 번 소리
> 내는데요. 멍, 멍, 멍!

이런 식으로 학습이 시작된다. 두뇌는 단어의 소리를 듣는 것을 배워야 하고 단어를 인식할 수 있어야 한다. 읽기는 두뇌의 발달과 경험을 바탕으로 한 필수요소 다섯 개로 구성되는 복잡한 인지 과정이다. 지금 이 페이지를 읽고 있는 우리는 읽기라는 이 단순한 일을 진행하기 위해 동시 다발적으로 두뇌 시스템을 작동시킨다. 하지만 읽기 작업이 간단하다고 하는 것은 유창한 독자에게 국한되는 일이다.

읽기와 관련된 다섯 가지 요소는 음소인지, 파닉스, 어휘력, 유창성, 그리고 이해력이다. 종종 사람들은 파닉스와 음소인지를 동일한 개념으로 이해하고, 혼용하여 사용하고 있다. 하지만 여기에는

중요한 차이점이 있다. 즉 파닉스는 소리와 문자와의 관계를 나타내는 반면, 음소 인지는 전적으로 소리와 관련된다는 점이다. 구체적인 차이점 들은 〈표 4.1〉을 참조하기 바란다.

   독서 지도자 혹은 독서 관련 연구자는 성공적인 읽기를 위한 예측변수에는 어떤 것들이 있는지를 살핀다. 아이가 장차 훌륭한 독자가 되기 위해서는 어떤 것을 알아야 하고 어떤 과업을 수행할 수 있어야 할까? 책 읽기를 제대로 하지 못하는 학생 대부분은 음소인지 능력이 빈약하다는 것이 확인되고 있다(Sanovich, 1998).

표 4.1 음소인지와 파닉스

음소인지 : 청각 기능	파닉스 : 시각 기능
- 발화된 언어의 음성체계에서 단어의 의미를 구별 짓는 최소의 소리단위(음소)를 아는 능력 - 각 음소가 어떻게 합쳐지고 분절되며, 조작되는지 그 방법을 아는 능력 · 소리와 관련 · 눈을 감고도 소리를 인식할 수 있다.	- 발화된 언어의 소리를 인쇄된 글자와 연결 짓는 교육적 접근법 문자소 (의미를 나타내는 최소 문자단위) · 소리와 글자의 관련. · 인쇄물을 보면서 진행한다.
예) · dog라는 단어를 말한다. 학생에게 해당 단어에서 들리는 각 음소를 말하게 한다: /d/o/g/	예) · 단어를 쓴다. 학생에게 단어의 각 음소를 말해보게 하고, 이들을 합친 전체 단어를 읽어보게 한다: /dog/

· 단어 속에 들어 있는 음소를 듣고 단어를 말해보게 한다. 언어의 소리에 집중하게 하고, 그 소리들이 어떻게 합쳐지고, 분절되며, 조작되는지에 대해 집중하게 한다. 이는 알파벳 원칙을 잘 이해하도록 돕고, 파닉스와 철자에 대한 기초를 마련하도록 도와준다.	· 단어 속의 음소를 듣고, 철자 타일을 사용해 단어의 철자를 나타내게 한다. · 발화된 언어의 소리가 어떻게 글자와 철자로 나타나게 되는지 보여준다.

책 읽기와 알파벳 깨치기에 대한 이론들은 서로 상충되고 있다. 대부분의 연구자들은, 알파벳을 깨치는 것이 책 읽기에 성공할 수 있음을 보여주는 조기 지표라고 주장한다(Bond & Dykstra, 1967; McBride-Chang, 1999). 반면 일부 연구자들은 알파벳이 한 가지로만 발음되지 않기 때문에, 음소를 공부 할 때 혼란을 야기할 수 있다고 주장한다(Lindamood, 1995). 대부분의 아이는 학교에 들어가기 전에 알파벳 노래를 배운다. 하지만 알파벳 이름을 알고 있는지의 여부와 알파벳이 내는 소리를 제대로 연결 시킬 수 있는지의 여부는 서로 다른 문제다.

메이브는 책을 씹어 먹는다. 말 그대로, 아이는 자기 손에 잡히는 모든 책을 곧장 입으로 넣으려고 한다. 아이가 처음 책을 접할 때 흔히 보이는 모습이다. 사물을 알아보고자 하는 자신의 호기심과 희망 사항을 나타내는 중요한 단계인 것이다. 엄마가 메이브에게 책을 읽어줄 때, 메이브는 책 속에 인쇄된 된 글자를 보게 되고(엄마의 손가락이 해당 단어 아래를 짚어가며 읽어준다면 아이는 더 집중하게 될 것이다.), 어느 순간 인쇄물이 어떤 의미를 갖고 있다는 사실을 깨닫게 된다. 메이브의 다음 목표는 책을 똑바로 잡고 한 번에 한 페이지를 넘기는 방법을 배우는 일이다. 서너 살 정도가 되면 메이브는 자신의 이름에서 글자를 알아보기 시작하게 되는데, 이때가 바로 인쇄된 글자들과 본격적으로 익숙해지는 시기이다.

메이브가 유치원에 다니게 되면, 우리는 그 아이가 책을 더 잘 이해할 것으로 기대한다. 예를 들어 아이의 두뇌에서 책 읽는 절차를 이해하고, 읽기 작업이 충분히 모델링 되어 있다면, 책은 왼쪽에서 오른쪽으로, 위에서부터 아래로 읽는다는 것을 알 수 있을 것이다. 알파벳의 모든 글자를 알 수도 있고, 그렇지 않다면 이제 곧 배우게 될 것이다. 중요한 것은 자신이 듣는 모든 단어가 소리로 이루어졌다는 것을 깨닫게 된 것이다.

유치원 시기까지 아이가 이해하는 양과 정도는 그 아이의 경험과 관심에 따라 달라진다. 이제 두 살이 된 로즈와 릴리의 경우를 보자.

두 살이 되면서 로즈는 알파벳을 모두 알게 되었다. 냉장고에는 자석으로 붙어있는 글자들이 있다. 엄마가 로즈에게 글자 R을 찾아오라고 하면, 아이는 부엌으로 가서 1분도 안되어 자랑스럽게 R을 갖고 나타난다. 이것은 로즈가 즐기는 게임이다. 플래시 카드는 쓰지 않았으며, 아이가 피곤해하면 엄마는 게임을 그만두었다.

로즈는 각 글자가 소리를 만들어 낸다는 것을 배웠다. 엄마와 다른 보호자로부터 배웠을 뿐만 아니라(로즈가 글자를 가져가면, 그때마다 해당 글자를 발음해 주었다), 두 살 이후에는 문자의 소리를 가르치는 비디오를 시청했고, 문자 소리를 들려주는 장난감을 갖고 놀았다. 많은 아이들이 똑같은 방법으로 배우진 않지만, 글자와 글자가 만들어내는 소리를 배울 수 있는 방법은 다양하다.

두살 정도의 어린 아이들이 글자와 글자의 소리를 알아가는 것에 관심을 보이지 않아도 큰 문제가 되지는 않는다. 로즈의 친구인 릴리의 경우를 보자. 릴리는 두 살 때부터 알파벳 노래를 불렀지만, 글자와 소리를 배우는 것에는 전혀 관심이 없었다. 릴리의 엄마가 릴리에게 어떤 알파벳이나 글자를 가져오라고 말하면, 그저 아무 알파벳 하나를 가져와서는 모두 B라고 소리쳤다.

글자와 소리를 알고 유치원에 가는 아이는 유치원 교과과정을 따라가기가 한결 수월할 것이다. 이런 이유로 유치원 교사는 글자를 알고 1부터 10까지의 숫자를 셀 줄 아는 아이를 선호한다. 릴리가 유치원에 가기 전에 문자의 소리와 숫자 등에 흥미를 갖지 못한다면, 릴리 보다는 로즈가 유치원 적응에 더 유리할 것이다. 하지만 그렇다고 해서 릴리가 유치원 교과과정을 따라갈 수 없다는 의미는 아니다.

음소인지(Phonemic Awareness)

음소인지란 발화된 언어에서 사용되는 여러 소리들을 지각하고 조작할 수 있는 능력이다. 즉, 문장이나 낱말은 음절이나 음소 등의 작은 단위로 나뉠 수 있다는 것을 알고 소리를 조작하는 능력이다. 단어는 개별 문자로 구성되며, 각각의 문자는 소리가 있다는 것을 이해하는 아이는 이제 읽기를 향한 길로 나아갈 수 있게 된다.

독서 연구가 셸리 세이비스(2003)는 읽고자 하는 아이는 다음 다섯 가지 과업을 수행할 수 있어야 한다고 말한다.

1. 첫 소리를 듣고, 동일한 소리로 시작되는 단어를 인식한다.

2. 단어의 첫 소리를 따로 구분할 줄 알아야 한다.

3. 단어의 마지막 소리를 따로 구분할 줄 알아야 한다.

4. 소리를 합칠 수 있어야 한다.

5. 단어를 개별 소리들로 나눌 수 있어야 한다.

아이가 성공적으로 책을 읽을 수 있을 것인지 가늠할 수 있는 가장 좋은 지표는 아이가 글자를 아는지와 함께 음소인지 능력을 보는 것이다(Bond & Dykstra, 1967). 중·고등학생들 가운데 이러한 능력이 부족한 경우에도(이런 학생이 많다) 추가로 배울 수 있다.

읽기에 어려움을 겪는 학생의 가장 큰 문제는 음소인지 능력의 부족이다.

음소인지의 평가 및 교육

"나는 운율을 맞출 수 있어요!" 이는 내가 유치원 수업에서 주문처럼 외치던 말이다. 소리와 글자를 아는 아이들의 경우 운율 게임을 재미있어 했지만, 그렇지 못한 아이들에게는 좌절감을 안겨주었다. 대부분의 아이들은 뜻은 비슷하지만 소리가 다른 단어를 말하였고, 몇몇 아이는 같은 소리로 시작되지만, 운율이 맞지 않는 단어를 말하기도 했다.

나는 유치원부터 중학교 1학년까지의 아이들을 가르쳤다. 당시 내가 진행하던 언어수업을 마치기 전 짧은 시간을 이용해 게임을 진행해 보았다. 게임활동과 떠드는 것을 좋아하는 건 유치원생이나 중학생이나 다를 바 없었다. 나는 많은 학생이 운율 맞추는 것을 어려워한다는 사실을 알고 매우 놀랐다. 책을 잘 읽는 학생은 게임에서 좋은 성적을 얻었지만, 책 읽기에 어려움을 겪는 아이는 이러한 활동 자체를 싫어했다. 그당시 나는 음소인지에 대한 개념을 정확히 알지 못했다. 다만 학생이 소리를 듣고, 집중하며, 소리의 일부를 기억해 내는 일이 얼마나 중요한 것인지는 알고 있었다. 운율 맞추기 게임은 주로 중학생들을 대상으로 진행하였다(*nation*과 동일한 운율을 갖는 영어 단어가 1천 개 이상 된다는 사실을 알고 있는가? 이와 같은 단어는 중 고등 학생과 함께 게임하기 좋은 단어이다).

책 읽기 분야에서 유명한 전문가 중 한 사람인 메릴린 제이거 아담스(1990)는 음소인지의 중요성에 대해 잘 설명하고 있다. 아기는 태어나자마자 주위에서 들리는 소리를 듣고 표현할 수 있도록 격려받는다. 하지만 사실 우리가 격려해 주는 것은 소리 그 자체가 아니라 소리가 포함하고 의미에 관한 것이다. 아이가 어떤 물건의 이름을 말하면 부모는 큰 감동을 느끼며 아이에게 주변에 있는 물건의 의미를 가르쳐 주고자 노력한다. 하지만 아이가 책을 읽어야 할 나이, 또는 책을 읽기 위한 기초능력을 습득해야 할 시기가 되면, 아이는 이제 단어의 의미가 아니라, 단어 각각의 소리에 집중해야 한다. "M-o-m-m-y"라는 단어를 처음 말할 때에는, "M-o-m-m-y"라는 각각의 소리가 아니라, 아이가 찾는 사람이 중요하다. 하지만 읽기 위해서는 단어를 각각의 소리로 나눌 수 있어야 한다.

두뇌는 한 번에 두 개 이상의 대상에 집중하지 못하는 것으로 알려져 있다. 아이가 어떤 단어를 듣게 될 때, 두뇌는 자동적으로 해당 단어의 의미를 찾고 이해하면서 어떤 행동을 취해야 할 것인지를 생각하게 된다. 두뇌는 의미가 아닌 소리를 듣도록 재훈련 되어야 한다(실질적으로, 두뇌가 재구성 되어야 한다). 즉, 두뇌는 관심을 주지 말라고 배웠던 것에 다시 관심을 기울이는 방법을 배워야 한다. 이런 맥락에서 볼 때, 책 읽기는 정말 어렵다는 사실이 그다지 놀라운 일도 아니다.

만약 여러분에게 어떤 단어의 의미는 생각하지 말고, 첫 번째 소리에만 집중하라고 한다면, 쉽게 해낼 수 있을까? 말을 막힘 없이 잘하는 대부분의 독자처럼, 당신도 기억 속에 들어있는 단어의 정의나 시각자료를 종합하여 첫 소리를 알아내려는 자신을 발견하게 될 것이다. *elephant*라는 단어를 읽을 때, 우리는 큰 코를 가진 회색동물을 재빨리 머릿속으로 그린 후, 그 첫 소리인 /eh/를 분리해서 발음할 것이다. 몇몇 단어들을 사용하여 이러한 연습을 해 보고, 실제 그렇게 되는지 직접 확인해보기 바란다. 이제 초보 독자가 이 새로운 게임을 하려면 어떤 과정을 겪어야 하는지 생각해보자. 단어를 나누고 다시 합칠 수 있는 단계가 되면, 아이들은 이해 수준으로 넘어가기를 희망한다.

아담스(1990)는 음소인지 능력을 갖추기 위해 다음과 같은 단계를 거친다고 한다.

1. **운율(rhyming)** 동요에서처럼 운율을 들을 수 있는 능력. 동요는 음소인지를 가르치기 시작할 때 사용할 수 있는 좋은 방법이다. 디즈니 만화에 나오는 공주들을 좋아하는 손녀를 위해 내가 사용한 운율이다. *"Cinderella dressed in yellow (yella) went upstairs to kiss her fella."* 단어를 바꿔 볼 수도 있다. 예를 들면, "Cinderella dressed in red went

upstairs to make her bed!" "Cindella dressed in blue went upstairs to tie her shoe."

2. **소리 찾기** 같은 소리인지 다른 소리인지 맞추기.
   예) "다음 중 끝 음이 다른 것은 무엇인가요? *Cat, pig, hat.*"

3. **음절을 합치고 나누기** 아이에게 단어의 개별 음소를 제시한 후 소리를 합치게 한다. 첫 소리와 남은 소리가 무엇인지 물어본다. 예) "다음 단어의 각 부분을 잘 들으세요. *D-o-g.* 이 소리를 합쳐서 말할 수 있나요?" "단어 *cat* 을 잘 들어보세요. 단어 *cat* 의 첫 소리를 말해 볼 수 있나요? 첫 소리를 빼고 난 다음에는 어떤 소리가 남아있나요?"

4. **음소 분절** 단어의 각 소리마다 손뼉을 치게 한다.
   예) 다음 단어를 들어보세요. *Hat. hat* 라는 단어에 있는 소리를 하나씩 말해볼 수 있나요?

5. **음소 조작** 다른 단어를 만들기 위해 음소를 추가하거나 없애거나 이동시킨다.
   예) 단어 *dog* 에서 /d/를 빼고 발음해 보세요.

National Literacy Panel 의 보고서(2008)는 학생들에게 음소인식 능력을 가르칠 때에는 단계별로 가르쳐야 한다고 결론 내리고 있다. 아이의 나이가 어릴수록 *cup + cake = cupcake* 과 같은 복합어를 더 잘 이해하기 시작하는 것으로 드러났다. 아이들은 단어를 결합하고 삭제하는 것을 쉽게 이해한다. 그 다음 단계는 음절단계로 *teach + er = teacher* 와 같이 단어를 음절로 나눌 수 있는 단계이다. 마지막 단계는 $c + a + t = cat$ 를 이해하는 음소단계이다.

기존에 기억하고 있던 단어의 소리를 나누거나 합치는 과정이 가장 쉽다는 것을 이해할 수 있을 것이다. 단어 단위 접근법이 가장 쉬운 방법이 되는 이유다. 어떤 단어를 선택한 후, 이를 음절 단위로 나누는 일이 조금 더 어렵다. 단어의 소리가 어디에서 나뉘는지 알아채기 위해 두뇌가 더 집중하고 귀 기울여야 하기 때문이다. 마지막으로, 소리 단위로 단어를 나누는 것은 더 복잡하고 어려운 작업이다. 음소인지를 가르칠 때 이 기준을 따라야 한다는 것을 이해하면 한결 편안할 것이다.

기본 중의 기본

글자의 이름과 소리를 아는 것은 훌륭한 독자가 되는 첫 번째 단계이다. 대부분의 경우, 개별 음소를 듣고 인식할 수 있는 능력은 잘 읽기 위해 반드시 필요하다. 자신이 듣는 단어들이 더 작은 부분으로 나누어진다는 것을 인식할 때, 이때가 바로 책 읽기과정을 진정으로 깨닫는 순간이다. 연구결과에 의하면 학교에 들어가기 전에 음소인지 능력을 갖춘 아이들 대부분은 읽기에 성공했다 (Shaywitz, 2003).

음소인지는 곧 소리와 관련된다는 점은 아무리 강조해도 지나치지 않다. 읽기 준비 단계에서 반드시 시각적인 표상이 있어야 하는 것은 아니다. 읽기를 위해서는 보는 것이 아니라 듣는 것이 중요하다.

음소인지란 다음을 일컫는 말이다:

ㅣ 발화된 언어의 소리들이 어떻게 합쳐지고, 분리되며 조작되는지 집중한다.

ㅣ 알파벳 원리를 이해하는 기본을 제공하고 파닉스와 철자법을 위한 토대가 된다.

거울 뉴런 시스템

제 1장에서는 거울 뉴런 시스템과 관련된 주요 내용을 살펴보았다. 이번 장에서는 거울 뉴런 시스템과 아이의 음소 학습과의 관계에 대해 살펴보기로 하자. 거울 뉴런 시스템이 밝혀진 이후 연구자들은 이 시스템을 다른 학습 형태에 연결시키고자 노력하고 있다.

거울 뉴런과 감정의 연결망은 아주 강력하다. 이 연결망 때문에 다른 사람들이 읽는 것을 이해하고 자신도 다른 사람처럼 읽고 싶다는 희망과 바램에 자신을 비춰 볼 수 있다. 터프츠대학의 읽기 및 언어 관련분야 연구소장인 메리언 울프(2008)에 의하면, 아이의 읽기 학습은 누군가가 아이에게 읽어준 첫 번째 책으로부터 시작된다고 한다. 아마도 생후 몇 주 안에 부모나 다른 보호자가 아이를 팔에 안고 사랑을 듬뿍 담아 책을 읽어 줄 것이다. 그 어떤 책이어도 무방하다. 아이는 자기에게 사랑과 관심이 충만한 따뜻한 사람의 팔에 안겨 듣기 편한 목소리를 들으면서, 읽기란 어떤 것인지 알게 된다. 이런 방식으로 어린 시절 부모의 무릎 위에서 읽기 활동이 계속되면 아이는 책을 좋아하게 되고, 누군가의 책 읽는 소리를 좋아하게 된다, 결국에는 아이 자신도 듣는 소리와 눈에 보이는 글자를 인식하기 시작한다.

함께 발화하는 뉴런들

제 2장에서 살펴본 2개의 읽기 경로를 다시 되돌아보면, 음소인지의 작용 과정을 이해할 수 있게 될 것이다. 즉 정수리-측두엽 경로가 활성화 된다는 것은 글자를 보고 소리 내어 말하며, 나아가 글자와 소리를 종합하여 이해 가능한 단어로 만들어내는 일로 연결된다. 간단한 단어 *cat*을 예를 들어보자. 독자는 이 단어의 개별 글자를 보고 *c--a--t, c--a-t, cat* 라고 소리 낸다. 이 과정에서 아이는 고양이를 머릿속에 떠올리게 된다. 하지만 단어 *cat*을 만들기 위해 소리들을 합칠 때까지, 아이는 자신이 가지고 있던 모든 작업 기억을 동원해서 글자 *cat*을 발음한다. *cat*을 발음하려고 노력하는 동안에는 고양이 그림이 머릿속에 없다. *cat*을 반복하여 말함으로써 시

각/청각적 경로가 사용되면, 곧바로 *cat*임을 알아차리게 된다. 즉, 시각/청각적 경로가 구축된 이후에는 단어 *cat*를 보자마자 고양이 모습이 떠오르게 되는 것이다. 음소인지는 이러한 전이과정이 일어날 수 있도록 해준다.

소리 내어 읽어주기

부모, 유치원 교사, 많은 초등학교 교사들이 아이에게 읽어줄 적절한 책이 무엇인지 묻곤한다. 어린 아이를 위한 책을 보자. 대부분의 아이들은 취학전까지(여덟 살이 될 때까지) 운율을 즐긴다. 수스박사(파닉스를 중점으로 어린이의 흥미와 인지적 능력, 언어습득 이론에 맞춘 작품을 쓴 작가)와 Mother Goose(영국과 미국의 민간에서 전승되어온 동요의 총칭, 이를 수집했다는 여인의 이름을 뜻하기도 한다) 작품들은 아이가 듣기 쉽고 재미 있는 운율을 제공한다. 이 나이의 아이에게는 좋은 이야기 책이 아니라 운율을 맞춘 음소를 들려주는 것이 더 도움이 된다. 물론 아이가 이해할 수 있는 재미 있는 이야기에서 음소인지 작업이 이루어진다면 더욱 좋을 것이다.

Mother Goose에 나오는 운율이라고 해서 모든 연령 수준에 적합한 것은 아니지만, 대부분은 건전하고, 재미있으며, 교육적인 것들이다. Mother Goose 동요에는 여러 다양한 소리와 그 소리들의 결합, 그리고 다양한 끝음 운율을 맞춘 이야기가 있다.

어린이용 책으로 촉망 받는 저자이자 독서 전문가이기도 한 멤 폭스(2001)는 아이가 책을 읽을 수 있게 하기 위해서는 1,000권 가량의 책을 낭독해 주어야 한다고 말하고 있다. 엄청난 양이라고 생각 할 수도 있겠지만, 아이가 태어난 후 5년만 투자하면 충분히 해낼 수 있는 일이다. 중산층 가정의 아이는 하루에 적어도 두 권 정도의 낭독 소리를 듣는다. 1년이면 약 7백 권의 책을 듣는 것이 고, 몇 년 안에 1000권의 책을 듣는 일은 그다지 어려운 일이 아닌 셈이다. 아이가 동일한 책을 몇 번이고 읽어달라고 하면 어떨까? 반가운 일이다. 반복은 두뇌 발달에 좋다. 아이는 다음에 어떤 내 용이 나올 것인지 예측 할 수 있게 될 때 만족감을 느낀다. 같은 이 야기를 여러 번 반복해서 듣는 것을 좋아하는 이유이다. 이러한 과 정을 통해 아이는 단어에 있는 소리에 익숙해지고, 결국 책을 암기 할 수 있게 되고, 그 책을 다시 당신에게 읽어 줄 수 있게 된다. 책 읽기를 충분히 반복한 아이는 자신이 가장 좋아하는 이야기에 등 장하는 몇몇 단어가 눈에 들어오기 시작한다.

「The Read Aloud Handbook (2004)」의 저자 짐 트렐리스는 아이 에게 큰 소리로 읽어주어야 하는 이유를 다음과 같이 설명한다. "어른이 아이에게 책을 읽어주면 다음 세 가지의 중요한 효과를 얻 을 수 있다. (1) 아이와 책 사이에 즐거움을 주는 관계가 형성된다.

(2) 함께 보는 책을 통해 부모와 아이 모두 무엇인가를 배우게 된다 (이중학습). (3) 아이에게 단어의 소리와 음절을 직접 들려줄 수 있다(p. 4)." 트렐리스는 "낭독으로 아이 귓속으로 유입된 단어들은 '듣기 어휘' 창고로 저장된다. 결국 아이에게 충분하게 많은 단어를 들려주면, '듣기 어휘' 창고가 넘치기 시작한다. 듣기 어휘를 저장할 수 있는 한계를 넘어서게 되면 어휘들은 말하기 어휘, 읽기 어휘, 쓰기 어휘로 넘쳐흐른다. 모든 어휘의 근원은 '듣기 어휘'에 있는 것이다"라고 말한다(p. 33).

부모와 교사 모두 '듣기어휘'를 늘려주는 일에 힘을 합쳐야 한다. 아이에게 책을 소리 내어 읽어주는 활동은 아무리 많이 해도 지나친 것이 아니다. 책을 읽어줌으로써 얻게 되는 장점은 두뇌와 책 읽기에 대하여 우리가 알고 있는 것보다 훨씬 더 많다. 책 읽는 소리를 들으며 자란 아이들은 그렇지 않은 아이보다 학업 성취도가 높다는 점에 대해서는 모든 연구자들이 동의하고 있다.

언어 학습을 위한 교육 표준화

2010년에 발족한 주 교육감 협회(Council of Chief State School Officers)와 미 주지사 협회(National Governors Association)가 주관하여 만든 미국 공통 핵심 교육과정 안(Common Core State

Standard Initiative)의 내용은 국제적 모델, 전 학년 교육자, 교육부, 부모, 학생, 그리고 일일이 열거하기 힘들 만큼 많은 단체에서 사용되는 내용과 각 주의 표준 안을 사용하여 만들어졌다. 각 주에서는 동일한 커리큘럼 기준을 적용하여 교육정책을 시행하고, 공통 핵심교육과정 안을 담당하는 그룹은 표준교육과 관련된 최고의 요소를 종합하였고, 더 나은 증거를 보여주는 연구결과가 나오면 계속 수정해가며 이 기준을 마련하였다.

이러한 표준화의 목표는 교사가 어떻게 가르칠 것인가에 대한 것이 아니라, 학생이 무엇을 알아야 하고, 무엇을 할 수 있어야 하는지에 대한 것이다. 예를 들어 유치원에서부터 5학년까지의 표준 가운데 하나는 "활자의 기본 특징과 그 구조에 대해 이해하기"이다. 언어 과목의 요구 기준은 영어뿐만 아니라, 역사, 사회, 과학, 기술 과목도 포함되어있다. 사실 모든 과목은 그에 해당하는 문식 능력이 요구된다. 책을 읽을 수 있고, 읽은 내용을 이해할 수 있으며, 이를 바탕으로 의사소통을 할 수 있어야 한다. 미국 공통 핵심 교육과정은 책읽기 지도와 관련하여 메릴린 아담스(1990), 루이사 모츠와 수잔 홀(2005)이 제안한 것을 따르고 있다.

음소인지 표준안은 유치원과 초등학교 1학년 학생에게만 사용되고 있다. 그 이상의 학생에게는 필요하지 않을 것으로 보인다. 아이가 2학년이 되면 유치원 및 초등학교 1학년 수준에서 배운 다음 능력은 이미 습득하였을 것으로 판단하기 때문이다.

다음 능력이 습득되지 못한 학생의 경우 학년에 관계없이 반드시 확보되어야 하는 능력이다.

유치원 수준에서는
| 운율이 있는 단어를 인식하고 만들어낸다.

| 발화된 언어의 음절 수를 셀 수 있고, 발음하며, 합치거나 분리한다.

| 발화된 단음절어의 초두자음(음절 모음 앞에 있는 자음)과 라임(음절 안의 모음)을 합치고 분리한다.

| 3개의 음소로 이루어진 단어의 첫 음, 중간 모음, 끝 음을 나누고 발음한다.

| 단음절 단어에서 다른 음소를 추가하거나 바꿔서 새로운 단어를 만든다.

초등학교 1학년에서는
| 발화된 단음절 단어에서 단모음과 장모음을 구별한다.

| 자음의 혼성화를 포함하여 소리(음소)를 합쳐 단음절어를 소리낸다.

| 발화된 단음절어에서 첫 음, 중간 모음, 끝 음을 나누고 발음한다.

| 발화된 단음절 단어를 분리한다.

| 발화된 단음절어를 각각의 소리(음소) 순서로 다시 바르게 배열한다.

161

음소인지 교육의 필요성

음소인지란 단어가 만들어지기 위해서는 소리들이 합쳐져야 한다는 것을 이해하는 일이다. 한편 파닉스란 문자와 소리와의 관계를 이해하는 작업이다. 파닉스 교육이 도움이 되기 위해서는 먼저 아이가 소리를 알고 있어야만 한다. 일단 음소를 듣고, 이를 조작할 수 있게 되면, 문자에 소리를 대응시키는 일이 한결 쉬워진다.

효과적인 음소지도 활동

아래 활동들은 교사나 부모가 아이들의 글자와 소리의 상관관계를 학습하는데 도움 줄 수 있는 활동들이다. 음소인지 학습을 다른 아이들과 함께 한다면 더 쉽고 빠르게 배울 수 있다.

소리에 이름을 붙여라!

아담스의 논문을 기반으로 한 이 활동은 여러 가지 다른 이름으로 사용되며, 변형된 활동들도 많다(Adams, Foorman, Lundberg, & Beeler, 2004). 이 활동은 듣기능력을 향상시키는 재미있는 방법으로, 학생들이 소리에 집중할 수 있게 도와 준다. 글자로 시작하는 것이 아니라, 학생이 평상시 들어오던 소리 가운데 조금 특별한 소리를 찾아보도록 하는 게임이다.

집이나 학교에서도 특별한 소리들을 들을 수 있을 것이다. 학교 종소리, 초인종 소리, 히터나 에어컨을 켜거나 끄는 소리, 교실 형광등이 윙윙거리는 소리, 냉장고 돌아가는 소리, 혹은 문을 닫을 때 나는 소리 등이 여기에 해당한다. 발음할 수 있거나 녹음이 가능한 일상적 소리 목록을 만드는 일부터 시작한다.

예를 들면 다음과 같다.

재채기 소리
기침하는 소리
코를 훌쩍이는 소리
서랍 여는 소리
피아노 소리
컴퓨터 켜는 소리
휘슬 부는 소리
박수 치는 소리
손가락으로 내는 소리
발을 구르는 소리
목청 가다듬는 소리
망치 두드리는 소리
드럼 치는 소리

눈을 감거나 가리고 소리를 들어보게 하면서 게임을 시작한다(이는 개별 아이를 대상으로 실시할 수도 있다). 교실에서 활동이 이루어진다면, 무슨 소리인지 다함께 말하게 할 것인지, 개별적으로 순서가 올 때까지 기다려 대답하게 할 것인지를 결정해야 한다. 어떤 경우든 소리를 식별하는데 어려움을 겪는 학생은 없는지 살펴보는 것을 잊지 말아야 한다.

일단 아이가 게임에 익숙해져 하나의 소리를 쉽게 알아차릴 수 있게 되면 다른 소리를 추가하고, 그 소리들을 차례대로 맞출 수 있는지 확인한다. 이어서 또 다른 세 번째 소리를 추가해 볼 수도 있다. 소리를 차례대로 맞추면 게임을 조금 변화시켜서, 똑 같은 순서로 소리를 들려주면서 한 가지 소리를 제거하고, 어떤 소리가 없어졌는지 물어본다.

읽기를 힘들어하는 고학년 학생은 음소인지 교육을 받지 못했거나, 소리를 듣고 구별하는데 어려움이 있거나, 어떤 문제를 가지고 있는 것이다. 이들을 돕는데 늦지 않았다. 중학생, 심지어 일부 고등학생의 경우라도 좀 더 특수한 소리 혹은 우스꽝스러운 소리를 추가하면 보다 즐거운 게임이 될 수 있다. 여러 소리 효과음들은 CD를 이용하거나, 웹사이트를 통해 내려 받으면 된다. (http://grsites. com/archive/soundshttp://www.soundsnap. com)

화장실 물 내리는 소리, 트름하는 소리, 자동차 경적 소리, 동물들의 소리, 각종 기술을 이용한 여러 소리들은 아주 독특해서 더 많은 재미를 느낄 수 있게 해 준다.

소리를 귀 기울여 듣는 것은 학생 자신의 듣기 능력에 대한 관심을 갖게 해준다. 위와 같은 게임부터 시작해서 글자의 소리, 말 소리를 듣는 연습으로 진행해 가면 된다.

바꾸어 말하기

이 활동은 평소 아이가 잘 알고 있는 책 속의 문장 중에서 하나의 단어나 여러 단어를 새로운 단어로 교체하는 활동이다. 아이는 실제로 어떤 단어가 문장이나 구문에 들어있는지 듣고 식별하게 된다. 동요, 시, 속담, 자주 듣는 일상문구가 사용될 수 있다.

예를 들면 다음과 같다.

· Mary, Mary, quite contrary, how does your hair grow?

· Little Boy Blue, come blow your nose.

· I do not like blue eggs and ham.

· Way to stop!

· Look no ways before crossing.

고학년 학생들이라면 서정시, 유명한 노래, 시, 혹은 여타 각종 표현들을 사용하면 된다.

· Do you ever feel like a house of sticks? (Katy Perry lyrics)

· It is the east, and Juliet is the moon.

· I'm dreaming of a green Christmas.

· In fourteen hundred ninety-two, Magellan sailed the
  ocean blue.

동일한 운율이 사용된 단어 그림 찾기

제법 인기가 높은 이 게임은 인터넷에서도 찾아볼 수 있다
(Scholastic Web site:http://teacher.scholastic.com/activities/bll
/reggie/home/index.html). 다음은 자주 접할 수 있는 물건 이나 동
물로 구성된 4개의 그림이다. 그림에 나타난 항목들의 이름을 크
게 말한 후 운율이 맞는 두 개를 선택한다. 그림 〈4.1〉을 참고하기
바란다.

뭐라고 말할래?

관련된 문장을 말하며 시작한다. 예를 들어 "I say ball." 이라고
말한 후 "빌리야, 너는 뭐라고 말할래?"라고 묻는다. 빌리는 "I say
hall."이라고 말할 것이다(혹은 ball과 같은 운율을 이루는 다른 단
어를 사용할 것이다). 그런 다음 이제 빌리가 먼저 "I say hat."라고
말한 후, 옆에 앉은 애리에게 묻는다. "애리야, 너는 뭐라고 말할
래?" 같은 방법으로 게임을 계속한다. 만약 해당되는 운율이 생각
나지 않으면 다음 아이에게 "샐리야, 너는 뭐라고 말할래?"와 같이

그림 4.1 운율이 맞는 단어 찾기

곧바로 옆 친구에게 넘길 수 있다. 운율을 맞추지 못했다고 부끄러워할 일이 아니라는 것을 학생들에게 확실히 알려 주면 좋다. 중요한 것은 운율을 귀담아 듣고, 이전 단어와 운율에 맞는 적절한 단어를 선택해서 대답하도록 하는 일이다.

게임을 조금 변형시켜 사용할 수도 있다. 교사가 먼저 시작하고,

167

손을 든 학생 중 한 명에게 운율이 맞는 단어를 말하도록 하는 것
이다. 고학년 학생들의 경우에는 운율이 가장 잘 맞는 단어를 말하
거나, 아주 애매한 단어를 사용하게 하는 방법으로 게임의 재미를
높일 수 있을 것이다. 어떤 학생이 의미 없는 단어를 말하더라도,
교사는 그 학생이 소리를 들을 수 있으며, 운율을 만들 수 있게 되
었다는 점을 칭찬한다.

음소에 맞추어 박수 치거나 두드리기

이 활동은 단어의 개별 소리에 맞추어 가볍게 책상을 두드리도록
하는 것이다. *dog*라는 단어를 말하면, 각 음소에 맞춰 연필이나 어
떤 물체로 가볍게 두드린다. 즉, "D–(두드리기)–O–(두드리기)–
G."와 같은 방법으로 진행하는 것이다. 어떻게 하는것인지를 교사
가 먼저 보여주면, 잘 따라할 수 있다.

음절의 분절

음소인지의 또 다른 중요한 요소는 단어들 안에서 음절을 들을
줄 아는 능력이다. 박수를 치거나 가볍게 두드리는 것은 해당 단어
의 음소뿐만 아니라 음절을 나눠보는 것에도 사용될 수 있다. 예를
들어, *kitchen*은 어떻게 두 개의 음절로 나뉘는지를 보여준다. 아이
가 두 음절로 된 단어를 완벽히 이해하게 되면, 세 음절, 나아가 더
많은 음절로 이루어진 단어로 진행한다.

소리 바꾸기

좀 더 어려운 것은 하나의 소리를 듣고, 그 소리를 제거하거나 다른 소리로 대체할 수 있는 능력이다. 아이들은 노래 부르기를 좋아한다. 따라서 익숙한 노래를 이용하여 일부 소리를 바꿔보면 좋다. 'I've Been Working on the Railroad' 라고 하는 노래의 후렴구 "Fie, fi, fiddly io. Fie, fi, fiddly, i o"를 "Be, Bi, Biddy i o" 혹은 "We, Wi, Widdly i o"로 대체시킬 수 있을 것이다. 'Old MacDonal Had a Farm' 이라는 노래의 후렴구 "E I E I O"를 "B BI B BI BO" 또는 "ME, MI, ME, MI, MO" 혹은 "NE, NI, NE, NI, NO" 등으로 바꾸어 볼 수도 있을 것이다.

모든 곳에서 운율 찾아보기

방 안의 어떤 물체를 가리킨 후 해당 단어의 운율이 들어가는 다른 단어를 말해보게 하는 방법이다.

예를 들면,

| 시계(*clock*)를 가리키면서, 입거나 신고 있는 것 중 시계(*clock*)와 운율이 맞는 단어를 말해보게 한다. (*sock*)

| 펜(*pen*)을 가리키면서, 펜(*pen*)과 운율이 맞는 농장동물은 무엇인지 물어본다. (*hen*)

169

| 교실 수업이 거의 끝날 무렵 시간이 남으면 단어 하나를 제시
하면서 똑같은 운율을 갖는 단어를 말해보라고 한다. 나는 종
종 점심시간이나 휴식시간 전에 단어를 제시한 뒤, 그 단어와
운율에 맞는 단어를 말한 아이에게 더 많은 휴식을 준다.

때로는 건전한 경쟁이 도움이 된다. 하지만 위와 같은 게임들이
아이에게 스트레스를 유발할 수도 있다. 가벼운 놀이처럼 재미있
게 해야 한다! *nation, head, fly, bee* 등의 단어는 동일한 운율을 갖
는 다른 단어들이 많다.

이름 말하기 게임

아이에게 자신의 이름을 말해보라고 한다. 이름을 다시 반복하여
말하고, 음절과 음절 사이에 박수를 친다. 교실에서는 모든 학생들
을 활동에 참여시키도록 한다. Priya로 예를 들자면, "Priya: "Pri
(박수치기) ya (박수치기)"와 같은 방식으로 진행한다. 다음 학생으
로 넘어가 이름의 음절 사이에서 다함께 박수 친다. 아이들이 이름
을 다시 합하여 소리 낼 수 있는지 확인한다. 이와 같은 순서로 진
행하면 된다. "Tommy: Tom (박수치기) my (박수치기)." 그런 다음
다시 "Tommy"로 합쳐서 (박수 없이) 말하도록 한다. 학급 인원이
많을 경우에는 매일 일정한 수의 학생들 이름을 사용하여 연습하
도록 한다.

살펴보기 게임

어린 아이들이 좋아하는 게임이다. 교실안을 둘러보고 쉽게 운율을 이루는 단어를 찾는다. 그런 후 "I spy with my little eye(이 또한 운율을 이루는 좋은 구절이다) something that rhymes with hot." (아마 교실에 꽃 화분(*pot*)이 있을 것이다.) 그 운율에 맞는 단어를 찾은 학생에게 다음 문제를 제시하게 한다. "I spy with my little eye …" 답을 아는 학생은 손을 들고 발표하게 한다.

따로 떼어 내기

아이와 함께 읽었던 이야기에 나오는 단어를 사용하여, 그 소리를 따로 떼어내 보는 것이다. 예를 들어, "*rice*"라는 단어 안에 있는 음소 /r/을 떼어내면 "*ice*"가 된다. 아이에게 단어 "*hat*"에서 /h/를 떼어내면 어떤 것이 남을지 물어본다. 그런 다음 이야기에 등장하는 다른 단어들을 이용하여 같은 방법으로 진행한다. 아이에게 어떤 단어를 사용할 것인지 생각해 보게 하고, 차례로 해당되는 단어의 소리를 따로 떼어 보게 한다.

단어 벽 활동

교실이나 집에서 단어를 적어두는 벽에 매주 새로운 단어를 걸어둔다. 걸어 두는 단어의 수는 교사가 가르치는 학생의 수준에 맞춘다. 내가 둘러본 여러 유치원부터 고등학교에서는 학생의 수준에 맞추어 각기 다른 단어를 걸어두고 있었다. 어린 학생의 교실에서는 단어 말하기 연습, 단어 철자쓰기 연습, 음절 에 맞추어 박수치기, 단어를 음소로 나누는 연습 등을 하고 있었다. 몇 가지 단 어 벽 활동을 소개한다면 다음과 같다:

____ 과 같은 운율을 갖는 단어 2개를 찾으세요.

어떤 단어가 ____ 을 의미할까요?

____ 와 같은 음으로 끝나는 단어를 찾으세요.

고학년 학생들은 같은 운율을 가진 단어를 찾고 그 단어를 사용하여 대화하 도록 할 수 있을 것이다. 책 읽기를 어려워하는 학생에게 중요한 점은 어떤 단 어의 소리를 듣고 정확하게 말할 수 있는가이다. 단어 벽 활동은 모든 학생의 어휘력을 강화시키는 아주 좋은 방법이다. 보다 더 상세한 사항에 관해서는 제 7장에서 다시 언급할 것이다.

출석 부르기

교실에서 이 활동을 한다면, 학생들을 한 줄로 서게 한 후 한 명씩 이름을 부르면서 무엇이 없어졌는지 말하게 하면 된다. 이 게임을 출석 부르기 게임이라고 부르는 이유이다. 학생의 이름 첫 음을 떼어낸 다음, 아이에게 어떤 소리가 사라졌는지 물어보는 활동이다. 예를 들어 Jamal의 이름을 Amal이라고 발음하면, 아이들은 "*j*"가 사라졌다고 말할 것이다.

선생님, 그렇게 해도 되요?

재미있는 음소인지 게임을 만들어 볼 수 있다. 학생들을 교사에게서 몇 발자국 떨어지게 하고 나란히 정렬시킨다. 학생들의 이름을 부르면서 게임이 시작된다. 이름을 부른 후 몇 발자국 앞으로 나오게 한다.

· 교사 : 브라이언 두 걸음 앞으로 와라.

· 브라이언 : 선생님, 그렇게 해도 되요?

· 교사 : 그래, 단어 "*at*"의 소리를 분리 할 수 있으면 그렇게 하렴.

브라이언은 /a/라고 말하면서 한 걸음 나아가고, /t/라고 말하면서 두 번째 걸음을 뗀다.

다음 차례는 옆 학생이다. 주어진 단어의 소리를 분리해내지 못한 학생은 전진하지 못하고 제자리에 멈춘 상태로 서 있는다. 다음 차례가 오면 전진하지 못한 학생에게는 이전보다 쉬운 단어를 제시해 주도록 한다. 가장 먼저 도착한 아이가 승자가 된다.

 요약정리

　발화된 언어가 개별소리로 이루어져 있다는 것을 이해하는 것은 읽고 쓸 수 있는 능력을 갖추기 위해 중요하고도 기본적인 일이다. 어린 시절에 발달시켜야 하는 이유다. 음소인지의 예를 들자면, "*ball*"이라는 단어는 /b/a/l/이라는 세 개의 음소로 이루어졌다는 것을 인식하는 일이다. 음소인지는 운율 만들기, 노래 부르기와 같은 단어 놀이를 통해 개발될 수 있으며, 다양한 언어적 경험을 한 아이들이 더 잘 발달된다. 대부분의 아이들은 명확한 설명을 듣지 않아도 어렵지 않게 음소인지가 가능하지만, 어떤 아이들의 경우에는 이러한 연결이 잘 될 수 있도록 도와주는 활동이 반복적으로 행해져야 한다. 음소인지 능력은 나중에 읽고 쓰는 능력을 발달시켜 주는 중요한 능력이기 때문에 부모와 교사는 아이의 음소인지 능력을 향상시킬 수 있도록 여러 가지 경험을 제공해야 한다.

　책 읽기를 어려워하는 학생들의 문제점이 음소인지 능력의 부족 때문은 아닌지 잘 살펴 보아야 한다. 음소인지를 담당하는 두뇌

부위가 발달하면, 소리와 관련된 놀이를 시작할 수 있는 적절한 시
기가 된다. 이 부분에 관해서는 다음 장에서 보다 자세하게 살펴
볼 것이다.

제 5 장

알파벳 코드 패턴과 프로그램, 그리고 파닉스 Phonics

Wiring the Brain for Reading

제5장 | 알파벳 코드 패턴과 프로그램, 그리고 파닉스 Phonics

지난 2004년, 예일대 의과대학에서 파닉스가 두뇌의 변화를 가져다 줄 수 있다는 획기적인 연구결과를 발표하였다(Shaywitz 외, 2004). 직접적이고, 체계적이며 목적이 명확한 파닉스 교육은 읽기에 어려움을 겪는 아이의 두뇌를 변화시켜 일반적인 독자와 비슷한 상태로 만들어 준다. 연구의 결론에는 "파닉스는 지능도 향상시킨다"는 내용이 추가되어 있다.

예일대학교의 연구에서는 읽기를 배우기 위해서 파닉스 연습이 반드시 필요하다고 지적한다. 뉴런이 재순환되지 않은 상태에서는 두뇌 속 읽기 경로가 만들어지지 않는다는 점을 기억하기 바란다. 두뇌의 자연적인 변화(가소성)는 읽기에 어려움을 겪는 학생을 성공적인 독서가로 만드는 일을 포함한 여러 가지를 가능하게 한다(Dehaene, 2009).

이번 장에서는 두뇌가 어떻게 학습하고 패턴과 프로그램을 처리하는지를 살펴볼 것이다. 또 두뇌가 단어를 어떻게 인식하고 소리내어 말하는지 알아볼 것이다. 패턴과 프로그램은 두뇌로 하여금 새로운 정보를 받아들이게 하고, 익숙한 배열 방식으로 저장할 수 있게 한다. /p/로 시작하는 *pattern*과 *program*은 보통의 /p/ 음으로 발음한다. 하지만 철자 /*p*/로 시작하는 *phonics*는 /*p*/가 아닌 /*f*/로 발음된다. 아이가 /*f*/ 발음과 비슷한 /*ph*/ 발음을 배우기 전까지는 그 동안 배운 패턴에 따라, 잘못된 발음 /*p*/을 할 것이다 . 경험이 반복되면 아이의 두뇌는 혼란에서 벗어나 제대로 이해하려고 패턴을 다시 정리한다. 일단 /*ph*/ 발음 패턴이 두뇌에 저장되면, /*f*/ 를 /*p*/로 발음하는 실수는 더 이상 하지 않게 된다.

패턴(pattern)은 두뇌 속에 저장되어 인식이 가능하게 된 단위를 말하며, 프로그램은 아이가 새롭게 배운 것과 옛 것을 맞춰가는 점진적인 과정을 일컫는다.

패턴 아이가 *d-o-g*를 어떻게 발음하는지 아는 상태에서 *l-o-g*라는 단어를 볼 때, *log*를 정확하게 발음한다.

프로그램 아이는 이제 신뢰할만한 프로그램을 갖고 있다. /*og*/로 끝나는 단어를 보면, *dog*나 *log*처럼 마지막 음소를 /*og*/로 발음한다.

패턴과 프로그램

영어학습자를 위한 발음 연습 힌트

I take it you already know of tough and bough and cough
and dough?
Others may stumble but not you, on hiccough, thorough,
laugh, and through.
Well done! And now you wish, perhaps, to learn of less
familiar traps?
Beware of heard, a dreadful word that looks like beard and
sounds like bird.
And dead: it's said like bed, not bead - for goodness's
sake don't call it "deed"!
Watch out for meat and great and threat (they rhyme with
suite and straight and debt).
A moth is not a moth in mother nor both in bother, broth in
brother,
And here is not a match for there nor dear and fear for
bear and pear,
And then there's dose and rose and lose - just look the up -
and goose and choose,
And cork and work and card and ward, and font and front
and word and sword,
And do and go and thwart and cart - come, come, I've
hardly made a start!
A dreadful language? Man alive. I'd mastered it when I
was five!

작자 미상 (from Adams, 1990)

위의 시는 영어 규칙을 따르며 읽기를 학습하는 사람들이 겪는 좌절감을 보여주는 시이다. 영어와 달리 대부분의 언어는 문자와 소리의 상관성이 높게 나타난다. 많은 문헌에서 알 수 있듯 영어는 44개의 음소로 구성되어 있으나, 44개의 음소로 나타낼 수 있는 철자방법은 1,000가지가 넘는다. 이로 인해 같은 소리가 다른 철자로 표기되는 경우도 많고, 철자는 동일하지만 다른 소리로 발음되는 영어 단어들 또한 상당히 많다. 발음되는 방식과는 전혀 관계없는 철자로 표기되어 나타나는 단어들도 있고, 아예 발음이 되지 않는 철자를 포함한 단어들도 많다. 영어의 철자 규칙은 수많은 예외가 존재한다. 규칙을 따르지 않는 단어들은 별도로 외워두어야 한다. 〈표 5.1〉은 이러한 내용을 설명해주고 있다.

두뇌는 패턴화 작업을 통해서 학습한다. 제4장에서 살펴본 바와 같이 음소 인식은 음운 인식의 하위 부문이다. 음소인지는 소리의 최소 단위인 음소를 인식하고, 인식한 음소를 조작하는 일과 관련된다. 파닉스 또한 학생들이 꼭 알아야 하는 음운 인식의 또 다른 구성요소다. 파닉스 학습을 통해 학생들은 글자와 소리 간의 패턴을 익히게 되고, 철자 규칙을 배워서 단어를 해독(읽기)하고, 부호화(쓰기)할 수 있게 된다. 음운 인식은 패턴 인식 및 학습하기, 패턴 기억하기, 패턴에 단어 일치시키기 등의 작업이 포함된다. 이 장에서 말하고자 하는 바는, 단어의 의미를 찾기 위해 두뇌는 계속적으로 패턴을 찾아 나선다는 것이다.

⟨표 5.1⟩ 혼동하기 쉬운 영어 철자들의 예

패턴	예	발음
ight	light, right, might, height	장음 $i + t$
소리는 동일하나 철자가 다른 경우	seen, scene	장음 $e + n$
	hear, here	장음 $e + r$
묵음 철자	know, knee	첫 글자가 없는 것처럼 발음
	write, wrist	첫 글자가 없는 것처럼 발음
	doubt, debt	b가 없는 것처럼 발음
철자는 같지만 발음이 다른 경우	read (현재 시제)	장음 e
	read (과거 시제)	단음 e
동일 철자 oo가 있으나 발음이 다른 경우	foot, flood	Flood : 중성모음 (flud)
		Foot : 단음 oo

로버트 실베스터라는 친구가 기억난다. 실베스터는 두뇌 연구물 번역 작업을 선도하고 있으며, 지난 몇 년 동안 인터넷을 뜨겁게 달구고 있는 다음 문장을 만든 사람이다.

Aoccdrnig to a rscheearch at Cmabrigde Uniervtisy, it deosn't mttaer in what oredr the ltteers in a wrod are, the only ipmoetnt tihng is taht the frist and lsat ltteer be at the rhhit pclae. The rset can be a total mses andyou can still raed it wouthit probelm. Tihs is bcuseae the human minid deos not raed ervey lteter by istlef, but the wrod as a wlohe. Amzanig huh?
PS: hwo'd you like to run this by your sepll ckehcer?

나는 위 구문을 많은 사람들에게 보여주었는데, 모두들 한결같이 잘 읽어냈다. 동료 연구원인 밥은 어떻게 해서 사람들이 위 문장을 쉽게 읽어 낼 수 있었는지를 설명한다(Sylwester, 2011). 유창한 독자는 단어의 일반적인 모습이나 특정 단어의 첫 글자와 끝 글자를 보는 것만으로도 대부분의 단어를 읽을 수 있다. 우리는 패턴에 따라 읽어가기 때문에 철자를 틀리게 쓴 단어도 특별한 어려움 없이 잘 읽어낼 수 있다.

지난 장의 내용을 통해 '쓰여진 언어(읽기)' 는 주로 좌뇌의 여러 부분에서 처리 된다는 것을 이해할 수 있었다. 또한 노출 환경만 주어지면 자연적으로 습득될 가능성이 높은 구두 언어와 달리, 노출환경만으로는 습득되기 어려운 읽기는 명시적으로 가르쳐야 한다는 점도 알게 되었다. 글로 쓰여진 단어를 읽는 일은 두뇌의 사물 인지 시스템을 사용한다. 초보 독자들에게 단어는 자신이 잘 아는 익숙한 형태로 입력되고, 하나의 사물처럼 저장된다. 두뇌는 이러한 패턴을 상호 비교하면서, 자신이 보고 있는 것을 이해 할 수 있게 된다(Dehaene, 2009). 다음 문단을 사용하여 여러분 자신의 두뇌를 테스트 해보기 바란다(정답은 본 장의 요약정리 부분에 있음).

7H15 M3554G3 53RV35 7O RR0V3 HOW OUR MIND5 C4N
D0 4M4ZING 7HING5! 1MPR3551V3 7HING5! IN 7H3
B3GINNING 17 WA5 H4RD BU7N0W, 0N 7H15 LIN3 Y0UR
MIND 1S R34D1NG 17 4U70M471C4LLY W17H 0U7 3V3N
7HiNKiNG 4B0U7 17, B3 PROUD! 0NLY C3R741N P30PL3
C4N R3AD 7H15

대부분의 경우 위 문단의 첫 번째나 두 번째 줄에서부터 해독하여 읽어 낼 수 있게 되었을 것이다. 첫 번째 문장에서는 잠시 혼란스러울 수 있겠지만, 두뇌가 일정 패턴을 알아내게 되면 이제 더 이상 그러한 문제는 남지 않게 된다. 위 문단은 이전에 나왔던 실베스터의 문단보다 훨씬 복잡하지만 두뇌가 패턴을 찾고, 그 의미를 찾아 나서기 시작하면, 결국 의미를 알아낼 수 있게 된다는 것을 보여준다. 하지만 어떤 패턴도 발견하지 못한다면 위 문단을 이해할 수 없게 되고, 의미가 없는 내용은 잠시 후 모두 잊어버리게 될 것이다.

문자와 텍스트의 의미를 이해하기 위해서는 두뇌 속의 몇몇 영역이 활성화되어야 한다. 어떤 단어를 쳐다볼 때, 활성화 되는 두뇌 영역은 시각피질(후두엽)이다. 단어는 먼저 시각피질의 물체 영역에 사진이나 그림으로 저장된다. 드헤인(2009)에 의하면, 이 물체 영역은 단어 형성 영역으로 바뀐다고 한다. 드헤인의 결론은 다음과 같다. 읽기를 배우는 것이 가능한 것은 능숙하고 효율적으로 물체를 인식할 수 있는 인지 시스템, 즉 새로운 (단어)형태와 물체를 얼마든지 추가시킬 수 있는 두뇌 변화능력(두뇌가소성)을 가지고 태어나기 때문이다. 이 물체 영역이 두뇌의 언어 처리 영역과 연결되면, 두뇌 속에 읽기 경로가 만들어지게 된다.

약 5천 년의 역사를 지니고 있는 읽기에 대해 좀 더 생각해 보도록 하자. 읽기 작업은 단순한 인지 활동에 그치는 것이 아니라 사회적, 문화적 활동이 포함되는 작업이다. 읽기를 학습하는 방법은 다양하다. 파닉스 연습용 문제지를 채움으로써 읽기 과정을 준비할 수도 있고, 모래를 이용해서 글자를 그려볼 수도 있고, Dick and Jane의 이야기 시리즈를 읽어볼 수도 있으며, 혹은 단어단위 접근법을 사용해도 된다. 하지만 그 어떤 방법으로 읽기를 배우더라도 읽기 작업을 위해 활성화되는 두뇌의 영역은 모두 똑같다.

파닉스와 총체적 언어 접근법

파닉스와 총체적 언어 접근법 간 논쟁의 핵심은 무엇인가? 총체적 언어 방법으로 접근하는 사람들은 파닉스 접근법을 그다지 좋아하지 않는다. 파닉스가 문맥 속에 존재하지 않는 단어를 가르치기 때문에 이해력 향상으로 연결되지 않는다는 이유에서다. 하지만, 연구결과에 의하면 총체적 언어 접근법을 통해 학습하는 경우, 많은 것들을 부정확하게 익히게 되는 것으로 보인다. 총체적 언어 접근법은 아이가 단어를 소리 내어 말하는 것이 아니라, 단어 암기에 의존한다. 따라서 암기해야 할 단어가 상당히 많다. 총체적 언어 접근법을 옹호하는 이들은, 영어 발음에는 너무나 많은 예외들이 존재하기 때문에, 파닉스 방법을 신뢰하기 어렵다고 말한다.

캘리포니아를 포함한 몇몇 주에서 학생의 읽기 성적이 급락했을 때, 읽기 성적이 낮아진 원인이 총체적 언어 접근법이라고 여겨지기도 했다. 2000년, 미국의 국립읽기위원회 (National Reading Panel)의 영향으로 미국 내 대부분의 주들은 파닉스 접근법으로 되돌아 갔다(Dehaene, 2009). 현재 미국 내 많은 주에서는 파닉스와 총체적 언어접근법의 두 가지 방법으로 그 균형을 유지하고 있다. 하나의 접근법으로 모든 아이에게 똑같이 맞출 수 없다는 사실을 알게 되었기 때문이다.

알파벳 원리

알파벳 원리란 소리(음소)로 발화된 언어는 문자(글자) 형태의 문어로 나타낼 수 있다는 원리를 말한다. 음소인지 훈련을 통해 글자의 소리는 두뇌에 저장된다.

대부분의 아이들은 글자가 무엇을 상징하는지에 대해 먼저 배운다. 즉 ABC.. 라고 하는 문자소를 학습하게 된다. 읽기 학습으로 나아가기 위한 다음 단계는 각각의 글자들이 어떤 소리를 나타내는지 확인하는 작업이다. 본 장을 시작하며 제시한 '영어학습자를 위한 발음 연습 힌트' 라는 시 안에 나오는 단어들은 영어학습자를 골치 아프게 만드는 여러 가지 문제들 가운데 하나다. 두뇌는 패턴을 기억한다는 점을 잊지 않기 바란다. 이제 막 책 읽기를 시작하는 학생이 *dead*와 *bead* 같은 단어를 헷갈려 하는 이유는 단어를 패턴으로 기억하기 때문이다.

1:1 대응? 정확한가?

아담스(1990, p.237)는 다음과 같이 말하고 있다. "읽기 과정은 익숙한 순서로 배열된 개별 글자들을 시각적으로 인지함으로써 시작된다. 또한 음운적 대응 관계를 이루는 일련의 글자들을 해석함으로써 그 과정이 계속된다." 다른 말로 표현하자면, 아이가 읽기를 배우기 위해서는 글자의 인지뿐만 아니라 각 글자에 해당하는 소리를 적용시키는 능력이 있어야 한다는 것이다. 하나의 글자가 여러 가지 소리 음가를 갖지 않고, 또 하나의 소리를 나타내는 글자들이 많지 않다면 간단하고 쉽게 읽을 수 있을 것이다.

예를 하나 들어보자. 이제 네 살인 에밀리는 /k-a-t/는 왜 철자가 *cat*인지, *circus*의 첫 음은 왜 /s/로 발음되는 것인지 궁금하다. 또한 단어 *knee*는 어떻게 발음해야 하는지 모른다. 이런 에밀리가 책 읽기를 시작하려고 한다. 하지만 어떻게 소리내야 하는지 모르는 상태에서 단어를 소리 내어 말하려다 보니, 아이의 읽기과정은 매우 느리게 진행된다.

에밀리가 무엇 때문에 읽기를 힘들어 하는지 알아보기 위해 간단한 실험을 해보자. "*ghoti*"라는 단어를 발음해 보는 일이다. *ghoti*는 *fish*에 사용되는 다음 발음들을 사용하여 다르게 철자화 한 것이다.

/f/로 발음되는 *gh* 예) *tough*

/i/로 발음되는 *o* 예) *women*

/sh/로 발음되는 *ti* 예) *nation*

사실 *phonetically*(음성학적인)라는 단어조차도 음성학적인 철자로 이루어지지 않는다.

공통 기준 : 우리는 어디에 있는가?

파닉스 관련기준은 음소인지와 함께 미국공통핵심 읽기기준의 '기본적 능력'에세 찾아 볼 수 있다. 유치원생부터 초등학교 5학년 생까지에 해당되는 공통 교육기준-3을 보면, "학생은 단어를 해독함에 있어 각 학년 수준에 맞는 파닉스 및 단어 분석 기술을 알고, 적용시킬 수 있어야 한다(Common Core State Standards, 2010, pp. 16-17)"고 명시되어 있다.

유치원의 공통기준은 다음과 같다. 각 자음 별로 자주 사용되는 소리를 생성해내고, 글자와 소리를 1:1로 대응시킬 수 있는 기본지식을 갖추고 있어야 한다. 자주 사용되는 철자(문자소)가 담아내는 장모음과 단모음을 연결시킬 줄 알아야 하고, 노출 빈도가 잦은 단

제 5 장 | 파 닉 스(Phonics)

188

어들은 단번에 알아볼 수 있어야 하며, 철자가 비슷한 단어들 가운데에서도 소리가 다른 것을 알고 쉽게 구별해 낼 수 있어야 한다.

마찬가지로, 1학년 학생은 일반 자음소에 대응하는 철자와 소리를 알고 있어야 하며, 규칙에 따라 쓰여진 단음절어를 해독할 수 있어야 한다. 단어의 마지막에 나오는 모음 *-e*와, 장음을 나타내는 일반적인 모음 그룹의 형태에 대해 알아야 하며(즉 마지막에 등장하는 *-e* 음은 발음이 되지 않으며, 두 개의 모음이 합해서 장음이 된다는 것), 인쇄된 단어의 음절 개수를 결정하는 것은 모음이며, 모음은 각 음절 마다 존재해야 한다는 것을 알아야 하고, 기본 패턴을 따르는 두 음절로 된 단어는 음절 별로 나누어 해독할 수 있어야 한다. 굴절 어미를 갖는 단어를 읽을 수 있어야 하며, 아울러 학년이 올라갈수록 불규칙적인 철자로 나타나는 단어를 적절하게 읽어낼 수 있어야 한다.

파닉스 공통기준은 초등학교 5학년까지 난이도가 점차 높아진다. 5학년이 되면 철자와 소리의 대응, 음절화 패턴, 형태소, 그리고 문맥 속에서든 문맥 바깥에서든 익숙하지 않은 다중 음절 단어들도 정확하게 읽어낼 수 있어야 한다.

189

두뇌의 음운해독능력 개발

　다섯 살 정도가 된 아이들의 두뇌를 관찰하면 좌 반구에 위치한 브로카 영역에서 수상세포가 증가하는 현상을 볼 수 있다. 브로카 영역은 전두엽에 위치한 언어 중추부를 말한다(Kagan & Herschkowitz, 2005). 수상세포가 급격하게 늘어나는 시기는 만 5세에서 6세 사이로, 대개 좌반구가 아닌 우반구에서 수상세포 증가 현상이 두드러진다. 앨리아와 아놀드(2006)에 의하면, 다섯 살 정도의 연령대는 내재적 언어(속으로 말하거나 생각하는 언어)가 발달하는 기간이라고 한다. 이 연령에서 두드러진 발전을 이루게 되는 이유는 읽기 이해도가 구두 기억과 시각 기억에 의존하기 때문이다(Brookes, 2006).

　이 외에도 두뇌 속에서 다음과 같은 여러 가지 다른 변화들이 나타난다.

　　| 뇌량이 미엘린화를 계속 진행해 나감에 따라 전두엽은 보다 더 쉽게 의사소통을 하기 시작한다. 20대 중반까지도 전두엽은 계속 발달하지만, 어린 연령에서 더 많은 연결 작업이 진행된다(Kagan & Heschkowitz, 2005).

　　| 대뇌 변연계 시스템 전체에도 미엘린화 과정이 계속된다(Kagan & Herschkowitz, 2005). 대뇌 변연계 시스템은 편도체(감정 중추부)와 해마(장기 기억 형성에 필요한 조직체)로 구성된다.

| 두뇌의 뒷부분과 꼭지 부분(정수리엽 및 측두엽)의 미엘린화 속도가 빨라진다. 독서 및 단어 능력 발달을 위해서는 이 두개의 엽을 제대로 연결시키는 일이 중요하다(Kagan & Herschkowitz, 2005). 미엘린화가 진행되면 전달하고자 하는 신호를 신속, 정확하게 전달할 수 있게 된다.

| 두뇌 속 화학 작용이 점점 더 활발하게 일어나면서 도파민 수치가 성인의 수준과 비슷해진다. 이렇게 되면, 아이는 이전보다 더 잘 집중할 수 있게 된다(Berk, 2001). 주의집중력을 돕는 도파민은 목표 달성처럼 무엇인가 좋은 감정을 느낄 때에도 방출된다. 책 읽기를 배우는 학생이라면 나이에 상관없이 한 권의 책을 다 읽었을 때 오는 성취감을 느껴보면 좋다. 도파민은 변연계 안의 작은 조직인 핵 측위(nucleus accumbens)에서도 정기적으로 방출된다. 하지만, 일이나 학습이 더 잘 진행되게 하는, '기분 좋게 만드는 화학기제'를 전두엽으로 더 꾸준히 내보내게 된다. 두뇌는 도파민을 좋아한다. 또 두뇌는 더 많은 도파민을 받아들이기 위해 자신이 해낸 일을 기억해 둔다. 무엇인가를 성취했을 때 방출된 도파민을 기억하게 된 두뇌는, 또다시 새롭고, 어려운 도전에 나서게 된다(Willis, 2011).

글자를 소리로 해독하는 작업은 왼쪽 측두엽이 관여하며, 특히 측두엽 윗부분이 중심이 된다. 이 부위는 소리 분석을 담당하는 곳으로, 글자와 소리는 맨 먼저 이곳에서 만난다. 뇌 영상기법을 이용하면 이 부분을 잘 확인할 수 있다. 두뇌는 글자의 모양을 보며 시각 영역이 활성화 되고, 이 글자를 소리로 바꾸는 작업을 실시하면서 청각 영역이 동시에 활성화된다. 아이가 d 와 a 글자를 해독하여 da 라는 소리를 만들 때, 베르니케 영역 내의 청각 운동 시스

템인 측두엽에서는 글자 모양과 소리를 받아들이며, 글자와 소리 사이의 관계를 생성한다(Dehaene, 2009). 이러한 글자-소리(문자소-음소) 변형은 연습을 통해 차츰 자동화 된다. 이 자동화를 통해 독자는 책을 읽을 수 있고, 읽은 것을 이해할 수 있게 된다.

 잭의 경우를 살펴보자. 잭은 이제 유치원생이다. 태어난 지 3년 반 정도 지나면서 책을 읽기 시작했다. 주위의 도움을 받은 잭은 단어를 소리 내어 읽는 등 매우 빠르게 성장하였다. 이제 잭은 싸이트워드, 즉 한번에 보고 파악할 수 있는 단어를 학습하고 있다. 잭의 읽기 발전은 매우 양호했고, 지금은 2학년 수준의 책을 읽어도 될 만한 수준이라고 칭찬받고 있다. 하지만 어느 날 잭은 책을 읽던 중 처음 접하게 되는 단어를 보고, 그 단어를 소리 내어 읽지 못해 좌절감을 느꼈다. 이것은 잭만 느끼는 특별한 경험이 아니라, 대부분의 아이가 겪는 흔한 경험이다. 이미 익숙한 단어에서 보이는 두뇌 속 자동 경로 대신에 새로운 경로를 찾고, 소리를 글자로 바꾸고, 단어를 찾는 등 이전과는 다른 단어 학습 프로그램을 발견하기 시작하는 것이다.
 두뇌가 어떤 단어를 계속 접하게 되면, 그 단어에 대한 철자, 발음, 그리고 의미와 관련된 뉴런 네트워크를 형성하게 된다. 과학자들은 이 네트워크 안의 모든 정보를 포함하는 단어 모델이 단어 형태 영역으로 불려지는 뇌의 특정 영역 속에 형성되고, 저장된다고 믿고 있다. 이 단어 형태 영역은 후두엽과 측두엽이 겹쳐지는 부분에 위치한다. 드헤인은 이 부분을 "두뇌 속 단어상자(the brain's letterbox)"라고 이름 붙였다(2009). 명시적인 파닉스 교육으로 단어 형태 네트워크 형성을 도울 수 있다.

파닉스 교육

글자와 소리의 관계를 명시적이고 체계적으로 가르치는 파닉스 교육의 형태는 여러 가지가 있다.

다음에 제시하는 몇 가지 유용한 파닉스 지도 방법들을 사용해보기 바란다.

> **유추 기반 지도** 잘 모르는 단어를 확인하기 위해 비슷한 부분을 가진 단어의 어군을 사용한다.

> **분석 기반 지도** 이미 잘 알고 있는 단어의 글자-소리 간의 관계를 분석한다.

> **적용 지도** 텍스트에서 파닉스의 예를 적용 시켜보게 한다.

> **온셋-라임 파닉스 지도** 첫 모음 앞의 소리(onset)를 확인한 뒤, 그 단어의 나머지 부분(rime)을 말해보게 한다.

- **철자를 이용한 파닉스 지도** 단어를 음소로 나누고, 학습한 음소를 이용하여 새로운 단어를 만들어보게 한다.

- **통합 파닉스 지도** 글자들 혹은 합성된 글자를 소리로 바꾼 다음, 인식 가능한 단어를 만들기 위해 소리를 합쳐보게 한다.

효과적인 파닉스 프로그램을 위해 다음 사항이 지켜지도록 한다.

- 체계적이며 명확한 설명을 한다.

- 소리와 글자 사이의 관계를 이해할 수 있게 한다.

- 아이 각자의 수준과 필요에 맞게 조정할 수 있어야 한다.

- 아이가 책을 읽을 때, 파닉스를 적용시켜 볼 수 있게 한다.

- 알파벳 지식, 음소인지, 단어, 그리고 텍스트 읽기를 배우는 것과 관련된 요소를 포함시킨다.

학습을 이끄는 요소들

「How to Teach So Students Remember(2005)」라는 책에서 나는 여러 가지 학습 요소들(Aredal & Mann, 2000)에 대해 언급했다. 책 내용은 어떤 교육 상황에서나 적용 가능하며, 학생의 학습 효과에도 많은 영향을 줄 것이다.

핵심 사항을 간추리면 다음과 같다.

  | **빈도(frequency)** 뉴런 경로는 계속적으로 연습하고 학습할 때 만들어지고 강화된다. 읽기의 경우, 읽으면 읽을수록 더 잘 읽게 된다. 비슷한 예로, 근육을 기르기 위해 어쩌다 한번씩만 역기를 든다면, 근육 강화 효과는 크지 않을 것이다. 하지만 역기를 정기적으로 꾸준히 들어 올린다면, 목표하는 수준만큼의 근육을 만들 수 있을 것이다.

  | **강도(Intensity)** 학습 효과를 얻으려면, 힘이 들어가는 연습이 필요하다. 근육에 힘이 들어가지 않는 무게의 역기로는 근육을 만들 수 없다. 아이가 어떤 기능을 집중적으로 훈련하면 짧은 기간 내에 관련 뇌 신경을 강화시킬 수 있다. 어떤 시합이나 대회에 나갈 준비를 하는 운동선수들은 시간이 임박해질수록 더욱 강한 훈련을 실시한다.

  | **교차 훈련(Cross training)** 기억력을 향상시키기 위해서는 서로 다른 여러 네트워크를 연결시켜주는 강력한 네트워크가 필요하다. 따라서 훈련 시에는 관련된 다른 기술이나 학습 유형을 함께 고려하는 것이 좋다.

  | **적응성(Adaptivity)** 학습 진척 여부를 확인하는 것은 모든 학생의 요구를 충족하는 교육을 위해 꼭 필요하다. 평가를 통해 개인차를 고려한 교육이 가능해진다.

  | **동기부여 및 집중(Motivation and attention)** 동기부여와 집중은 학생이 학습 중인 내용에 지속적으로 흥미를 갖도록 하는 요소들이다. 파닉스 교육은 체계적, 순차적으로 이루어져야 하지만 여러 가지 수단들을 사용하여 아이에게 동기부여가 지

속될 수 있도록 하는 것이 중요하다. 동기가 부여된 상태에서 학습이 진행되면, 함께 공부하는 다른 학생들에게도 긍정적인 영향을 미치게 된다.

Eenie, Meenie, Minee, Moe 인가, 아니면 Eeny, Meany, Miny, Mo 인가?

어느 날, 가족모임에 모인 가족들은 현관 앞에 붙여진 〈그림 5.1〉 글자를 보게 되었다. 아이가 자신이 알고 있는 철자 지식을 총 동원하여 쓴 것이다. 단어의 철자를 정확하게 쓸 줄 모르는 아이가 자신이 알고 있는 글자-소리의 지식에 맞춰 그저 소리 나는 대로 단어를 만든 것이다. 아래문장은 쉽게 읽을 수 있다. "Welcome to the Christmas party." 하지만 〈그림 5.1〉의 문장은 어떤가?

그림 5.1 아이가 만든 철자의 예
(WOCOME! To ThE CRISS mIspRTIE!)

아이가 만들어 낸 철자를 보면, 아직까지 문자 능력이 제대로 습득되지 않는 수준이라는 것을 알 수 있다. 사라 아메드와 린다 롬바르디노(2000)는 아이가 만들어 낸 철자를 통해 아이의 읽기 성취도를 정확히 파악할 수 있다는 사실을 알게 되었다. 읽기와 쓰기는 아주 밀접하게 연결되어 있다. 이제 다섯 살 된 잭은 〈그림 5.1〉에서 보는 바와 같이 읽을 수 있고, 소리와 글자를 연결시킬 줄 알게 된 자신의 능력에 고무되어 있다. 잭의 부모는 집 안밖에서 잭이 붙인 접착 노트나 인덱스 카드가 붙은 물건들을 자주 발견하게 된다. 아이에게 동기를 부여해 줌으로써 아이는 흥미롭게 읽기 학습을 하고, 즐거운 마음으로 책을 읽는 아이를 바라보는 교사와 부모의 마음도 설레게 된다.

학생은 읽기를 위한 간단한 법칙에서부터 점차 복잡한 법칙으로 응용하고 발전시켜 나가면서 철자 능력이 조금씩 향상되어간다.

베어, 인베르네찌, 템플턴, 존슨(2008)에 의하면 아이의 철자 발달은 아래와 같이 다섯 단계로 나누어진다.

1단계 문자사용 이전 단계 세 살에서 다섯 살 정도의 아이가 해당된다. 이 시점의 아이는 문자들을 나열할 수 있지만, 어떤 특정한 음소와 부호(글자)를 연결 시키지는 못한다. 이 단계의 아이는 철자와 단어를 마음 가는 대로 표현한다. 초기 단계에서는 글을 왼쪽에서 오른쪽으로 쓰지 못하지만, 시간이 흐르면 왼쪽에서 오른쪽으로 쓰는 방향을 잘 따른다. 이 단계에서는 대개 글자 만드는 방법을 배우고, 글자와 소리의 연결에 대해 배우며, 쓰기의 방향에 대하여 배우게 된다.

2단계 글자 이름–알파벳 철자 발달 단계 이 단계에서는 아이가 자기에게 익숙한 음소를 이용하여 만들어낸 철자로 단어를 만들어 보여주기도 하고, 자신들이 듣는 소리를 글자로 쓰기도 한다. 다섯 살에서 일곱 살 사이에 해당하는 이 단계의 아이는 알파벳 원리를 학습하며, 자음과 단모음의 사용에 익숙해진다. 또한 혼성 자음과 이중 자음에 대한 학습을 시작한다.

3단계 단어 속 철자 패턴화 단계 대개 일곱 살에서 아홉 살에 해당하는 이 단계의 아이는 단음절, 단모음 단어 쓰기를 학습한다. 또한 장모음 패턴과 *r*로 조정되는 모음들의 기입 방법을 학습한다. 이 단계의 아이는 글자 순서가 바뀌거나(*burn*을 *brun* 으로 바꾸는 등), 철자 패턴을 혼동하기도(*sweet*를 *swete*로 바꾸는 등) 한다.

4단계: 음절 및 첨가어 철자 발달 단계. 아홉 살에서 열한 살 사이의 아이는 음절에 집중하며, 동시에 단음절 단어로부터 보다 더 긴 장음절 단어까지 학습 내용을 적용할 수 있다. 나아가 굴절어미(*-s*, *-es*, *-ed*, *-ing*)에 대해 배우며, 단어의 마지막에 이들 어미들이 추가되는 관련규칙을 학습한다. 또한 음절화와 동음이의어에 관한 내용도 이해하게 된다. 어떤 단어에서 *y*는 *i*로 바뀐다는 규칙이나 접미사를 붙이기 전에 말미의 *-e*를 탈락시키는 규칙 등이 많은 도움이 된다.

5단계 파생어 관련 철자 발달 단계 파생어 관련 철자를 발달시키는 열한 살부터 열세 살 사이의 아이는 철자와 의미와의 관계를 살핀다. 이 단계는 그리스어와 라틴어의 파생어 어원 단어를 이해하고 학습하는 기간이다. 일부 아이는 접두사와 접미사로 인해 단어들이 어떻게 변형되는지 알게 되면서 재미를 느낀다. 예를 들어, 단어 *locate*는 *location* 혹은 *relocate*로 바뀔 수 있음을 알게 된다. 이 단계의 아이는 이러한 변화가 품사와 의미를 어떻게 변화시키는지에 대해 토론하게 된다.

물론 두뇌는 나이와 정확하게 일치하여 발달하는 것은 아니어서, 위에서 나눈 각 단계와 연령대는 어디까지나 평균적으로 그렇다는 것을 의미한다. 철자에 대한 학생의 이해도는 그들이 배우는 맞춤법과 파닉스, 철자 패턴을 얼마나 잘 이해하고 있는지의 척도다. 아이가 존재하지 않는 새로운 철자를 만들어낸다면 이는 아직 철자 개념이 정립되지 않았음을 뜻한다. 일부 교사는 아이가 철자를 만들어내는 건 향후 좋지 않은 습관이 될 수도 있다고 부정적으로 생각한다. 하지만 긍정적 결과를 보여주는 연구들도 있다는 점도 고려해야 한다.

효과적인 파닉스 지도 활동

다음 활동들은 부모나 교사가 언어의 소리를 인식하고, 단어의 패턴을 듣도록 도와주며, 언어와 읽기에 대한 흥미가 높아지도록 도움을 주는 활동이다.

소리 내어 읽기

연구결과에 의하면 유창한 독자가 큰 소리로 읽는 것을 듣는 일은 아이에게 매우 중요하다. 나이를 불문하고 모든 아이는 유창하게 읽어주는 소리를 매일 들어야 한다.

그 이유는 다음과 같다.

ㅣ 다른 이들이 즐겁게 읽는 것을 보고, 들을 수 있다.

ㅣ 단어의 패턴을 들을 수 있다.

ㅣ 아이들이 자신이 혼자 책을 읽으며 만나는 단어보다 수준 높은 단어를 배울 수 있다.

ㅣ 집중하는 방법을 배울 수 있다.

운율 맞추기 게임

이 게임은 부모가 아이와 차 안에서 함께 하기 좋은 활동이다. 단순한 단어 하나를 이용하여 아이에게 그 단어의 운율을 물어본다. 소리 내어 읽기와 마찬가지로 이 활동 또한 아이의 나이에 관계없이 모든 연령의 아이들에게 적용할 수 있다.

다음에 나올 그림 알아내기

도형을 사용하는 연습 활동으로, 유형을 구분하는데 어려움을 겪

는 어린 아이를 위한 놀이이다. 예를 들어, 사각형, 삼각형, 사각
형, 삼각형 순으로 패턴을 그린 후, 다음에는 어떤 도형이 나오게
될 것인지 질문한다. 고학년 아이에게는 더 많은 도형을 그려 줌으
로써 더욱 복잡한 활동을 제시한다.

동음이의어 게임

아이에게 단어(예를 들면 *jam*)에 몇 개의 의미가 있는지를 물어
보며 해당 단어에 대해 이야기할 수 있도록 만드는 게임이다. 여러
가지 의미를 갖는 단어를 생각해 보도록 하는 것도 좋다. 음절과
소리, 단어의 운율 등에 관한 내용으로 관련 활동을 이어갈 수도
있을 것이다. 이 게임은 교실, 가정 등 어디에서든 재미있게 진행
할 수 있다.

다음절 알파벳 단어 게임

교실이나 가정의 저녁 식사 후 함께 할 수 있는 훌륭한 게임이다.
아이에게 종이를 나누어 주고, 왼쪽 끝에 알파벳 목록을 쓰게 한
다. 그 다음 각 알파벳에 해당하는 2음절 이상의 단어를 쓰도록 한
다. 음식, 비디오 게임, TV 쇼, 책 제목, 혹은 기타 아이가 학교에
서 배우면서 생각나는 여러 가지 주제를 사용하도록 한다.

퍼플 펭귄

　동일한 소리로 시작되는 단어를 사용하는 게임(예를 들면, "Purple penguins pick pineapples")이다. 교실에서 실시해도 좋고, 집에서 가족이 함께 즐길 수도 있다(Kaye, 1984). 문장을 하나 만들고, 그 문장을 아이에게 소리 내어 들려준 뒤, 읽어 준 문장을 듣고 규칙에 맞는 문장(h로 시작되는 단어들의 연속)인지를 아이에게 구별해 보도록 하는 것이다. 예를 들어, "Happy hamsters eat ham"(행복한 햄스터는 햄을 먹는다)라는 문장은 기준에 맞지 않게 된다. 왜냐하면 단어 eat가 h로 시작되지 않기 때문이다. 이 게임은 아이에게 소리와 패턴에 대해 생각해볼 수 있게 해주는 좋은 방법이다.

 요약정리

　대부분의 문헌들은 읽기를 가르칠 때 강력한 파닉스 프로그램을 사용하도록 제안한다. 하지만 균형을 유지하는 것이 중요하다. 총체적 언어 접근법을 사용하고 있는 경우라 하더라도, 두뇌 속에 보다 강력한 독서 경로를 만들고자 한다면, 뉴런을 연결시키고 이를 재활용하도록 해야 한다는 점을 잊지 말아야 한다. 이는 명시적이고 순차적인 프로그램이 얼마나 중요한 것인지에 관해 설명해 주는 것이다. 일단 아이가 음소인지와 파닉스에 대한 튼튼한 기초가 쌓여야 다음 단계인 유창성 향상 과정으로 나아갈 수 있다.

정답)

    This message serves to prove how our minds can

    do amazing things! Impressive things! In the

    beginning it was hard but now, on this line your

    mind is reading it automatically without even

    thinking about it, be proud! Only certain people can

    read this.

제6장

유창성 Fluency

Wiring the Brain for Reading

제6장 | 유창성 Fluency

얼마 전, 9살 아이의 생일 파티에 참석한 나는, 아이에게 학교생활이 어떤지 물어보았다. 아이는 잠시의 머뭇거림도 없이 "쉬는 시간하고 체육시간이 좋아요."라고 대답했다. 아이의 대답을 듣고 나의 중학교 교사 시절 학생들이 떠올랐다. 당시 중학생들도 학교생활에서 몇 가지 어려움을 겪고 있었다. 집단 내에서 발생하는 친구들 간의 문제도 있었지만, 읽기와 관련된 것도 많았다. 학교생활을 잘 해내는 학생은 대부분 자기가 좋아하는 과목이나 교사(학생이 잘하고 있다고 믿게 만드는 교사)가 있거나, 친구들 간의 강한 연대감이 있었다. 여학생은 친구들과의 관계가 좋으면, 대부분의 경우 긍정적인 편이었다.

9살 아이의 짧은 대답은 잠시 나를 과거의 생각에 젖어들게 만들었지만, 그 생각에 오래 머무를 수 없었다. 아이는 다른 친구들과 놀기 위해 훌쩍 떠나버렸고, 아이의 부모는 자기 아이의 학교생활이나 학업성적에 대해 빨리 상의하고 싶어했기 때문이었다. "우리 아이가 유창성 평가에서 2점을 받았어요." 나는 학교에서 받았다는 그 '2점'이 정확히 뭘 의미하는지 알 수 없었기에 잠시 혼란스러웠다. "5점 만점에 2점이란 뜻이예요." 엄마의 설명이 이어졌다. "말도 안 되는 우스운 테스트 결과라고 봅니다." 아이의 아빠는 한술 더 떠서 말했다. "교사들도 그 테스트는 정확하지 않은 것이라고 말합니다."

나는, "아, 네! 그렇군요! 그런데 부모님께서는 아이의 읽기 수준이 어느 정도 된다고 보시나요?" 하고 물었다. 부모가 나의 의견을 듣기 전 까지는 이 대화가 끝나지 않을 것이라고 알고 있었기 때문이다.

"아이가 조금 더듬거리며 읽어요. 말하기 능력은 뛰어나지만, 어떻게 해야 부드럽게 읽고, 어디에서 정확한 강세를 주어야 하는지는 잘 모르는 것 같아요."라고 아이의 아빠가 대답했다. 나는 "아버님의 말씀은 아이가 집에서 두 분께 큰소리로 읽는 것을 직접 듣고 말씀하시는 거죠?"라고 다시 물었다. 이 질문에, 아이 부모는 서로를 쳐다 보았고, 엄마가 급하게 말을 이어갔다. "우리 아이는 정말이지 책 읽는 걸 좋아하지 않아요. 음.. 하지만 애가 두 살 때, 우리에게 책을 읽어달라고 했었어요."

그때서야 내 머리 속에서 경고음이 울리고, 위험 신호가 감지되었다. 아이의 부모는 대학의 석사학위를 마치고 회계사 시험도 통과한 매우 똑똑한 30 대 부모였다. 또한 아이의 양육을 위해서라면 유용한 모든 웹 사이트를 뒤지는 등 노력을 아끼지 않으며, 아이를 잘 기르고자 열심히 노력하는 부모였다. 하지만 뭔가 확실히 잘못되어 있다는 것을 느낄 수 있었다.

나는 "네, 그 말씀은 두 분께서는 아이에게 책을 읽어준 적이 별로 없고, 아이 역시 부모가 읽어 주는 것에 큰 관심이 없고, 아이 자신도 읽기를 즐기지 않는다는 뜻이지요?" 라고 다시 물었다.

그러자 아이의 엄마가 말했다. "아이가 작년에(당시 아이는 1학년이었음) 학교에서 책을 충분히 읽었기 때문에 밤늦게까지 읽고 싶지 않다고 말하는 것을 들었어요. 아이는 우리와 게임을 하거나, 함께 놀기만을 원했어요. 제가 말하는 게임은 오락이 아니라 공간 능력을 기르는데 도움이 되는 일종의 교육적인 게임을 말하는 거예요."

내가 지금까지 들은 내용을 종합하면 이 명석한 부모는 아이에게 소리 내어 책 읽어주기를 하지 않고 있었다. 아이의 부모가 잘하고 있는것 아닌가? 절대 그렇지 않다. 만약 내 아이가 22살이 되었다 하더라도, 집에 함께 있다면 소리 내어 책 읽는 일은 계속할 것이다. 좀 이상하게 들릴 수도 있지만, 우리는 정보를 공유하지 못할 만큼 나이들지 않았다. 스무 살이 넘는 아이에게 이야기 책을 읽어 주지는 않을것이다. 하지만 나는 좋은 기사, 웹 사이트, 만화, 여러 가지 생각을 일깨워주는 것들, 그리고 책과 관련된 여러가지 흥미로운 것들을 서로 공유하면서 대화를 계속해 나갈 것이다.

9살 아이 부모와의 계속된 대화를 통해, 나는 그들이 아이가 어릴 때부터 책을 읽어주었다는 사실을 알 수 있었다. 하지만 좀 더 읽기주기를 바라는 아이의 욕구를 변화시켜버린 것은 학교라는 사실을 발견했다. 학교 환경에서는 어쩔 수 없이, 아이의 책 읽기 목

제 6 장 | 유창성 Fluency

적이 지식습득을 위한 것이 되기 쉽다. 책의 저자가 의도한 인물, 배경, 이야기 등 책 내용 자체에서 얻는 즐거움을 잃어버리기 쉽다는 뜻이다. 책 내용으로부터 얻는 즐거움이 이전만 못하게 되자 아이는 부모가 읽어주는 책에 대한 관심도 낮아졌다. 관심이 낮아진 데다가 설상가상으로 부모가 읽어주는 활동조차 중단해 버리자, 책 읽기를 통해 아이에게 나타나는 마법과도 같은 엄청난 효과는 완전히 사라져 버렸다. 아이가 받은 점수, 즉 2점은 '지기 싫어하는 마음'으로 학습동기를 높이는 계기가 될 수도 있었을 것이다. 경쟁심은 간혹 동기 부여에 긍정적으로 작용하기도 한다. 하지만 책 읽기는 태어날 때부터 생기는 능력이 아니라는 점을 명심해야 한다. 뉴런의 연결망을 변화시키는것(가까운 연결망에서 뉴런을 가져와서 새로운 책읽기 경로를 만드는 것)은 진정한 노력이 필요하다. 이 노력은 즐거울 수 있고 즐거워야만 한다.

유창한 책 읽기는 텍스트의 의미파악을 목적으로, 조용히 읽든, 소리 내어 읽든 관계없이 빠르고, 부드럽게, 어려움없이 자동적으로 텍스트를 읽어내는 능력을 말한다. 유창성이란 빠르게, 그리고 자동적으로 어렵지 않게 읽어나가는 능력이기 때문에, 유창성을 내용을 이해하는 독자로 해석하지만은 않는다. 왜냐하면 이해력은 유창성의 두 번째 부분이기 때문이다. 즉, 유창성은 단어 해독능력, 의미 이해능력, 그리고 지금 읽고 있는 내용을 이해하면서 억양을 넣을 수 있는 능력을 의미한다. 세계적으로 잘 알려진 작가이자 언어전문가인 리지 루트만(2003)은 내용을 이해하지 않고 단지 빠르게 읽기만 하는 학생은 진정한 의미의 읽기가 아닌, 단지 '단어를 소리 내는 일' 만을 하고 있을 뿐이라고 말한다.

뉴런들 간의 강력한 연결은 읽기의 속도와 정확성에 영향을 미친다. 이번 장에서 우리는 두뇌과학의 연구결과를 이용하여 유창성을 향상시킬 수 있는 전략에 대하여 살펴볼 것이다.

유창성의 의미

유창성은 단어 해독능력이 읽은 내용을 이해할 수 있는 능력으로 이어지게 하는 과정이다. 유창성이 부족하다면, 각 페이지를 메운 단어들이 독자들에게 실질적인 것이 되지 못하고, 의미 부여도 할 수 없게 된다.

난독증 진단을 받은 아이를 포함하여 읽기에 어려움을 겪는 아이를 도와주는 여러 지도활동이 있다. 이러한 지도활동 프로그램은 대개 글자로 표현되는 소리뿐 아니라, 음소인지, 즉 소리를 들을 수 있는 능력과 들은 소리를 조작해낼 수 있는 능력을 발달시키는 연습을 집중적으로 실시하는 것으로부터 시작된다. 하지만 항상 따르는 골칫거리가 있다. 다름 아닌 유창성의 문제이다. 읽기에 어려움을 겪는 아이를 보면 대부분 자신의 학년수준에 다다르기도 전에 읽기 유창성을 기르기 위한 노력을 중단해 버린다. 그래서 아이의 파닉스 능력과 이해 능력은 강화되지만, 유창성은 좋아지지 않는 것이다(Dehaene, 2009).

독서 전문가에게 아이가 읽기를 배우는데 도움을 줄 방법이 있는지 물어보면, 매우 간단하지만 실천하기 어려운 방안을 제시한다. 아이는 읽기를 통해서 읽는 법을 배우게 되니, 많이 읽으라고 답한다. 책 읽기에 어려움을 겪는 아이는 책을 잘 읽는 대부분의 아이들이 투자하는 만큼의 시간을 할애하지 않는다. 이번 장을 시작할 때 예로 들었던 9살 학생의 문제점을 보자. 그 아이는 읽기 경로를 발전시켰고, 두뇌 속의 변화 과정도 겪었다. 하지만 아이는 여전히 유창하게 읽어내지 못한다. 그 이유는 활자화된 문자들과의 접촉이 많지 않았기 때문이다. 아이들은 읽으면 읽을수록 더 유창해지게 된다.

유창성에 대한 정의를 다른 각도에서 살펴보자. 대부분의 사람들은 유창성을 정확하게, 그리고 빠르게 읽을 수 있는 능력이라고 정의 내린다. 이 정의에 의하면, 유창성이란 어떤 표현문구를 힘들이지 않고 읽을 수 있는 능력이며, 소리 내어 읽을 때 텍스트 구조 안에서 의미를 갖는 단어를 구절로 나눌 줄 아는 능력이다. 이 정의들은 매우 합당한 것 같다. 책 읽기에 능숙한 사람들은 책을 읽을 때, 읽으면서 동시에 이해하고, 아울러 위에서 언급한 정의에 따른 내용들을 모두 수행한다. 즉 특정 텍스트에서 사용된 단어에 대한 정의를 내리며, 정확히 어떤 단어그룹에 강세를 주어야 하는지 알며, 음절도 고려할 줄 안다. (예를 들어, "I don't know that she said that."이란 문장에서, 독자는 *she*와 *that* 가운데 어느 단어를 강조하는지 빨리 알아내야 한다.)

읽기와 문학교사인 나는, 다음 사실을 알게 되었다. 훌륭한 독자는 텍스트를 유창하게 처리할 수 있지만, 예외적인 경우도 있다는 것이다. 우리는 읽기를 학습하는 아이들에게 소리 내어 읽어 보라고 요구한다. 일부 유창성 테스트나 이해력 테스트는 아이에게 (아이가 이전에 한 번도 읽어보지 않았던 내용으로) 유창하게 소리 내어 읽게 하고, 내용과 관련된 질문에 대답하도록 한다. 사실 두뇌 스캔을 이용한 일부 연구결과에 의하면 입으로 책을 읽는 동안에는 발화 중심부가 더 많이 활성화 된다는 것을 알 수 있다. 아마도 청중 앞에서 말할 때와 같은 인상을 심어주기 위해, 내용 보다는 소리내기에 더 집중하기 때문이라고 할 수 있다. 반면, 묵독을 하는 동안에는 좀 더 고차원적인 사고와 작업 기억을 담당하는 전전두엽이 더 많이 활성화되고 있음을 보여준다. 이 연구결과는 소리 내어 읽는 학생, 특히 새로운 내용을 소리 내어 읽는 학생이 읽고 있는 모든 내용을 다 이해한다고 보기는 어렵다는 것이다. 그렇기 때문에 단순히 소리 내어 읽는것 만으로 이해도나 유창성 테스트를 실시하면 신뢰도를 얻기 힘들다. 소리 내어 읽기는 읽기를 배우기 위해 건너 뛸 수 없는 필수 과정이다. 하지만 그 자체가 목적이 되지는 않는다.

나도 전에 익숙하지 않은 문학작품을 교실에서 소리 내어 읽어주었던 기억이 있다. 당시 나는 처음 접한 일부 내용 때문에 빠르게 읽지 못하고 어려워했다. 처음 본 내용까지 적절히 억양을 넣고, 제대로 읽기 위해 나는 동일한 문장과 구문을 여러 번 반복해서 연습하였다. 이러한 경험이 바탕이 되어, 나는 운좋게도 내가 가르치는 학생을 위한 멋진 독서지도 전략을 만들 수 있었다.

유창성이 개발된 두뇌경로

윌리스(2008)는 다음과 같이 말한다. "유창한 독자는 단어를 해독하고, 인식하며, 동시에 텍스트의 의미를 이해한다. 즉 두뇌의 읽기 네트워크가 효과적이고 효율적으로 작동된다"(p. 47). 유창성이라는 위대한 작업을 수행해내기 위한 선결 조건 가운데 하나는 필요한 뉴런 네트워크가 미엘린화 되어야 한다는 것이다. 이와 관련하여 오랫동안 제기되어 오고 있는 문제점들 가운데 하나는 미엘린화라는 것이 두뇌의 발달로 인한 결과물인지, 아니면 두뇌의 사용으로 인한 결과물인지에 대해 결론이 나지 않았다는 것이다. '사용하지 않으면, 잃게 된다.' 라고 믿는 이들은 아이의 두뇌 시스템이 채 준비도 되기 전에 아이들에게 책을 읽도록 독려할 수도 있다. 이들은 두뇌 속에 읽기 경로를 만들어 주기 위해서는 아이에게 책을 읽도록 독려해야 한다고 주장한다. 아이가 언제 책을 읽을 준비가 되는 것인지를 아는 일은 아이가 독서와 학습을 좋아하게 만들 뿐만 아니라, 미래에 성공적인 읽기 능력을 갖출 것인지의 여부를 결정짓는 매우 중요한 포인트가 된다. 아이가 읽을 준비가 되었다는 신호 가운데에는 책 읽기에 대한 관심과 동기가 포함된다. 아이가 책 읽는 시간에 흥미를 느끼는가? 아이가 책에 호기심을 느끼는가? 그 다음으로 확인해 볼 수 있는 신호는 글자와 소리 인식에 관한 사항이다. 아이가 텍스트 속의 글자를 가리킬 수 있으며, 또한 각각의 글자들은 소리를 만들어낸다는 인식, 즉 음소인지 능력을 지니고 있는가? 아이가 이러한 능력을 드러내 보이기 위해서는 음소인지를 책임지고 있는 두뇌 영역이 성숙되고 발달되어야 한다.

만약 어떤 아이의 두뇌 시스템이 아직 성숙되지 않았거나, 접합이 제대로 되어 있지 않았음에도 불구하고 그저 일정 나이가 되었다고 해서 읽기를 배우도록 강요당하면, 아이는 자신의 두뇌에 부담이 되는 읽기 경로, 혹은 엉뚱한 방향의 읽기 경로를 만들어낼 수도 있다. 이것을 부정적인 뉴런접합이라고 한다. 특정 목적지로 가려할 때, 잘못된 방향으로 계속 나아가는 것으로 비유할 수 있다. 예를 들어, 맵웨스트(전세계 도로검색 제공사이트)에 우회도로나 폐쇄된 도로 같은 최신 지도정보가 들어있지 않다면, 목적지에 도달하기까지 시간과 기름 낭비는 물론, 받는 스트레스도 늘어날 것이다. 제대로 된 읽기 능력을 갖추지 못한 아이, 혹은 요구되는 학년 수준에 도달되지 못한 아이의 읽기에서도 마찬가지 현상이 나타난다. 읽기를 위한 두뇌 속 경로가 제대로 만들어지지 않았기 때문에, 아이에게는 읽기라는 행위 그 자체가 압박과 스트레스의 근원이 된다. 훌륭한 유창성 확보를 위한 선결 요건인 자동화단계에 도달하지 못했고, 능숙한 읽기와 관련된 표현력이 부족하기 때문에, 이해력 면에서도 문제가 있다. 결론은 아이의 두뇌 뉴런 연결이 위태로운 상태이니 유창한 읽기에 필요한 뉴런 재접합이 필요하다는 것이다.

두뇌 뉴런들의 강력한 연결은 읽기 자체로 인해 발생하는 스트레스를 없애는 것으로부터 시작된다. 소리 내어 읽기 활동을 통해 책 읽기가 정말 즐겁다는 감정을 충분히 느끼는 것으로부터 읽기 지도가 시작되어야 한다. 아이가 책을 읽을 때 압박감을 느끼지 않는다면, 당신에게도 책을 읽어주려 할 것이다. 아이들은 인정받게 되면 더 잘하려 한다. 압박감 없이 읽고, 칭찬 받고, 더 잘하기 위해서 반복하면, 올바른 두뇌 읽기 경로가 만들어진다. 물론 처음에는 책의 한 페이지에 나타난 그림과 관련된 핵심 단어 하나, 또는 엄마, 아빠가 수없이 반복해서 말해준 단어를 듣고 기억한 것들에 불과한 것이겠지만 말이다. 이러한 과정을 거쳐 아이는 점차 독립된 소리와 단어를 인식하기 시작하고, 아이의 두뇌에서는 책 읽기에 적절한 연결망이 만들어지기 시작하는 것이다.

읽기는 즐거움이다!

여기서 우리는 또 하나의 중요한 질문을 하게 된다. 어떻게 하면 두뇌를 읽기과정에 집중시키고 즐거움을 느끼게 할 수 있을까? 이는 두뇌가 즐겁다고 느끼게 만드는 시스템, 즉 두뇌 속의 뉴런 전달체인 도파민이 충분히 발산되도록 하면 된다. 충분한 도파민이 발산되면 아이는 내재적 보상 역할을 하는 긍정적 자극이 지속되는 두뇌 과업에 집중하게 된다(Willis, 2008). 제 1장에서 살펴본 바와 같이 아이가 책 읽기를 좋아하게 되는 것은 부모가 책을 읽어주는 시간 동안에 얼마나 애정을 깃들여서, 소중하게 읽어 주었는지와 매우 밀접하게 관련된다. 책을 읽어주는 매 순간마다 아이는 책 읽기에서 사랑과 즐거움을 느끼고, 그 과정에서 도파민이 방출되며, 읽기에 대한 좋은 감정이 축적되기 때문이다.

읽기에 어려움을 겪지 않는 학생은 책 읽기가 항상 즐겁다. 표현을 잘하며, 특히 다른 급우들 앞에서 감정적인 표현도 스스럼없이 표출한다. 유창한 독자라는 것을 스스로 인식하는 아이는 자신이 잘 해내고 있다는 느낌으로 도파민이 한껏 방출된다. 이들은 읽기 유창성은 물론 이해도 부분에서도 자신감을 갖게 된다.

반면, 유창성이 낮은 학생은 단어를 해독하고, 단어의 의미를 알아내기 위해 정신적 에너지를 모두 소비해 버리기 때문에 이해력 면에서 어려움을 겪게 된다. 또한 소리 내어 읽는 자체를 부끄러워하고 더듬거리며 읽는 것을 다른 학생이 기다려주지 못할까봐, 혹은 친구들로부터 놀림감이 될까봐 걱정하게 된다. 그렇기 때문에 모든 교사는 학생이 편안한 상태에서 최선을 다할 수 있도록 안전하고 편안한 환경을 만들어야 한다. 교사가 학생 앞에서 일부러 잘못 읽는 실수를 유발하기도 하고, 실수하는 것이 자연스럽다는 것을 미리 설명해 주는 것이 좋다. 교사는 학기 시작 때부터 교실은 노력하고 연습하는 과정을 통해서 서로 배우는 장소라는 것을 학생들에게 알려주어야 한다. 다시 말하면, 교실은 처음부터 잘하는 사람들이 모인 공간이 아니라 모르는 것을 배우고, 잘못하는 것을 잘하기 위해 모인 곳이기 때문에 실수를 공격하거나 탓하지 않도록 일러주는 것이 필요하다. 이러한 편안한 분위기 속에서 학생은 최선을 다하며 한 걸음씩 발전해나가며, 발전에 따른 칭찬도 받게 될 것이다.

유명한 교육 심리학자 레프 비고츠키(1978)는 근접 발달 영역이론을 제시하였다. 이는 학습자가 주변의 도움 없이 스스로 도달할 수 있는 능력과 주변의 도움을 받아서 도달할 수 있는 능력을 비교하여 그 차이를 알아보기 위한 것이었다. 근접 발달 영역을 살펴보고 다음 질문을 해 볼 수 있다. '아이가 약간의 도움을 받으면 어떤 일을 더 잘 할 수 있을까?' '아이는 자기 스스로 어떤 일을 할 수 있을까?' 기분 좋은 신경전달물질로 불리는 도파민 방출을 촉진하는 즐거움은 무언가 좋은 느낌을 주는 습득을 할 때 나오게 된다. 스스로 무엇인가를 더 잘 해낼 수 있는 아이는 즐거움을 느끼게 되고, 즐거움은 도파민 방출을 촉진하며, 이로써 아이는 더 많은 일을 해낼 능력을 갖추게 된다. 나선형 사이클로 계속 발전하게 되는 것이다.

노출 빈도가 높은 단어와 싸이트워드

맥스 브랜드와 게일 브랜드라는 두 교사는 그들의 저서 「Practical Fluency: Classroom Perspectives, Grades K-6 (2006)」에서 학생들이 유창하게 읽고 있는 것인지 교사 스스로 자문해 보아야 한다고 말한다. 학생이 구문에 대한 의미를 이해하면서 읽고 있는지, 구두점들은 제대로 이용하고 있는지, 필요한 정보에 따라 학생들이 읽기를 조정할 수 있는지 지도교사 스스로 자문해 보아야 한다는 것이다. 무엇인가를 어려워하거나 이해하지 못하고 있을 때, 왜 충분히 되풀이해서 읽도록 학생을 지도하지 않는지 궁금하다. 아마도 유창하게 읽을 수 있는 학생들은 읽고 또 읽기를 반복한 결과, 유창하게 읽을 수 있는 능력을 얻게 되었을 것이다.

유창하게 책을 읽는 아이에게 필요한 것은 한눈에 보고 뜻을 이해할 수 있는 싸이트워드(sight words: 일상적인 해독 법칙을 통해서가 아니라, 보는 순간 바로 단어와 관련된 모든 정보를 알 수 있는 단어들, 일견단어)와 빈도수가 높은 단어들(텍스트에 자주 등장하여 학생이 보는 즉시 알아야 하는 단어들)에 대한 자동적 인식, 즉 자동성이다. 읽기에 어려움을 느끼는 아이가 빈도수 높은 단어와 싸이트워드를 알고 있는지 여부를 평가하는 것도 중요하다(Beers, 2003). 플래시 카드는 아이가 해당 단어를 알고 있는지, 혹은 모르고 있는지 신속하게 판단할 수 있는 간단한 도구이다. 인터넷 검색으로 플래시 카드에 쓸 여러 단어 리스트들을 찾을 수도 있다.

'Dolch Basic Sight Vocabulary'는 http://www. dolchesight words.org 에서, 'Fry's Instant Word List'는 http://www. 12reader.com/fry-word-list-1000-high-frequency-words/에서 찾아볼 수 있다. 학생이 이러한 단어를 쉽고 빠르게 사용할 수 있게 하려면 단어 벽에 붙여 놓기, 플래시 카드, 단어 찾기 퍼즐과 같은 활동을 이용하는 것이 좋다.

학생은 문맥과 상관없는 단어를 이해하고 습득하는 것은 어려워하지만, 문맥 안에서는 보다 쉽게 단어를 인식하고 이해한다. 다시 한번 강조한다. 학생들은 어떤 상황에서든 노출 빈도가 높은 단어

와 싸이트워드는 즉시 알아볼 수 있어야 한다. 두뇌 속 작업기억
장치는 싸이트워드에 시간을 할당할 만큼의 여유가 없다. 작업기
억 장치는 어려운 단어를 해독하고 읽기전략을 사용하여 이해하는
것만으로도 충분히 바쁘기 때문이다.

유창성 발전단계

유창하게 책을 읽는 아이의 두뇌는 단어를 자동으로 해석하고 인
식한다. 소리 내어 읽어야 하는 부담스러운 상황에서 훌륭하게 단
련되었기 때문에, 아이의 작업기억 장치는 읽기 작업과 동시에, 이
해할 수 있고 더 잘 집중할 수 있게 된다. 활자화된 문장의 의미를
파악하기 위해서는 단어를 정확하고 자동적으로 해독할 수 있어야
하며, 아울러 운율을 넣어 읽을 수 있어야 한다.

〈표 6.1〉 학생 −교사 간 책임 비중의 점진적 개방 모델

I do it.	교사가 학생에게 읽어 주기
We do it together.	교사가 주도하여 학생과 함께 읽기
You do it together.	학생이 주도하여 교사와 함께 읽기
You do it alone	연습 후 학생 스스로 읽기

지금까지 살펴본 내용을 토대로 유창성은 다음 세가지 요소로 구성되어 있음을 알 수 있다.

| 정확한 해독

| 자동적인 해독

| 운율 사용하기

위 세 가지 구성요소들은 모두 두뇌 속 읽기 경로를 따른다. 즉, 두뇌 속의 읽기 경로가 얼마만큼 잘 성장되어 있는지, 혹은 제대로 설정되어 있는지, 나아가 그러한 신경 연결망들이 어떻게 만들어 졌고 유지되어 왔는지에 따라 읽기 능력이 달라진다.

읽기 유창성에 대해 이야기 할때, 4개부분으로 나누어 스스로 책을 읽을 수 있도록 지도하는 유창성 향상을 위한 학생-교사 간 책임 비중의 점진적 개방 모델(Pearson & Callagher, 1983)을 주목하게 된다. 이 모델은 항상 교사로부터 시작된다. 〈표 6.1〉은 유창성 향상을 위한 학생-교사 간 책임 비중의 점진적 개방 모델을 설명하고 있다.

유창성 교육 시작단계에서는 어른들이 필요한 통제와 책임을 담당한다. 교사와 부모가 모범을 보여주는 것으로부터 시작한다는 의미이다. 제1단계는 '교사가 읽고, 학생은 관찰하는 단계(I do; you watch)'이다. 따라서 이 단계에서는 앞서 언급한 두뇌 속 거울 뉴런 시스템이 중요한 역할을 하게 된다. 학생은 교사가 텍스트를 얼마나 부드럽게 잘 읽고, 표현은 어떻게 하는지를 보고 들음으로써 유창한 독자가 되기 위해 필요한 것이 무엇인지를 이해하기 시작한다. 시범을 보일 때는 읽기가 특별히 어렵지 않다는 점이 아이에게 전달되도록 하는 것이 좋다. 단지 유창하게 소리 내어 읽는 모습을 보여 주는 것에서 멈추는 일이 없도록 해야 한다. 유창하게 읽어준 다음에는, 내용에 대한 이해를 돕기 위한 절차도 뒤따라야 한다. 읽는 도중이나 다 읽어주고 난 다음에 학생이 무엇을 듣고, 이해했는지도 함께 확인한다(Rasinsk i& Griffith, 2011).

다음의 예를 보자.

ㅣ 선생님이 읽을 때, 한 곳은 천천히 읽고 다른 곳에서는 빨리 읽고 그랬는데, 여러분들 알아채셨어요? 내가 왜 그렇게 읽었을까요?"

ㅣ 읽는 도중에 한 번은 꽤 오래 쉬었는데, 알고 있나요? 읽다가 멈추는 시간을 가지면 어떤 느낌이 들었어요?"

ㅣ 읽는 도중에 일부 단어는 특별히 강조 했어요. 내가 어떤 단어를 강조했는지 알아요? 또 내가 왜 그 단어를 강조하며 읽었는지 알겠어요?"

이 활동은 아이가 책을 읽을 때 분명한 목적을 가지고 읽도록 돕기 위한 것이다. 아이는 어떻게 책을 읽어야 의미를 이해하는데 도움이 될 것인지 알아채기 시작한다. 적절한 운율을 분명하고 자연스럽게 넣어 읽으면, 두뇌 작업기억 장치가 편안한 여유를 갖게 되고, 이 여유 시간에 텍스트 내용을 생각하고 이해할 수 있게 된다는 점을 아이에게 설명해준다.

유창성에 대한 명시적인 교육이 수반되는 이 단계에서 교사가 텍스트를 먼저 읽고 학생들이 뒤따라 읽는 과정을 포함시키는 것도 좋다. 이렇게 하면 교사가 얼마나 표현을 잘 하며, 정확하게 읽는지, 나아가 어떻게 그리고 왜 잠깐 동안의 멈춤 시간을 두는지를 학생들이 알 수 있게 된다.

제2단계인 '교사와 학생이 함께 읽기(We do it together)' 단계에서는 다른 전략을 사용할 수 있다. 〈표 6.1〉에서 합창하며 읽기를 제안하였다. 한 명의 학생, 혹은 몇몇 학생 그룹을 만들어, 교사와 학생이 함께 읽는 것이다. 이렇게 하면 학생은 교사와 함께 읽으면서 동시에 연습도 할 수 있게 된다(합창하며 읽기와 관련한 활용법은 본 장의 마지막 부분에서 다시 언급할 것이다). 중요한 점은 단어를 듣고 말하는 작업을 동시에 하게되면, 그 단어를 싸이트워드처럼 장기기억에 저장하는 것이 한결 더 쉬워진다는 것이다.

어떤 문단을 읽을 때 편안하게 느껴지지 않는다거나, 좀 더 연습할 필요가 있다고 생각되는 문단이 있다면, 그 부분을 녹음하여 사용해 볼 수도 있다. 아이에게는 녹음된 목소리를 함께 따라 읽게 하면 된다.

점진적 개방 모델의 3단계는 '학생의 주도로 다 함께 읽기(You do it together)' 단계이다. 이 시점에서는 아이가 이미 일정 수준의 유창성 단계에 도달했기 때문에, 교사의 도움을 받거나 녹음된 목소리를 사용하지 않아도 된다. 교실내의 학생 전부 또는 소 그룹끼리, 또는 둘씩 짝을 지어 함께 읽도록 한다. 이는 반복 연습이 진행되는 단계로, 이러한 과정을 통하여 정확성을 확보하고 운율성을 높이게 된다. 반복적인 읽기 활동을 꾸준히 계속해야 한다. 그러면 아이는 새로운 능력을 시험해 가면서 혼자서도 문단을 읽게 된다. 문단 읽기에 익숙해질수록 아이의 자신감도 높아지게 된다.

이제 마지막으로 남은 단계는 아이 '스스로 읽기(you do it alone)' 단계이다. 이 단계의 학생은 자신이 얼마나 잘 읽을 수 있게 되었는지를 당신에게(또 자기 자신에게도!) 보여줄 기회를 갖게 된다. 어떤 학생은 1 대 1, 혹은 소 그룹 내에서 발표 하고 싶어 하지만, 교실 내 전체 학생 앞에서 자신의 읽기 수행능력을 보여주고 싶어 하는 학생들도 있다.

모든 교실에서는 유창성 향상에 초점을 둔 명시적인 교육이 계속되어야 하며, 수업시간마다 유창성 향상을 위한 시간이 있어야 한다. 자신감이 쌓이고 더 유창한 독자가 되면, 이제 소리 내어 읽는 낭독뿐만 아니라 묵독 능력 또한 크게 향상된다. 학생은 어떤 내용의 텍스트이든 모두 유창하게 읽어낼 수 있어야 한다. 능숙하게 읽을 수 있게 되면, 일상생활에 반드시 변화가 올 것이다. 여기서 한

가지 더 강조하고 싶은 점은, 유창성 연습을 위해 다양한 장르의 텍스트들이 제공되고 있는지 확인해야 한다는 것이다. 유창성을 확보한다는 것은 비소설이나 시집뿐만 아니라 보다 더 긴 글도 모두 유창하게 읽어낼 수 있어야 함을 의미하기 때문이다.

지속적으로 보고되고 있는 많은 연구 결과들이 공통적으로 제시하는 것은, 명시적인 유창성 교육을 실시하고, 유창성 훈련을 강화하면 읽기를 힘들어하는 학생이 그 내용을 이해하고 기억할 수 있게 된다는 것이다(Griffith & Rasinski, 2004).

유창성 지도에 효과적인 활동

다음은 읽기 유창성을 증진 시켜주는 유용한 활동들이다. 추천 활동 중 대부분은 집에서 부모의 도움과 함께 진행될 수 있다.

합창 읽기

합창 읽기는 모두 함께 큰 소리로 문단을 읽는 활동이다. 이 활동은 다양한 그룹 형태로 여러 번 진행 할 수도 있다(그룹전체, 소 그룹, 3인조, 2인조 등). 그룹을 만들 경우에는, 각 그룹 별로 서로 다른 문단을 읽게한다. 서로 문단을 바꿔 읽어보면 다른 그룹은 어떻게, 얼마나 잘 읽었는지 들어 볼 수 있다. 대부분의 아이는 합창 읽기를 좋아하고, 자신의 유창성을 높이는데 관심을 두며, 운율을 좀 더 강하게 넣어서 읽으려고 노력한다.

흉내 내어 읽기

읽기에 어려움을 겪는 아이나 영어를 배워야 하는 아이 모두에게 도움이 되는 방법이다. 학급 내에서 스스로 희망하거나 교사가 지정한 학생이 먼저 문장을 읽고, 이어서 모든 학생이 같은 문장을 따라서 읽는다. 흉내 내어 읽기 전략은 천천히 읽거나 단어 하나하나를 띄어 읽는 학생에게 해당 부분을 어떻게 읽어야 하는지 들려준 후, 바로 이를 다시 따라할 기회를 제공하는 방식으로, 1 대 1 지도방법으로도 활용 할 수 있다.

번갈아 합창 읽기

아이들을 두 그룹, 혹은 그 이상으로 나누고, 텍스트 또한 여러 부분으로 나눈 후, 각 그룹에게 읽어야 할 분량을 제시한다. 그룹 전체가 함께 할 공연(또는 공연 전 마지막 총 리허설)을 위해 모든 그룹은 주어진 분량을 연습해야 한다. 각 그룹별로 한 줄씩의 시를 읽게 해도 좋다. 나는 중학교 학생과 함께 번갈아 합창하며 읽기에 적합한 루이스 캐롤이 쓴 "Father William"이라는 시를 자주 사용하였다.

독자의 극장

독자의 극장 활동에서 아이들은 친숙한 텍스트에서 발췌한 대본을 받는다. 전에 읽었던 책이나 이야기를 가지고 대본을 작성하거나, 미리 준비된 대본을 읽는다. 이를 위한 대본은 인터넷에 많이 있다. 내가 가장 좋아하는 인터넷 공간은 http://www.thebest class.org/rtscript.html 이다.

독자의 극장에서는 유창성이 매우 중요하다. 연기를 하는것 처럼 이야기를 읽지만, 소품이나 움직임이 없는 등장인물들을 살아 움직이도록 만드는 것은 운율이다. 아이는 굳이 대본을 외울 필요도 없다. 그저 대본을 보면서 읽으면 된다. 전에 읽었던 책이나 이야기를 가지고 아이 스스로 대본을 작성했든, 아니면 주어진 것이든 관계없이 대부분 이 방법을 아주 좋아한다. 아이가 자신의 목소리와 몸짓으로 이야기 속의 캐릭터를 직접 만들 수 있기 때문에, 텍스트를 더 의미있고 흥미롭게 느끼는것 같다.

더해가며 합창 읽기

또 다른 읽기 연습의 한 유형으로, 문장을 계속 더해가며 다 함께 읽는 활동이다. 한 학생 혹은 한 그룹이 읽기를 시작하면, 다른 학생 혹은 다른 그룹이 들어와 그 다음 문단을 읽게 된다. 학생들은 이러한 유형의 읽기를 좋아한다. 방법을 아예 바꿀 수도 있다. 처음에는 전체 그룹이 책을 읽기 시작하고, 책을 읽어가면서 한 그룹

또는 한 명씩 합창 읽기에서 빠져나간다. 맨 마지막에는 한 학생 혹은 한 그룹만 남아 읽게 된다.

자기보다 더 어린 학생에게 읽어주기

조금 더 나이가 많은 학생이 자기보다 더 어린 학생에게 책을 읽어주게 한다. 각각의 개별적인 읽기 수준에 맞추어 책을 선정하여 주거나, 학생이 직접 선정하도록 한다. 학생은 자기보다 더 어린 학생에게 큰 소리로 읽어주기 전에 유창하게 읽는 연습을 하게 된다. 같은 학년 수준일 경우에는 조금 더 유창성이 좋은 학생이 선창하듯 읽고, 유창성이 조금 낮은 학생이 두 번째로 따라 읽는 방식으로 변형하여 적용할 수도 있다.

 요약정리

유창성을 향상시키는 최고의 방법은 일정한 분량의 텍스트를 자주, 반복적으로 소리 내어 읽는 일이다. 어린 아이를 키우는 부모라면 지금 당장 확인해야 할 일이 있다. 자녀에게 소리 내어 책을 읽어주고 있는가? 아이가 당신 앞에서 소리 내어 책을 읽고 있는가? 아이가 책을 소리 내어 읽을 때는 충고하지 않도록 해야 한다. 그저 미소 짓고 들어주기만 하라. 내용에 반응해 주면 더욱 좋다.

만약 아이가 책을 소리 내어 읽어 달라고 하면, 실수를 두려워하지 말라. 일부러 실수를 보여주는 것도 좋다. 다시 한번 읽는 모습을 보여주며, 틀릴 수도 있다고 말해주면서 풍부한 표현력이나 적절한 구두점을 사용하여 읽어 주어라. 만약 당신이 교사라면 학생이 교실에서 소리 내어 읽는 것처럼 부모에게도 소리 내어 읽도록 권해 보기 바란다. 어떤 종류의 읽기 행위이든지 아이가 소리 내어 읽기를 연습할 때는 단지 들어주는 청중 역할만으로도 아이를 도와주는 것이 된다.

학교 교실에서는 몇몇 문장을 사용해서 '나는 할 수 있다.(I can do it)' 카드를 만들도록 한다. 교사는 물론 모든 교직원들을 참여시킨다. 교사와 교직원들에게 하루 중 어느 때나 학생들의 요청이 있으면 그들이 읽는 소리를 들어 주라고 일러놓는다. 학생의 읽기에 대해서 충고나 수정 의견을 말하지 않도록 미리 일러주어야 한다. 그저 귀담아 들어줄 것을 요청한다. 교장, 행정실 요원, 안전관리자, 영양사 등 학교 내에 있는 어떤 사람이든 모두 마찬가지이다. 그들에게 하루에 단 몇 분만이라도 아이들이 읽는 것을 들어줄 수 있는지 미리 확인하고 동의서를 받아놓는다. 학생에게 교실이나 집에서 연습할 수 있는 책을 준다. 학생에게는 확인란이 공란으로 되어 있는 통과확인증을 만들어 준다. 학생은 자신의 읽기를 들어줄 사람에게 카드를 갖고 찾아간다. 학생은 학교 안의 누군가를 만나 정중하게 자신의 읽기를 들어줄 시간이 있는지 물어본다. 동의를 얻은 학생은 그 앞에서 연습한 텍스트를 소리 내어 읽고, 통과확인증에 사인을 받는다. 이 방법은 모든 학생과 구성원이 즐겁게 참여하면서 유창성을 기를 수 있다.

어휘력 쌓기 Vocabulary

Wiring the Brain for Reading

제7장 | 어휘력 쌓기 Vocabulary

　중학교 1학년 담임을 맡던 시절, 단어게임을 통한 어휘복습 수업은 매우 성공적이었다. 학생은 자신이 스스로 선택하거나 내가 지정해 준 파트너와 짝을 이룬다. 파트너가 된 두 사람은 서로 무릎을 맞대고 앉는다. 한 명은 화면을 보며 앉고 다른 한 명은 화면을 등지고 앉는 것이다. 준비가 되면 화면에 단어를 띄운다. 화면을 보며 앉아 있던 학생이 화면에 보이는 단어를 설명하고, 화면을 등지고 있는 학생은 단어를 맞추는 게임이다. 정답을 말할 때까지 설명해야 한다. 모든 단어를 다 맞추면 손을 들어 나에게 알려 준다. 이 방법은 교실 내에 있는 모든 학생을 쉽게 통제할 수 있도록 도와준다. 누가 단어를 다 맞추었는지, 누가 먼저 끝났는지, 누가 더 많은 시간을 요구하는지 확인할 수 있었다. 또 시간이 충분하지 않을 때에는 가장 먼저 맞춘 팀이 나오면 게임을 중단하고, 필요한 설명을 해 주는 선택도 할 수 있다. 물론 시간 여유가 있을 때에는 모든 팀이 단어를 다 맞출 때까지 게임을 계속한다. 게임 전후에 간단한 설명을 추가해 주고, 어떤 설명이 단어를 가장 쉽고 잘 떠오르게 하는지에 대한 토론도 한다.

　처음에는 이 활동을 단어복습 목적으로만 활용하였다. 나중에는 단어를 처음 접하게 되었을 때, 그 단어를 설명하는 데에도 적용해

보았다. 단어 복습과 단어 소개 둘 다 효과적이었지만, 복습을 위해 적용하는 것이 다음 두 가지 이유에서 더 효과적이라는 사실을 알게 되었다. 첫째, 별다른 어려움이 없다는 것이다. 학생이 자신의 사전지식을 활용할 기회를 가질 수 있기 때문이다. 두 번째는 자신의 파트너를 실망시키지 않기 위해 설명하는 학생과 답을 맞추는 학생 모두 어휘 학습에 그 어느 때보다 몰입하기 때문이다. 그리고 우리는 두번 복습하는 기회를 갖게 된다. 즉 게임으로 한 번, 단어의 정의를 다시 소개하고 설명하며 두번 복습하게 된다.

때로는 학생이 특정 텍스트에 나오는 단어를 접하기 전에 텍스트의 중요 단어를 선택해서, 그 단어를 충분히 설명해 주었다.

본 장에서는 학생들이 단어와 단어의 정의, 동의어와 반의어를 학습하는데 도움이 되는 다양한 방법을 다룬다.

어휘의 두 가지 유형

어휘에는 두 가지 유형이 있다. 받아들이는 어휘(보고, 읽고, 듣고 이해하는 어휘)와 표현하는 어휘(쓰거나, 말할 때 사용하는 어휘)다. 우리는 다른 사람의 말을 듣거나, 책을 읽거나, 때로는 직접적인 교육을 통해 새로운 단어를 학습함으로써 어휘를 추가하게 된다.

마자노와 켄달(1966)에 의하면 모든 학과목의 표준화된 시험에서 학생이 받는 점수는 학생이 각 교과목의 표준 어휘에 대한 이해도와 85% 정도의 상관관계가 있었다. 미국 각 주에서는 물론 미국 전역에서 표준으로 삼는 시험에는 특정한 어휘들이 포함되어 있다. 하지만 안타깝게도 많은 학생들이 표준 시험에 포함된 '특정 단어'의 의미를 제대로 모르고 있어, 각 문항을 정확하게 읽고 이해하지 못한다. 문제를 이해하지 못해서 답변을 하지 못하는 경우가 많다. 수학 시험 문제를 푸는 학생 중 일부는 계산을 못해서가 아니라 문제에 포함된 특정 단어의 의미를 모르기 때문에 틀렸을 수도 있다. 켄사스 주 엠포리아 시에 소재하는 학습센터에서는 시험 문항에서 학생이 낯설어 할 단어에 대한 정보를 미리 제시해 준다. 엠포리아 주립대의 리터러시(문식능력/독서작문능력) 담당 교수인 멜리사 리드와 그의 대학원 제자 레이시 조단은 수학을 배우는 중학생을 대상으로 연구를 진행하였다. 연구기간 동안, 학생들은 수학용어와 수학공식을 공부하였다. 사전 시험과 사후 시험 성적을 비교해 본 결과, 수학용어와 공식을 알고 난뒤 치른 수학시험 점수가 훨씬 높게 나타났다(Springer, 2011).

어휘력을 기르면 배경 지식이 탄탄해진다. 이는 모든 부모와 교사가 알아두어야 할 매우 중요한 정보다. 과학적 연구결과에 따르면, 단어에 대한 명시적 교육에는 몇 가지 단계가 있다고 한다. 이 장에서는 과학적 연구결과 추천된 명시적 단어교육 단계를 살펴보

고, 어휘를 학습하고 어휘의 의미를 숙지하는데 도움이 되는 바람
직한 전략을 제시하고자 한다.

저소득층 가정에서 자란 아이는 중산층 가정 학생 대비 50% 수
준의 어휘력을 지니고 학교에 입학하는 경우가 많다(Marzano&
Kendall, 1996). 왜 이런 일이 발생할까? 어휘력은 장소, 물건, 개
념 등에 대해서 여러 사람들과의 상호작용을 통해 축적된다. 저소
득층 가정 아이보다 중산층 가정의 아이들이 부모와 더 많은 대화
를 하고, 더 다양한 경험을 하게 된다. 단 한번의 상호작용이라 할
지라도 조금 더 긍정적인 교류의 경험이 많았을 것이다.

어떤 환경에서 상호작용을 하는지에 따라, 정규 교육을 받기 전
부터 부모나 주변 사람들과의 대화중에서 배우는 어휘 수준에 차
이가 발생하기 시작하고, 책을 읽기 시작하면서 부터는 책을 통한
어휘 습득에도 차이가 발생하게 될 것이다. 말하기와 듣기에서도
아이의 사전 경험에 따라 매우 큰 차이를 보인다는 것은 더 이상
말할 필요가 없다.

어휘력 개발

두 살이 지날 무렵이면, 대부분 아이들의 두뇌 속 어휘부에는
100개에서 200개 정도의 단어가 저장된다. 또 두 세 개의 단어로

구성되는 간단한 문장이나 구를 만들어 내게 된다(Wolfe & Neville, 2004). 두 살이 된 아이는 "All gone(다 없어 : 모두 갔어요)" 혹은 "Dad home(아빠 집 : 아빠는 집에 있어요)"라는 말을 한다. 문장을 구성하는 단어는 대개 아이가 매일 듣던 내용 중 일부이다.

두 살부터 세 살까지의 아이는 두뇌의 언어 경로에 상상할 수 없을 만큼 빠른 뉴런 접합이 계속 진행됨으로써, 사용하는 문장은 점점 더 길고 복잡해진다. 이 시기는 언어를 학습할 수 있는 거대한 기회의 창이 열리는 때이다. 따라서 이 기간에 더 많은 말을 해 주고, 더 많이 읽어주면, 아이의 어휘력을 크게 증진시킬 수 있다. 아이는 보통 6천여 개의 어휘력을 가지고 초등학교 1학년에 입학하며, 이후 매년 약 3천 개 정도의 어휘를 축적해 간다.

하트와 리슬리(2003)로부터 시작된 연구를 보자. 이들은 녹음을 통해 아이들의 어휘 사용 정도를 비교했다. 아이들이 사용하는 어휘 가운데 86% ~ 98%는 아이들의 부모가 사용한 어휘와 일치한다는 중요한 정보를 알 수 있었다. 전문직에 종사하는 부모를 둔 아이는 세 살 때까지 1,116개의 어휘를 사용하며, 시간 당 310개의 어휘를 사용하고 있는 것으로 나타났다. 이에 비해 일반 근로자 가정에서 아이가 세 살 때까지 사용하는 어휘는 740개로, 시간 당 223개를 사용하였다. 아울러 저소득층 가정에서 자란 아이의 경우

에는 525개의 어휘 사용으로, 시간 당 사용 어휘 수는 169개에 불
과했다(Hart & Risley, 2003). 아이가 사용하는 어휘를 3년 동안
누적하여 비교해 보면, 전문직 가정의 아이는 4천 5백 만 개, 저소
득층 가정의 아이는 1천 3백 만 개로 큰 차이를 보인다. 실로 엄청
난 차이다. 연구 결과를 놓고 보면, 훗날 전문직 가정의 아이와 저
소득층 가정의 아이는 3천만 개 내지 3천 2백만 개의 어휘 격차가
발생하게 된다는 것을 알 수 있다.

　앞서 살펴본 바와 같이 아이들의 양육환경에 따른 어휘 격차는
유의미하고도 중대한 차이다. 어휘를 많이 습득한 아이와 그렇지
못한 아이의 차이는 가정환경에서 크게 결정된다.

　책 읽는 두뇌는 책 읽을 준비를 하기 위해 단어 형성방식, 철자
및 의미, 그리고 해당 단어의 발음 등과 관련된 네트워크를 자체적
으로 형성한다. 학생이 어떤 페이지를 조용히 읽고 있을 때, 두뇌
속에서는 뉴런 연결이 폭포수처럼 쏟아지면서 해당 단어에 대한
모든 사전 정보가 제공된다(Shaywitz, 2003). 아이의 배경지식이
많으면 많을수록, 아이가 알고 있는 단어의 수가 많으면 많을수록
읽기와 읽은 내용에 대한 이해가 더 쉬워지는 것이다.

　뉴런의 단어 네트워크가 얼마나 강력한지는 후두엽과 측두엽이
만나는 지점을 관찰함으로써 알 수 있다. 또한 단어 읽기를 경험하
는 곳인 전두엽도 포함된다. 어떤 단어가 갖는 의미를 이해하기 위
해서는 집중과 의사결정이라는 보다 높은 수준의 사고력이 필요하

다. 텍스트 속에서 낯선 단어를 만날 때, 그 단어의 의미를 파악하기 위해 다양한 전략을 구사하는 곳이 바로 전두엽이기 때문이다.

아이는 자신의 심적 어휘(mental lexicon: 머릿속의 어휘 목록)에 단어를 추가하기 위해 어떤 방법을 사용하는 것일까? 어휘 추가 작업은 어린 시절의 환경, 즉 주변의 대화 내용을 듣는 일로부터 시작된다. 어른들의 대화나 큰 소리로 읽어 주는 것을 들음으로써 어휘를 늘려나가게 되는 것이다. 여러 가지 이야기가 있는 책 속에는 일상 대화에서는 듣기 힘든 많은 단어들이 사용되기 때문에, 어휘를 늘릴 수 있는 좋은 방법은 책을 많이 읽는 것이다.

교육 공통기준과 어휘

교육 공통기준을 준수하는 주에 거주하고 있다면, 학생들이 학습해야 할 표준 어휘들이 이미 잘 정리되어 있다. 따라서 교사와 부모는 그 내용을 잘 알고 있어야 한다.

다음 목록은 전미 교육공통기준(부록B)의 읽기표준에서 뽑은 단어 50개를 적어놓은 것이다. 이 단어는 학생들이 반드시 습득해야 하는 필수 단어이다. 나열된 명사와 동사들은 자동적으로 사용할 수 있어야 한다.

명사	동사
alliteration	analyze
argument	articulate
analogies	cite
central idea	compare
conclusions	comprehend
connections	contrast
connotative	delineate
details	demonstrate
evidence	describe
figurative	determine
illustrations	develop
interaction	distinguish
metaphor	draw
mood	evaluate
point of view	explain
rhetoric	identify
simile	infer
stanza	integrate
structures	interpret
theme	introduce
tone	locate
	organize
	paraphrase
	refer
	retell
	suggest
	summarize

support
synthesize
trace

학생들이 위 단어들을 자동적으로 사용하지 못한다고 해서 교사가 이 필수 단어를 가르치지 않았다고 말할 수 없다. 자주 가르쳤음에도 불구하고, 아이의 두뇌 속에 필수 단어들이 확실하게 각인되지 않았다는 것이다. 나의 경험을 이야기하면 더 쉽게 이해할 수 있을 것이다. 학생에게 '묘사'라는 단어를 가르칠 때, 보통의 기준에 따라 학생들에게 '묘사'(description)라는 단어를 쓰게 했다. 물론 한번도 "describe가 무슨 뜻이지?"라고 물어보며, 단어의 뜻을 가르쳐 주지는 않았다. '묘사하다'라는 단어를 쓰게하고 난뒤, 학생들에게 자신이 지금 보고 있는 것을 묘사해보라고 말하면, 이를 묘사하지 못하는 학생이 있었다. 동사 '묘사하다'의 정의가 학생의 두뇌 속에 제대로 저장되지 않았기 때문이다. 나는 '묘사하다'에 대한 이해를 돕기 위해 학생이 잘 알고 있는 다른 단어를 이용하여 이해를 도와주곤 했다(예를 들어, "애들아, 지금 네가 보고 있는 것을 적어 봐. 지금 보고 있는 것을 적는 것이 눈 앞의 것을 묘사하는 거야").

성공적인 평가를 어렵게 하는 두 가지 요인에 대해서 알아두는 것이 좋다. 첫째, 컴퓨터를 이용하여 시험을 치를 경우, 학생이 키보드를 잘 다룰 수 있는지 확인해야 한다. 둘째, 주어진 질문에 제대로 된 답을 하기 위해서는 평가 문항 질문지가 무엇을 묻고 있는지 이해할 수 있어야 한다.

대학 및 직무준비 핵심 언어기준

유치원에서부터 초등학교 5학년까지 학생의 표준기준에 의하면 다음과 같은 어휘를 이해하고 활용할 수 있어야 한다.

1. 문맥 속의 단서, 단어의 특수한 의미 부분 분석, 일반적인 참고사항, 특수한 참고 사항을 고려할 줄 알며, 뜻을 잘 모르거나 여러 가지 의미를 갖는 단어나 구를 알아내고 이를 적절히 정리할 수 있어야 한다.

2. 비유적인 언어, 단어들 간의 상호관계성, 단어에 내재된 어감 등을 이해하고 있어야 한다.

3. 대학이나 관련 직무를 준비하는 학생들은 읽기, 쓰기, 말하기, 일반 교과목 관련 단어 혹은 구문들, 나아가 특수 영역의 단어나 구문들을 습득하고, 그 능력을 확보하며, 나아가 이를 사용할 수 있어야 한다. 내용의 이해와 관련된 중요하지만 낯선 용어를 마주하게 되더라도 모든 어휘지식을 동원하여 스스로 해석 할 수 있어야 한다.

쓰기 기준에서는 어휘 사용에 대한 내용이 언급되어 있다. 즉 "해당 영역의 주제에 대해 알려주는, 혹은 주제를 설명할 수 있는 명확한 언어를 사용하라."라고 명시되어 있다.

여기서 국가기준을 언급하는 이유는 각 기준이 교실 수업에서 사용될 것으로 예상되는 어휘와 관련되어 있기 때문이다. 국가기준에서 요구하는 또다른 능력은 문맥 안에서 단어를 인식하고, 그 단어의 중요도를 판단할 수 있는 능력이다. 학생은 하나의 단어를 배우기 위해 수많은 단어들을 학습하게 된다. 어휘 교육 과정에는 동의어를 가르치는 것도 포함된다. 내용이 이어지는 문장이나 문단에서 사용되는 단어들은 물론, 텍스트에 나오는 각 단어의 어감을 이해할 수 있도록 가르쳐야 한다. 예를 들어 어떤 텍스트에 *ignite*라는 단어가 사용되는데, 그 동의어 중에는 *start*가 있다. 두 단어 간의 차이점은 무엇일까? "His passion was ignited(그의 열정이 타올랐다)."라는 문장에서 불길이나 화염을 연상시키는 *ignite* 대신 *start*로 단어로 바꾼다면, 문장에 적절한 의미를 부여할 수 있을까? 그 다음 내용에서 "His passion cooled(그의 열정이 식었다)."라는 문장이 나온다면, *ignite*를 *flame*(불이 타오르다)로 해석하는 것이 관련 정보를 더 확실히 파악한 것이다.

보다 신중한 단어 선택

이미 알고 있는 내용이지만, 아이의 배경지식을 넓히고, 이해력을 높여주려면 어휘력도 길러 주어야 한다. 이미 모두 알고 있는 말일 것이다. 특수 용어에 대한 지식도 일종의 배경지식이 된다.

단어들은 제각각 중요하지만, 그 중요성이 모두 동일하지는 않다. 학생들은 짧은 기간 동안 많은 일을 해내야 하기 때문에, 배워야 할 중요 어휘를 신중하게 선택해야 한다. 시애틀 퍼시픽대학교의 윌리엄 나기와 일리노이즈대학교의 리차드(1984)에 의하면, 학생들이 고등학교에 입학할 무렵이 되면 88,500여 개의 인쇄된 단어군을 접하게 된다고 한다. 단어군이란 일반적인 특징이나 패턴을 보이는 단어들의 집합이다.

각 학년 별로 가르쳐야 할 단어가 상당히 많기 때문에 집중적으로 가르쳐야 할 단어를 선택해주는 시스템이 필요하다. 1985년, 교육자이자 과학자인 이사벨 벡과 마가레트 맥퀸은 글을 읽고 쓸 수 있는 사람은 모두 제3군에 속하는 어휘를 알게 해야 한다고 제안했다. 제1군에 속하는 어휘는 학생에게 직접 교육하지 않아도 되는, 별다른 추가설명 없이 단 하나의 의미만을 지닌 기본적인 단어들이다. 싸이트워드, 명사, 동사, 형용사, 학습 초기단계의 읽기 단어들이 보통 제1군에 포함된다. 예를 들면 *book, girl, sad, clock, baby, dog, orange* 등이다. 약 8천 개 정도의 단어가 이 그룹에 속한다.

제2군 단어는 사용 빈도수가 제법 높고, 다양한 분야에서 사용되는 단어들, 나아가 숙련된 언어 사용자들이 사용하는 문장 속에서 자주 나타나는 어휘들이다. 제2군에 속하는 단어에는 *coincidence, masterpiece, absurd, industrious, benevolent* 등이 있다. 제2군에 속하는 단어는 일상적인 언어 수행에 큰 역할을 담당하고 있다. 제2군 단어들은 일상 언어에서 잘 사용되지 않고 주로 책에서 사용되기 때문에, 학생들이 이러한 단어를 읽고 내용을 이해하는 일이 어려울 수 있다.

제2군 단어들을 직접적으로 가르쳐야 하는 이유는 제2군 단어들이 다음과 같은 특징을 갖기 때문이다.

| 두 개 이상의 의미를 갖는다.

| 다양한 주제에서 널리 사용된다.

| 읽고 이해하는데 중요한 역할을 수행한다.

| 숙련된 언어 사용자인지 아닌지를 판가름해 준다.

| 세부 사항을 추가적으로 설명해 준다.

교육 공통기준에서는 학생들에게 제2군 단어를 더 많이 사용하도록 권고하고 있다.

제3군에 속하는 단어들은 빈도수는 높지 않지만 실용적인 단어들로 구성되어 있다. 이들은 대개 특수 영역의 단어들로서, 특수한 내용을 공부하는 짧은 기간 동안 사용된다. 의학 용어, 법학 용어,

생물학 용어, 수학 용어 등이 이에 해당한다. 이 단어들은 다양한 학문적 영역 안에서 관련된 배경지식을 쌓고 개념을 이해하는데 핵심적인 역할을 하며, 해당 분야에서 필수적으로 가르쳐야 할 단어들이다. 특정한 주제에 대한 이해에 도움이 되고, 관련분야의 어휘력 증진에 가장 유용한 단어군이다. 하지만 특수분야를 취급하는 텍스트에서만 나타나는 매우 전문적인 것이어서 제 2군에 포함시키지 않고, 제 3군으로 분류하는 것이다.

이제는 필수 어휘목록에 들어갈 단어들을 어떻게 고를 것인지 알아야 한다. 어떻게 선택하면 될까? 아래 문단을 읽으면서, 능숙한 독자들이 여러 분야를 넘나들며 유용하게 사용하고 있는 제2군 단어들을 찾아보자.

The stepsisters looked curiously at Cinderella as the glass slipper miraculously enveloped her foot in a perfect fit. However, did this wretched girl procure such glamorous shoes? How were her ragged clothes transformed into a suitable gown that would have dazzled the prince and caused him to be mesmerized by some beauty found in her dreadfully dirty and ordinary face? Surely Cinderella is delusional if she believes she can keep such a man of grandeur interested in a scullery maid long enough to live happily ever after!

제 2군에 해당할 것으로 보고 내가 선택한 단어들은 약간 높은 수준에 속하는 것일 수도 있지만, 대부분은 중학생 과정에서 유용하게 사용되는 단어들이다. 나는 *miraculously, enveloped, wretched, glamorous, transformed, mesmerized, dreadfully, delusional, grandeur* 등을 제2군 단어로 선택했다. *dazzled*와 *scullery*도 포함 시킬 수도 있지 않을까? 하지만 *scullery*의 경우, 문단 내에서 문맥을 이해하는 데에는 유용하지만 제 2군에 포함되는 단어는 아니다. 학생들과 함께 단어의 의미에 대해 이야기 나누는 시간이 필요하다. 하지만 장기기억에 저장하기 위한 다른 여러 활동을 할 만큼 시간이 충분하지 않을 수도 있기에 적절한 판단으로 그 시행여부를 결정해야 할 것이다. 제 2군에 속하는 단어라고 판단할 수 있는 명확한 기준은 없다. 위에서 제시한 신데렐라 이야기를 읽고 나열한 제 2군 단어목록은 다른 학생이 선택한 목록과 일치하지 않을 수도 있다. 구체적으로 어떤 단어를 가르칠 것인지에 대한 판단을 위해서는 가르칠 학생의 나이와 읽기 수준을 먼저 고려해야 한다.

몇몇 학교에서는 각 학년에 맞는 적절한 어휘 단어의 목록을 만들어 두고있다. 교사가 중요하다고 생각하는 단어를 미리 선별하여 목록을 만들고, 이를 기준으로 어휘 교육을 실시하는 것이다. 마자노와 피키링(2005)는 그들의 교사용 지침서 「Building Academic Vocabulary」에 단어 목록을 제시하고 있다.

교사 지침서 안에는 단어 교육을 위한 6단계 과정도 정리되어 있다.

1. 사례를 들어주거나 설명을 해준다.

2. 학생들로 하여금 그들이 알고 있는 단어를 사용하여 설명, 묘사, 예시를 해 보도록 한다. 이는 단어를 장기기억 속에 저장하기 위해 매우 중요한 단계이다. 이 과정은 단어에 대한 정의를 정확하게 말할 수 있도록 해주는 재코드화(recoding: Sprenger, 2005) 과정이라고 할 수 있다. 재코드화(학생의 언어로 다시 설명하기)가 되지 않았다면, 잘못된 정보가 학생의 장기기억 속에 저장되기 전에 다시 한번 단어의 의미에 대해서 적절한 설명을 해 주도록 한다.

3. 학생에게 해당 단어와 관련된 그림을 그려보게 하거나, 도표를 이용하여 표현해 보도록 한다. 저소득계층 가족 전문 연구자인 루비 페인(2009)은 학생이 그림으로 그려내지 못하는 단어가 있다면, 그 단어를 실질적으로 이해하지 못하는 것으로 보아야 한다고 말한다.

4. 학생으로 하여금 노트에 단어를 쓰게 하거나, 그림을 그리게 하거나, 관련 내용을 토론하게 하는 등의 활동을 하도록 한다. 전문가들에 따르면 쓰기는 두뇌와 기억 활동에 좋다고 한다. 따라서 연습장과 같은 쓰기를 위한 환경을 준비하는 것이 아주 중요하다.

5. 관련 용어를 사용한 자유롭고, 편안한 토론과 대화를 유도한다. 소규모 그룹에서 학생이 관련 단어를 들어보고, 사용해보고, 읽어보는 활동을 독려하는 것이다. 다시 말하지만,

여러 가지 방법으로 단어를 자주 듣고, 읽고, 사용하는 연습
을 하면 어휘를 저장하고 활용하는 뉴런 네트워크를 더욱
강력하게 만들 수 있다.

6. 단어를 이용한 놀이를 한다. 게임은 학습 내용을 강화시키
는 두뇌 친화적 전략이다. 여러 가지 다양한 방법으로 적극
적인 어휘 강화 훈련을 실시하면, 두뇌는 다양한 기억 장치
안에 정보를 저장하게 된다. 다양한 곳에 저장된 단어 관련
정보들은, 필요한 순간에 즉각 제공되어 해당 과업을 쉽게
수행해 낼 수 있게한다(Sprenger, 2010).

어휘습득을 돕는 지도활동

다음 내용들은 학생의 어휘 지도와 수업 활동 계획을 세우는데
도움이 될 것이다.

어휘 지도

어휘 지도를 만드는 방법은 여러 가지가 있다. 〈그림 7.1〉은 가
장 널리 사용되고 있는 두가지 모델이다. 지도에는 어휘의 정의,
동의어, 문장, 그림 등을 넣을 수 있는 여유 공간을 둔다. 학생에게
반의어를 추가하도록 할 수도 있다. 학생에게 색깔을 사용하여 단
어를 쓰게 한다. 하얀 종이에 까만 글씨로 된 텍스트보다 색깔이

있는 단어를 더 잘 기억하기 때문이다. 학생들이 좋아하는 색깔은 개인적 경험에서 비롯되는 것으로, 그 사람을 나타내는 것이기도 하다.

〈그림 7.1〉 어휘 지도 샘플

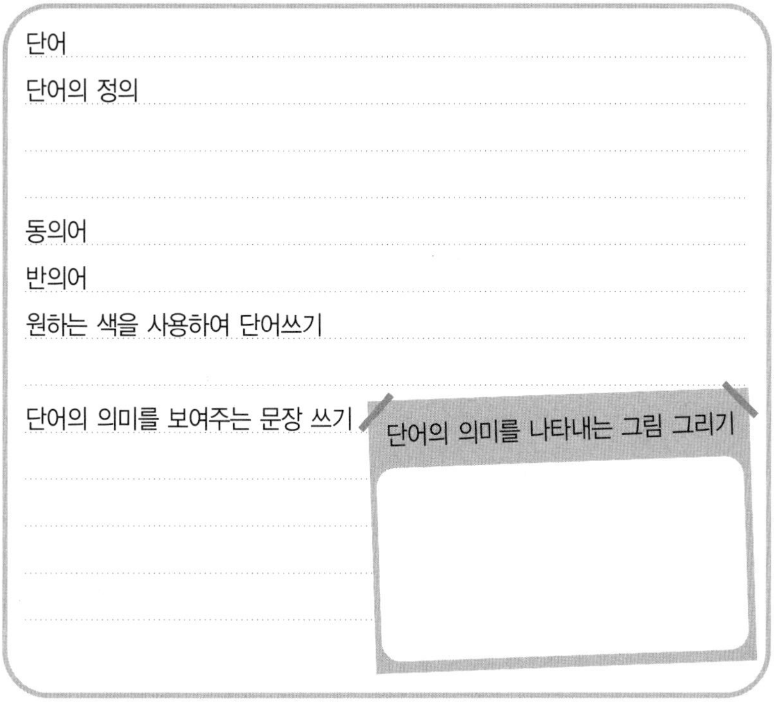

단어

단어의 정의

동의어

반의어

원하는 색을 사용하여 단어쓰기

단어의 의미를 보여주는 문장 쓰기　단어의 의미를 나타내는 그림 그리기

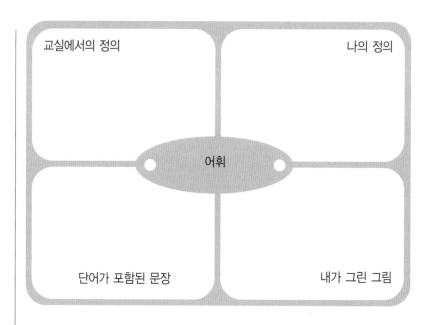

교실에서의 정의

나의 정의

어휘

단어가 포함된 문장

내가 그린 그림

프레어 모델

이 전략은 학생들에게 어휘를 보다 심층적으로 학습할 수 있도록 도와주기 위해 위스콘신대학교의 도로시 프레어 교수와 그 연구원들이 고안한 것이다(Wormeli, 2004). 어휘의 개념과 정의, 특징, 예시, 비예시(과일이라는 개념을 설명할 때, 예시로 드는 것은 사과, 비예시로 드는 것은 양파 등으로 이해) 등을 적도록 하여 단어의 의미를 이해할 수 있도록 도와 준다.

〈그림 7.2〉프레어 모델

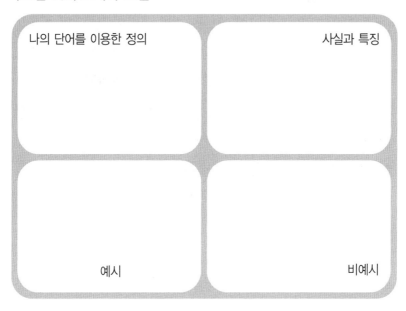

나의 단어를 이용한 정의	사실과 특징
예시	비예시

준비 되었나요? 좋아요, 시작!

나는 어휘 단어를 기억하는데 도움이 될 수 있도록 학생들이 신나게 소리치고, 소란스럽게 떠들도록 한다. 방법은 간단하다. "C를 주세요! L도 주세요, 이번에는 A! S는 어디 있나요? S하나만 더 주세요! 철자는 어떻게 되지요? Class가 되었죠? 무슨 뜻일까요?"

교실에서 아이가 마음대로 말하면서 단어를 만들게 하는 것이다. 학생이 마음대로 소리 지르고 외치고, 행동하도록 그냥 두기 바란다. 아이들은 창의적이고 즐겁게 참여할 것이다. 참여와 행동을 통해 어휘 단어에 대한 기억은 더욱 좋아질 것이다.(단어와 문장을 만들기 위해 알파벳 카드를 미리 준비해 둔다. 이 카드는 학생이 교사 또는 카드 배급을 담당하는 학생에게 큰 소리로 요청해야 받을 수 있게 한다. 목표 어휘를 사전에 제공하는 것이 보다 효과적이다. 이 활동을 시작하기 전에 학생들에게 관련 규칙을 설명한다. 모두 이해하였다면, "준비되었나요?"라고 묻고 학생이 "예"라고 대답하면 "좋아요, 시작!"을 외친다.)

그대로 멈춰라

학생들을 작은 그룹으로 나눈다. 단어가 기재된 카드를 그룹별로 나누어 주고, 활동 규칙을 설명해준다. 각 그룹별로 나누어주는 단어는 모두 다르게 할 수도 있고, 일부만 다르게 할 수도 있다. 물론 모든 단어는 사전에 알려 준다. 카드에 쓰여진 단어는 그룹 구성원이 모두 다 함께 '멈춤 동작'으로 표현해야 한다. 단어 뜻을 잘 설명할 동작과 방법을 미리 토의하도록 하면 좋다. 평가는 다른 그룹이 표현한 단어를 맞추었는지 여부와 자기 그룹의 단어를 제대로 표현해 냈는지를 보는 것이다. 시간을 주고 각 그룹에 제공된 단어와 교실 내에 나누어진 전체 카드의 단어를 공부하도록 한다. 인덱스 카드를 넘겨가며 학습을 하도록 한 다음, 예기치 않은 순간에 교사가 "멈춰!"라고 외친다. "멈춰"라는 지시에 따라, 각 그룹은 손에 든 카드에 기재된 단어를 몸동작으로 묘사해야 한다. 가령, 표현해야 할 단어가 *ambush*(매복)이라면, 해당 그룹의 학생들은 한 명의 학생을 잡으려고 숨어서 기다리는 것과 같은 동작을 취하고 있어야 한다. 시간 제한을 두는 것이 좋다. 각각 서로 다른 그룹이 표현한 단어를 추측하여 답을 말해보고, 단어를 가장 잘 표현한 그룹은 어느 그룹이었는지 등에 대해서도 토의해 본다.

나는 누구지?

파티장소에서 처음 만난 사람들 간에 가끔 느끼게 되는 서먹서먹한 감정을 없애주도록 고안된 게임에서 아이디어를 얻었다. 파티장소에 도착하면, 누군가가 당신의 등에 유명인사의 이름을 붙여준다. 이제 당신은 파티장 이곳 저곳을 돌아다니며 자신을 (실제 이름으로) 소개한다. 그리고 만난 사람에게 오직 '예/아니오'로만 대답할 수 있는 질문을 해서 자신의 등 뒤에 쓰여진 유명인사가 누군지 추측해 나간다.

교실에서는 이름 대신 단어를 사용한다. 인덱스 카드에 원하는 단어를 적고, 학생마다 등 뒤에 단어 하나씩을 테이프로 붙여둔다. 학생은 교실을 돌아다니며, 자신의 등에 붙어있는 단어를 확실히 말할 수 있을 때까지 다른 학생들에게 질문을 계속한다.

비밀 단어 말하기

앞서 살펴 본 "나는 누구지?" 게임과 비슷하다. 다만, 학생이 가지고 있는 단어를 미리 알려준다는 점이 약간 다를 뿐이다. 학생 자신의 인덱스 카드에 단어를 쓰고, 카드 뒷면에는 간단하게 단어의 정의를 쓴다. 학생은 자신의 단어를 교실 안에 있는 모든 학생에게 가르쳐주며, 동시에 다른 학생의 단어를 학습해야 한다. 학생은 새로운 단어와 그 뜻을 적을 수 있도록 연습장이나 종이를 가지고 다니며 활동한다. 다른 학생들의 단어를 최대한 많이 적는다.

단어 벽 빙고 게임

교실 안 단어 벽을 이용하여, 제 2군이나 제 3군에 속하는 단어를 배우는 게임으로 학생들이 매우 즐거워하는 활동이다. 교사는 단어 벽에 학습해야 하는 단어 목록을 적어 놓는다. 학생은 각자의 종이 위에 3x3 또는 4x4 등과 같은 격자를 그려 놓는다. 격자 안은 벽에 있는 단어 중에서 학생 자신이 소리 내어 읽고, 그 단어의 의미를 말 할 수 있는 단어들로 채워야 한다. 학생들은 돌아가면서 한 사람씩 단어 벽에 쓰여져 있는 단어를 읽고, 그 의미를 말한다.(읽지 못하거나, 뜻을 모르는 단어는 인정하지 않는다. 그래서 미리 학습해 두어야 한다.

어휘 학습 시간은 단어 빙고게임을 시작하기 전이나, 게임 중간에 적절히 제공한다.) 읽고 뜻을 말한 단어들은 체크해 둔다. 다른 학생이 말한 단어도 체크할 수 있다. 가장 먼저 격자의 모든 공간을 채운 학생이 승자가 되는 게임이다. 교사는 학생들이 단어를 읽고 의미를 말하는 것을 들으며, 필요할 경우 적절히 지도하거나 학생간의 토론 활동을 유도한다.

 **요약정리**

어떤 분야를 공부하든지 어휘력을 쌓기 위해서는 상당한 시간이 필요하다. 마자노와 칼레톤의 「Vocabulary Games for the Classroom(2010)」과 본 장에서 언급한 여러 자료들을 적극 활용하기 바란다. 표준 어휘는 학생들에게 반드시 가르쳐야 한다. 또한 학생들이 제 2군과 제 3군에 속하는 어휘를 지속적으로 늘려나갈 수 있도록 깊은 관심을 가져야 한다.

제8장

이해력 Comprehension

Wiring the Brain for Reading

제 8장 | 이해력 Comprehension

　지금까지 우리는 베르니케 영역과 브로카 영역, 언어 영역과 읽기 영역이 포함되는 두뇌의 언어 경로와 읽기 경로를 살펴보았다. 베르니케 영역은 학습한 단어의 심적 어휘를 포함한다는 것도 기억할 수 있을 것이다. 일부 학생들의 두뇌는 자신의 관심 분야나 학습 분야의 심적 어휘들로 가득 채워져 있다. 예를 들어, 여섯 살 잭은 공룡이나 시카고 시내의 도로에 대해서는 많은 내용을 말할 수 있을 것이다. 누군가가 나에게 공룡과 시카고 시내 도로에 관해 설명하라고 한다면, 이야기해 줄 내용이 별로 없다. 만일 잭이 지금까지 관심 갖고 있던 주제에 관한 책들을 읽게 되면, 부족한 상태로 남아있던 자신의 또 다른 '여백을 채울 수 있게' 된다. 글을 재미있게 쓰는 작가들은 일반 독자들이 그 내용을 잘 이해할 수 있도록 최대한 자세하게 정보를 제공한다. 독자들이 지루하게 느낄 정도로 너무 상세하게 다루지는 않지만, 충분한 정보 전달을 위해 노력하는 것이다.

　관련 사례를 하나 들어보도록 하자. "지난 주말, 여동생이 자기 아이를 데리고 왔었답니다. 월요일에는 그동안 모자랐던 잠을 보충해야겠어요."

　이 짧은 문장 속에서 아침 일찍 잠을 깼거나, 늦은 시간까지 잠자리에 들지 못해 잠을 충분히 잘 수 없었다는 것을 유추해 낼 수 있다. 해석을 다르게 하는 사람들은 아이와 재미있게 놀아주느라 당사자가 피곤해 한다고 생각할 수도 있다. 물론 이야기를 전개해 가면서 작가는 잠이 모자라게 된 이유를 자연스럽게 설명할 것이다. 하지만 자기 집에 어린 아이가 방문한 경험이 없는 독자는 위에서 예시한 문장에 대해 특별한 의미를 부여하지 않을 수도 있다. 그다지 중요하지 않는 문장이라 생각할수도 있을 것이다. 두뇌가 어떤 내용에 대해 의미를 부여하지 않으면, 두뇌는 아주 간단히 관심 밖의 내용을 무시해 버린다.

같은 문장을 읽고, 개인별로 이해 수준이 다른 이유를 알아보자. 네 살 에이미에게 책을 읽어 주었다. "나는 새로 산 새끼 고양이를 데리고 집으로 갔습니다. 스프렌저 아저씨는 화가 났어요." 에이미는 스프렌저 아저씨가 화가 난 이유를 알고 싶어했다. 왜 스프렌저 아저씨가 화가 났는지 에이미의 생각을 물어보자, 에이미는 "스프렌저 아저씨는 여기를 떠나는 것이 슬픈 것 같아요." 라고 말했다. 에이미는 내가 말한 두 문장을 따로 분리한 후, 두 번째 문장에 한정된 배경지식을 중심으로 대답했던 것이다.

"스프렌저 아저씨가 화를 낸 이유는 내가 새로 산 새끼 고양이들을 집에 데리고 왔기 때문입니다."라고 다음 문장을 읽어주자 에이미의 머리 속에 있는 모든 의문이 해소되었다. 에이미의 눈이 빛났다. 그리고는 왜 스프렌저 아저씨가 조그맣고 예쁜 고양이를 좋아하지 않는지 알고 싶어 했다. 아이의 고양이에 대한 배경지식은 TV를 통해 함께 보았던 경험, 고양이와 함께 놀았던 경험, 책을 통해 고양이에 대해 느꼈던 경험 등으로 얻어진 것이었다. 만약 아이가 고양이에 대한 다큐멘터리를 보거나 책을 읽고 고양이가 어떤 동물인지, 또 고양이에게 필요한 것은 무엇이며 어떤 습성을 가지고 있는지 등을 알았다면, 처음 두 문장을 연결시킬 수 있었을 것이다.

핵심을 말하자면, 우리들은 모두 자기자신의 선험지식과 배경지식에 근거하여 문장의 의미를 이끌어낸다. 본 장에서 다루는 이해력과 관련하여, 학생이 '무엇'을 가지고 교실로 들어오는지가 매우 중요하다는 점을 명심해야 한다.(나는 무엇을 가지고 교실로 오는지가 중요하다고 했다. 그 '무엇'이 어떤 것이라고 생각하는가? 혹시 책, 가방, 연필, 지우개 등이 생각나는가? 아니면 텍스트에 대한 사전경험, 어휘, 다른 수업시간이나 일상생활 속에서 얻은 지식 등이 생각나는가?)

버지니아대학교 심리학과 교수 댄 윌링햄은 "읽기 테스트에서 좋은 점수를 받은 아이라고 해서 실제로 '읽기 능력'을 갖춘 것은 아니다. 읽기 테스트에서 좋은 점수를 받은 아이는 세상살이에 대해 잘 아는 아이, 즉 여러 가지 사항들에 대한 선험지식이 있는 아이이며, 이들 대부분은 읽기 테스트에서 무엇을 묻든 그 질문 내용을 이미 잘 알고 있다"(Strauss, 2009)라고 말한다.

월링햄은 멋지게 요점을 정리하고 있다. 그의 생각을 따라가 보되, 약간 비틀어서 살펴보도록 하자.

읽기에 어려움을 겪었던 때가 언제였나요? 작가이자 교사인 더크 피셔는 자신이 읽기를 어려워하던 당시의 경험을 회상하며 의견을 나누었다(Fisher, Brozo, Frey, & Ivey, 2011). 더그 피셔는 두뇌에 관하여 가능한 한 많은 것을 알아야겠다고 마음먹은 때가 바로 읽기에 어려움을 겪었던 시기였다고 말한다. 이미 많은 교육을 받은 전문가인 더그는 '신경학 101 강좌'라고 이름 붙여진 두뇌 관련 강좌를 수강하기로 했다. 신경학 101 교재는 두뇌의 구조와 기능에 대한 배경 지식과 두뇌관련 어휘가 아주 많이 있었다. 더그는 신경학 101의 수준이 자신의 읽기 수준을 넘어서는 것이었다고 말한다. 자신의 수준을 넘어서는 교재를 읽어야 하는 더그의 경우처럼, 이제 막 책 읽기를 시작하는 아이는 특정 단어를 이해하기 위해 잠시 멈추어야만 한다. 더그가 신경학 101 교재에 등장하는 특정 단어를 보고, 그 뜻을 생각해 내기 위해 오랫동안 멈추는 것처럼, 여섯 살 잭과 같은 아이도 생소한 단어를 접하면 그 의미를 알아내는데 많은 시간, 혹은 상당한 인내력이 필요하게 된다. 하지만 여기서 멈추면 좋으련만, 갈수로 문장은 더 길어지고 복잡해진다. 더그와 잭은 어떻게 해야 할지 몰라 헤매게 되고, 읽기의 즐거움을 잃어버리는 결과로 이어지기 쉽다. 성인이 된 더그는 그 동안의 오랜 경험을 통해, 책 내용을 이해하려면 몇 번이고 다시 읽어야 한다는 사실을 잘 안다. 하지만 안타깝게도 잭은 살아온 세월이 그다지 길지 않다. 경험이 별로 없었다는 의미이다. 잭은 그저 빨리 다음 페이지로 넘어가기만을 바랄 것이다. 혹시 다음 페이지가 읽기에 더 쉬울 수도 있겠지만 그렇지 않다면 잭은 포기하게 될 것이다.

두뇌 관련 정보를 얻기 위해 노력하던 더그는 이해하기 훨씬 쉬운 책을 한권 발견했다. 책 내용을 쉽게 이해할 수 있게 되자, 더 많은 정보를 흡수할 수 있었다. 그런 후에는 두뇌와 관련하여 좀 더 깊이 있는 지식을 쌓아 갈 수 있었고, 차근차근 단계를 밟아 더욱 전문적인 두뇌관련 내용까지도 이해할 수 있게 되었다. 이제 여섯 살인 잭의 경우도 마찬가지일 것이다. 아이의 수준에 맞는 책을 찾는 것이 필요하다. 지금 보고 있는 책을 잠시 내려놓고, 흥미를 가지고 읽을 수 있는, 수준에 맞는 책으로부터 다시 출발하는 것이 중요하다.

교사는 읽기에 어려움이 있는 학생에게 이해력 향상 전략을 가르쳐 주며, 학생을 도와줄 수 있는 뛰어난 재능을 지닌 사람들이다. 이와 관련한 내용은 다음 부분에서 언급할 것이다.

읽고 이해하는 시범 보여주기

누군가에게 읽기를 가르치기 시작할 때, 가장 기본적인 방법은 소리를 내어 읽어주는 일이다. 이 책을 통해 내가 분명히 말하고 싶은 점이 바로 '소리 내어 읽기' 활동의 중요성이다. 내용에 빠져들며 기쁜 마음으로 책을 읽는 아이로 만들 것인지, 아니면 한 페이지에 시선이 머물다 결국 책을 덮어 버리는 아이로 만들 것인지는 부모나 교사의 읽기 지도 방법에 달려있다! 두뇌는 흉내를 내기 위해 뉴런들이 서로 강하게 연결된다는 것을 기억하기 바란다. 이 선천적인 흉내 내기 능력은 거울 뉴런으로부터 시작된다.

소리 내어 글을 읽고, 그 글이 말하고자 하는 내용이 무엇인지에 대한 생각을 나누면서, 우리는 다른 독자들이 텍스트에 접근해 가는 방법을 따라가게 된다. 자신이 어떤 생각을 하고 있는지를 생각해 보는 능력을 초인지(metacognition) 능력이라고 한다. 어떤 문장에서 의미를 발견하지 못할 경우, 우리는 그 문장에서 무언가 놓친게 없었는지 다시 확인하기 위해 계속 읽어보게 된다. 하지만 계속된 노력으로도 부족하면, 작가의 의도나 주제를 알기 위해 훨씬 앞에 나온 문장까지 되돌아가 다시 읽게 될 것이다. 학생들과 함께 읽는 과정을 공유한다면, 학생의 읽기 뉴런이 발화하고, 그 뉴런들은 서로 강력하게 연결될 수 있다.

학생들의 읽기지도 방법을 제시하기 위해 '읽기와 두뇌 속 뉴런 연결망'이라는 주제로, 교사들에게 강연한 적이 있다. 당시 특정 텍스트에 대한 '읽고 이해하는 시범 보여주기'의 중요성을 일깨우기 위한 목적으로 여러 교과목 담당 교사들에게 몇 가지 질문을 던졌다.

질문은 읽기능력에 관한 주제로부터 시작해 나간다.

ㅣ 제시된 주제와 관련된 문장을 학생들이 이해할 것으로 기대합니까?

ㅣ 다른 교과목에서는 사용하지 않는 특별한 어휘들이 포함되어 있습니까?

ㅣ 가르치는 교과목에서 사용되는 의미와 다른 의미로 사용되는 단어가 있습니까?

ㅣ 특별한 어휘나 교과목마다 서로 의미가 다른 단어를 가르치는 것은 누가 해야 할까요?

모든 교과목 교사는 곧 읽기 담당 교사라는 점을 강조하고 싶다. 이미 들었던 말일 것이다. 이 책을 읽는 사람들이 모두 읽기 지도 교사가 되어야 한다는 말이 아니다. 교실에서든 가정에서든 우리가 책임지고 있는 아이에게 무엇인가를 가르쳐야 한다면, 최소한 자신이 가르치는 주제에서는 자기 자신이 모델이 된다는 점을 분명히 자각해야 한다.

이해력을 향상시키는 전략

모델화 시킬 수 있는 이해력 향상 전략은 많다. 교사가 어떤 생각을 하느냐에 따라 학생들이 이해력 향상 전략을 경험할 수도 있고, 경험하지 못할 수도 있다는 사실이 중요하다. 교사가 효과 없는 전략을 사용하면, 학생들은 텍스트를 이해하기 위해 스스로 다른 방법을 찾아 나서게 될 것이다.

목적

교과목 담당교사들은 처음에 학생들에게 특정한 텍스트를 선택한 이유를 설명한다. 즉 학생들에게 그 책을 읽어야 하는 목적이 무엇인지를 설명하는 것이다. 아래 KWL 차트는 학생들의 선험적 지식을 정리하는데 유용한 활동이다.

K(내가 알고 있는 것)	W(내가 알고싶은 것)	L(내가 배운 것)
What I know	What I want to know	What I learned

KWL차트의 전체적인 사용법 등에 관해서는 뒤에서 보다 상세하게 설명할 것이다. "K"와 "W" 두 부분은 지금 언급하는 것이 좋을 것 같다.

학습 주제를 정하고, 가르치는 것은 교사의 몫이다. 남북전쟁

267

(Civil War)을 주제로 선택하였다면, 브레인스토밍 방법을 사용하여 교실 내의 모든 학생이 "자신들이 알고 있는" 남북전쟁에 관한 선행지식을 토대로 "K" 공란을 모두 채우도록 한다. "K" 공란에 기록된 내용 가운데에는 정확한 내용도 있고, 정확하지 않은 내용도 있을 것이다. 학생들에게 수정할 시간을 주는 것이 좋다. 다음에는 "내가 알고 싶은 것(W)"을 채워갈 차례다. "W"는 학습목표가 될 것이다.

왜 읽는지, 읽는 목적을 아는 것이 두뇌에 도움이 될까? 두뇌는 예측가능 할 때 안전하고 편안하다고 느낀다. 무슨 일이 일어날 것인지를 알고 있으면, 망상활성화 시스템(뇌의 정문에 있는 검문시스템. 감각기관으로부터 입력되는 정보들 중 중요한 것에만 관심을 집중하고 기억할 수 있도록 함)이 편안한 상태에서 활발하게 기능하게 된다. 또한 두뇌로 유입되는 정보가 조절되고, 고차원적 사고 수준을 요하는 내용까지도 어렵지 않게 전달된다(Sousa & Tomlinson). (이러한 정보는 두뇌가 학습을 하도록 준비시킨다. 즉, 두뇌가 특정한 정보에 주의를 기울이게 한다). 이것은 새로운 책을 보게 될 경우, 먼저 그 책의 목차를 보는 것과 같다. 목차에는 중요한 단어들이 나열되어 있을 것이며, 그 단어들 가운데 일부는 두뇌에 저장될 것이다. 이어서 실제 책을 읽어갈 때는 조금 전 목차를 통해 보았던 단어들이 여러 곳에서 나타날 것이다. 학생은 이미 본 단어이기에 낯익은 단어로 느끼게 되고, 전체 내용을 통합하고 이해하는 것이 훨씬 더 쉬워지게 되는 것이다.

시각화 하기

　시각화, 즉 말하고자 하는 내용을 그림으로 표현하여 전달하면, 학생들은 그 내용을 훨씬 쉽게 기억할 수 있게 된다. 나도 무엇인가를 잘 잊어버리게 되는 중년층 대상 강의에서는 그림을 통해 쉽게 기억될 수 있는 방법을 이용해보려고 노력한다. 시각화는 기억하기 위한 가장 손쉬운 방법이지만, 이 전략을 제대로 사용하는 사람들은 거의 없다. 두뇌는 시각적 기억력을 높이기 위해 그림으로 만들어 줄 것을 요구한다.

　중학교 2학년 학생을 대상으로 남북전쟁에 관한 수업을 할 당시, 나는 학생의 기존 지식을 최대한 끄집어 내고, 학생들이 남북전쟁을 마음 속에 그려볼 수 있도록 가급적 많은 정보를 제공해 주었다. 남북전쟁에 관한 몇몇 장면들이 회상되고, 마음속에 그려지면, 학생의 여러 감각기관들이 하나 둘씩 깨어나기 시작한다. 나는 수업 때마다 학생에게 남북전쟁은 여러 면에서 흥미로운 주제라고 말하며 수업을 시작하곤 했다. 감정은 전이된다. 내가 남북전쟁이라는 주제에 흥미를 갖고 있는 것처럼, 학생들 또한 나와 같은 흥미를 느낄 수 있도록 내 감정을 알려주려고 최대한 노력하였다. (감정은 전염된다. 나는 학생들이 느꼈으면 하는 감정을 학생들에게 보여주고 싶다.)

다음 주부터는 남북전쟁에 관해 학습할 겁니다! 역사수업 중 내가 가장 좋아하는 시간입니다. 농장을 소유하고 있는 농장주들은 아주 멋지고 아름다운 옷을 입고 풍족한 음식을 먹는 등 각종 부를 누리고 있었지요. 반면 남쪽 지방의 노예들은 힘들고 어려운 하루하루를 견뎌내야만 했습니다. 노예신분의 사람들은 자기 주인들로부터 많은 학대를 받았지만, 어떻게 해결해야 하는지를 알지 못했죠. 당시에는 모두 노예제도가 너무나도 당연한 것이라고 생각했답니다. 생각과 제도를 바꿔야 했기에 남북전쟁은 미국 역사상 최악의 희생자를 낸 전쟁이었습니다. 앞으로 우리가 함께 공부할 남북전쟁에 대해서 여러분들 모두가 수많은 사람들이 희생된 역사의 현장에 서 있다고 생각하면서, 많은 교훈을 얻기 바랍니다.

이렇게 말한 다음 나는 잠시 침묵했고, 학생 또한 말없이 생각에 잠기도록 했다. 학생의 눈동자가 위로 움직이다가, 다음에는 왼쪽과 오른쪽으로 움직여가는 것을 볼 수 있었다. 학생의 눈동자가 오른쪽을 향할 때에는 그림을 그려내는 때이고, 위쪽과 왼쪽을 향할 때에는 함께 나눈 배경 지식 정보와 그림을 더욱 구체화하고 있는 때이다(Payne, 2009). 학생은 남북전쟁에 관해서 더 많은 내용들을 알고 싶어 했다. 학생이 관심을 표할 때, 그 학생을 역사책 속으로 잘 안내하는 것이 교사의 역할, 즉 나의 역할이었다. 내가 해야 할 일은 학생을 역사책 속으로 데리고 가는 일 뿐이었다. 역사책 속에서 학생들은 전쟁터의 수많은 병사들, 병사들을 피해 몸을 숨기는 노예들, 무도장에서 춤추는 부잣집 사람들 등 당시 현장을 생생하게 느끼고 그림을 그려볼 수 있다.

예측

사람들은 왜 내기를 좋아할까? "나는 확실히 이 답을 알고있어," "틀림없이 너는 나 보다 공을 멀리 칠 수 없어." 두뇌는 답을 맞추는 것을 좋아 하기 때문에, 내기를 하는 것은 두뇌를 위한 아주 좋은 방법이다. 전전두엽은 도파민 방출을 좋아한다는 앞장의 내용들이 기억나는가? 내기를 할 때마다 우리의 뇌는 보상을 기다리고 있다는 것이 증명되었다. 약간의 도파민 방출로도 삶은 더 즐거워진다. 약물과 같다고 생각되는가? 두뇌를 위한 약물! 좋은 느낌을 주고 내부의 힘이 발산되는데, 함께 느껴 보아야 하지 않는가!

교사가 질문을 하고 학생들이 대답하기 위해 손을 들 때마다, 학생들은 자신이 옳은 답을 가지고 있다고 확신한다. 또 자신이 손을 들면, 교사가 자신에게 말할 기회를 줄 것이라고 확신하고 있다. 하지만 손을 든 학생은 자신의 답이 틀릴 수도 있고, 교사가 자신에게 기회를 주지 않을 수도 있는 위험을 감수하며 손을 들었다. 왜 그러한 위험을 감수했을까? 두뇌가 이것을 좋아하기 때문이다. 발표한 내용이 정답과 거리가 멀어 도파민 방출이 거의 이루어지지 않았다면, 두뇌는 행복하지 않을 것이다. 하지만, 좋은 점은 두뇌가 빨리 배우고 그것을 잊지 않는다는 것이다. 그리고 다시 도파민을 받기 위해 정답에 도전한다.

학생이 읽고 있는 책 내용이 어떻게 전개될지 예상해 보는 활동을 재미있게 하기 위해서는 약간의 노력이 필요하다. 감정은 전염

271

된다는 점을 명심해야 한다. 당신이 다음에 어떤 일이 전개될 것인지를 예측하는 것을 재미있어 하고 학생에게 그 모습을 보여주면, 흥미와 열정은 순식간에 교실 전체로 번져나가게 될 것이다. 여기서 가장 중요한 요소는 예측 활동이 교육을 기반으로한 추측이어야 한다는 것이다. 즉, "지금까지 읽어온 것을 근거로 앞으로의 내용을 예측 할 수 있다."

학생에게 지금까지 어떤 경험을 해 왔는지 질문함으로써, 어떻게 예측할 것인지를 보여줄 수 있을 것이다.

너희들은 어떤 일이 일어날 것이라고 예측하고, 그 예측이 그대로 맞았던 경험이 있을 거야. 무엇을 근거로 예측했니? 어떤 일이 일어날 것이라고 예상했는데 그렇지 않았던 적이 있었니? 예측을 할 때 빠뜨린 정보는 없었니? 아주 작은 정보만으로도 훌륭한 예측을 할 수 있단다. 이 책의 표지를 다시 한번 보면서 시작해 볼까?

능동적 질문법

질문은 예측의 한 유형이다. 학생들이 질문을 할 때, 자기의 예측이 맞았는지 확신하지 못하는 경우가 많다. 능동적 질문은 학생 스스로 생각하여 묻는 질문이다. 교사의 물음에 수동적으로 대답하는 수동적 질문과는 달리 질문이 질문을 낳는 방식으로 올바른 답을 이끌어내는 방식이다.

중등교사 시절 나는 학생의 쓰기지도에 질문을 통한 수업방법을 자주 사용하였다. 학생들에게 몇 개의 작문 주제를 제시한 뒤, 각자 주제를 선택하게 했다. 그리고 난 다음 학생 스스로 선택한 주제에 대해 생각하고, 어떤 내용의 글을 쓸 것인지를 두 세 줄 문장으로 써 보도록 했다. 또 같은 주제를 선택한 3~4명의 학생들끼리 소그룹을 형성하여 주제에 대한 각자의 생각을 발표하도록 하였다. 발표자의 발표를 듣고 난 다음, 나머지 학생은 발표자에게 반드시 3개 이상의 질문을 적도록 하였다.

학생 중 한 명은 온 가족이 미시시피 주에 사시는 할아버지, 할머니 댁을 찾아 가던 중 발생한 좋지 않았던 경험을 이야기의 주제로 정하고, 두 세 줄 문장을 다음과 같이 썼다. "작년 여름, 엄마, 아빠, 언니, 남동생과 함께 할아버지, 할머니 댁에 가던 길에 호텔에 묵어야 했다. 우리는 나중에 이 호텔을 '바퀴벌레' 호텔이라고 불렀다." 이 문장이 그 아이가 쓴 내용의 전부였다.

같은 그룹에 속한 학생들은 즉시 말하기 시작했다. 나는 말로 질문하기 전에 질문할 문장을 만들어야 한다고 상기시켜 주었다.

질문을 적고 난 아이들은 활발히 질문하기 시작했다.

l 바퀴벌레를 보았니?

l 너, 그 호텔에서 잤니?

| 바퀴벌레는 어디에 있었니?

| 호텔의 진짜 이름은 뭐였어?

| 이전에 바퀴벌레를 본 적이 있었니?

| 바퀴벌레는 몇 마리나 있었어?

| 방에 바퀴벌레 잡는 도구는 있었니?

이 방법은 아이들 간에 활발한 질문이 오가게 하는 훌륭한 접근 방법이 되었다. 학생에게 자신의 이야기를 적게 하고, 다른 학생들의 질문에 가능한 많은 대답을 하도록 했다. 질문을 잘하도록 격려하면서 다른 학생이 알고 싶어할 것으로 생각되는 질문을 자기 스스로에게도 해 보도록 지도하였다

능동적 질문 방법은 학생이 읽고 있는 내용에 대한 질문을 하도록 하기 위해서 교사가 반드시 알아두어야 할 전략이다. 이 전략은 '큰 소리로 생각하기(think-aloud)'라고 부른다. 이 방법을 다시 정리해 보면, 먼저 학생에게 책을 소리 내어 읽어준 뒤, 일정 시간마다 읽기를 멈춘 다음 지금까지 읽었던 내용 중에서 궁금하거나 질문할 사항은 없는지 물어본다. 예를 들어 보자. 유대인 대학살을 가르쳐야 하는 시간이라면, 학생들에게 안네의 일기를 나누어 주기 전에 그 책을 간단히 요약한 글을 먼저 읽도록 한다.

아래 내용은 책을 읽으면서 떠오르는 질문을 제시하는 방법을 보여준다.

> "우리 유대인 가족과 친구들이 길게 무리 지어 어디론가 끌려가고 있어요.(Our many Jewish friends and acquaintances are being taken away in droves.)"
> 여기서 'droves' 라는 단어가 가리키는 의미가 궁금해요. 자주 본 단어가 아니에요. Holocaust(유대인 대학살)에 대해 내가 알고 있는 것은 600만명의 유대인이 죽었다는 거예요. 그래서 나는 'droves' 라는 단어가 '많은 사람들, 무리들' 이라는 의미로 생각했어요. 혹시 주변에서 'droves' 라는 단어를 다른 문맥 속에서 사용하는 경우를 본 적이 있는지 말해 볼 사람은 없나요? 혹시 예전에 읽었던 책에서 보았거나, 어디 다른 곳에서 들어본 적이 있나요?
> "게슈타포(The Gestapo)…"
> 예전에 '게슈타포' 라는 단어를 읽었던 기억이 납니다. 그런데 무슨 뜻이지요? 독일 경찰이라는 단어라고 생각해요.
> "이들은 사람을 무자비하게 다루고 닥치는 대로 잡아들여서 웨스테르보르크 수용소로 보냈다…"
> 웨스테르보르크가 정확히 어디에 있는지 궁금하네요. 이 책에 지도가 있을 거예요. 꼭 봐야겠네요.
> " . . . 그들은 모든 유대인을 드렌테(Drenthe) 지역에 있는 커다란 수용소로 보냈다. 네덜란드에서도 이곳은 오지인데 왜 독일인들은 그렇게 멀고, 개발되지도 않은 곳에 유태인을 보내고 있을까? 수용소로 보내졌던 대부분의 유대인들은 살해되었다. 영국 방송에서는 유태인들이 가스실에서 처형되었다고 말하고 있다."

안네가 '안네의 일기'를 쓰기 전에 가스실에서 처형되었던 사람들에 관해 글을 쓴 적이 있을까요? 구글에서 찾을 수 있을지 궁금하네요. 예전에 읽었던 모험소설이 하나 기억 나는데, 그 소설에서 병사들은 방안에 상자를 던지기 전에 방독면을 썼어요. 상자 틈새로 연기가 새어 나왔고, 방독면을 쓰지 못한 사람들은 공기가 부족해서 심한 기침을 하던 장면이 있었어요. 혹시 이것과 비슷한 장면이 연상되는 글을 읽었던 기억이 있는 학생이 있나요?

이렇게 교사들은 자주 질문-답변 관계(QAR) 전략(Raphael, 1986)을 사용한다.

여기에는 다음과 같은 네 가지 유형이 있다.

| 책 속에서 답을 구할 수 있는 질문.

이 질문은 텍스트를 자세히 보면 해결되는 질문이다. 예를 들어, "이 스토리의 주인공은 누구지?"와 같은 질문이다. 이러한 질문은 비판적 사고나 분석적 사고가 필요하지 않다. 질문은 쉽게 해결될 수 있지만, 중요한 것은 학생이 스스로 경험하고 관련 정보를 연결시켜 장기기억에 담아둘 수 있게 해야 한다.

| 생각하고 찾아보아야 답할 수 있는 질문.

이 질문은 학생이 질문의 취지에 대해 생각하고, 텍스트로부터 정보를 수집해야 해결되는 유형의 질문이다. 예를 들어, "이 이야기에서 주인공은 다른 등장 인물들에게 어떤 반응을 했지?"와 같은 질문이다. 이러한 질문에 답하기 위해 학생은 어디서 관련 정보를 찾아야 할지 생각을 할 수 있어야 한다.

| 작가와 자신에 관한 질문.

이 질문은 텍스트 자체로부터는 그 해답을 얻을 수 없다. 작가가 말한 내용을 토대로 유추를 해보아야만 답을 구할 수 있다. 예를 들어, "작가가 관련 문제를 적절히 해결했다고 봅니까?"와 같은 질문이다. 이러한 질문에 답하기 위해 학생은 작가가 쓴 내용을 분석하고, 학생 자신이 여러 다른 상황에서 배우고 경험했던 배경지식, 기억, 실제 생활, 또는 다른 텍스트 등을 사용해서 평가해 보아야 한다.

| 독자 자신에 관한 질문.

이 질문 또한 텍스트만으로는 그 해답을 얻을 수 없다. 이러한 유형의 질문에 대답하기 위해서는 자신의 지식과 생각을 가지고 있어야 한다. 예를 들어, "만약 당신이 길을 잃었다면, 어떤 느낌을 갖게 될 것이며, 문제를 어떻게 해결할 수 있었을까?"와 같은 것이다. 이런 유형의 질문에 대답하기 위해서는 사고와 감정이 모두 필요하다. 우리 두뇌는 감정 시스템과 인지 시스템이 서로 연결되어 있다(Sprenger, 2010). 이러한 질문을 통해 교사는 학생이 독서하는 중에 자신의 실제 상황과 책 속의 가상 상황을 비교, 대조할 수 있도록 자극하고, 책과 일상을 교류시키는 멋진 시간을 학생들에게 제시하게 된다.

블룸 질문법

나는, 어떻게 하면 블룸의 학습목표 분류를 몸에 새길 수 있을지에 대해 자주 이야기 나누곤 했다. 블룸의 분류체계를 사용한 질문은 학생이 읽고 있는 내용을 제대로 이해했는지를 파악하는데 매우 유용하다. 블룸의 분류 체계는 오랜 기간 동안 발전되어 왔다.

나는 개정된 분류법(Anderson & Krathwohl, 2009)을 학생에게 적용하고 있다. 새로운 용어들과 문장들, 그리고 강조 사항을 표시하고 있어서 학생들도 좋아한다. 나 역시 블룸의 분류체계에 따른 사고력 수준을 표현한 단어들에 호감이 간다.

〈표 8.1〉은 몇 가지 예와 함께 정리된 개정 분류체계의 각 단계들이다. 낮은 단계의 질문도 학생에게 도움이 될 수 있도록 고려하며 살펴보는 것이 좋다. 당연한 말이겠지만, 높은 수준의 질문을 만들고, 이에 답하게 하면 학생들의 두뇌 및 기억력 향상에 도움이 된다는 점을 인식해야 한다. 앞서 언급한 바와 같이 질문-답변 관계(QAR) 전략은 블룸 분류체계의 여러 단계에서 다양하게 사용된다.

개정판 「Classroom Instruction That Works」 (Dean, Hubble, Pitler, & Stone, 2012)에서는 교사의 분석적인 질문이 중요하다는 것을 강조한다. 학생들이 읽고 있는 내용을 쓴 작가 혹은 관련 발표자들이 제시하는 정보에 보충할 사항은 없는지, 어떤 실수를 범하고 있는 것은 아닌지, 작가나 발표자의 관점이 무엇인지 등을 분석하라고 제안한다. 모두 수준 높은 사고력을 요구하는 것이기 때문에 교사는 질문 유형을 미리 구조화하고, 예시를 만들어 두도록 해야 한다. 그렇게 해야 학생들이 스스로 질문을 만들어 사용할 수 있도록 도와줄 수 있다.

〈 표 8.1〉 새로운 블룸 분류 체계

사고력 수준	핵심 단어 및 아이디어
기억하기	텍스트는 무엇 혹은 누구에 대한 것인가? 사건은 언제 발생했는가?
이해하기	관련 정보를 읽으며 우리가 알게 되기를 희망하는 내용은 무엇일까?
적용하기	상황이 다른 경우라면 관련 정보들을 어떻게 적용할 수 있을까?
분석하기	이미 읽어 보았거나 알고 있었던 것과 비슷하거나, 다른 정보는 어떤 것들이 있는가?
평가하기	저자가 말한 바를 검토해 볼 때, 핵심 주제나 기본주제에 대해 다르게 느끼는가?
새로 만들기	새로운 지식이 생겼다는 점을 보여주기 위해 무엇을 만들어 낼 수 있는가?

가령, 선거 기간 중이라면 학생들에게 선거 후보자들 가운데 한 사람의 연설문을 읽도록 한다. 그런 다음 연설문에서 논리적으로 잘못되었거나 실수로 보이는 정보는 없는지 물어본다. 학생은 교사의 질문에 대한 자신의 의견을 말할 기회를 갖게 되며, 이후 다른 후보자의 연설문을 읽을 때에도 학생 스스로 연설문을 분석하여 필요한 질문을 던질 수 있게 될 것이다.

텍스트 연결시키기

스테파니 하비와 안네 구드바이스(1999)는 그들의 공동저서 「Strategies That Works」에서 학생이 읽은 내용을 연결시키도록 돕기 위해 교사가 사용할 수 있는 3가지 방법을 모델화하여 보여준다. 즉, 책과 자신을 연결하기, 책과 책을 연결하기, 그리고 책과 세상을 연결하는 활동이다. 이러한 연결 작업을 통해 읽기 활동과 학생 자신의 선험 지식에 접근할 수 있게 된다. 이 연결활동은 이미 책을 다 읽은 후든, 아니면 읽고 있는 상태이든 관계없이 즉시 시작할 수 있다.

다시 잭을 등장 시켜보자. 다섯 살 난 잭은 내가 큰 소리로 읽어 주는 샬롯의 거미줄(Charlotte's Web) 이야기를 듣고 있다. 거미 샬롯이 돼지 윌버에게 자신의 거미줄 치는 목적을 설명하는 대목을 읽어주면서, 문득 잭이 얼마 전 나와 함께 곤충에 관한 책을 읽은 적이 있었다는 사실이 떠올랐다. 잭은 소설 속 거미줄 치는 장면을 묘사하는 내용이 자신이 이전에 읽었던 거미에 관련된 곤충 책과 관련이 있다는 놀라운 사실을 알게 되었고, 두뇌 속에서는 곧바로 두 텍스트 간의 연결 작업을 시도하게 된다. 또 다른 예를 들어 보겠다. 세 살이 된 잭의 동생과 할로윈 파티를 준비하는 인근문화센터에 갔을 때였다. 문화센터에서는 몇몇 아이가 할로윈 파티에서 사용할 거미 복장을 만들고 있었다. 그 아이들 가운데 샬롯의 거미줄 이야기를 읽고 있는 에이미에게 다가가서, 지금 만들고 있는 할로윈 거미가 '거미 샬롯'을 떠올리게 하지는 않는지 물었다. 에이미는 활짝 웃으며, 당연하다는 의미의 반응을 보여 주었다. 이런 작은 경험들은 책과 자신을 연결하는 활동을 더 활발하게 도와준다.

주디스 바이올스트의 「알렉산더와 정말 정말 재수 꽝인 날

(Alexander and the Terrible, Horrible, No Good, Very Bad Day)」은 모든 연령에서 책과 자신을 연결하는 활동을 할 수 있는 훌륭한 책이다. 모든 일이 좋지 않은 방향으로만 전개될 때 알렉산더가 느끼는 감정을 우리 대부분은 공감할 수 있다. 여기서 교사는 자신이 경험했던 것을 아이들에게 이야기 해주고 아이들끼리도 자신이 경험 했던 것을 서로 이야기 나누게 한다.

점착성 노트는 책과 자신의 연결, 책과 책의 연결, 그리고 책과 세상을 연결하는 활동에 도움을 준다. 학생들은 이 점착성 노트를 아주 좋아한다! 점착성 노트를 미리 준비해 둔 다음, 책을 읽을 때 서로 연결되는 내용이 나오면 그 자리에 점착성 노트를 붙인다. 그리고 관련되는 간단한 내용들을 점착성 노트에 적어두면 된다. 학생들은 토론 중이나, 읽은 내용에 대한 글을 쓸 때 점착성 노트가 붙여진 페이지를 이용하여 언급하거나, 자신의 아이디어로 다시 연결시키거나, 다른 사람들과 공유할 수 있게 된다. 이는 자신의 선험 지식을 더욱 확장시키는 멋진 방법이며, 정보를 장기 기억 속에 저장하는 방법이기도 하다. 텍스트를 읽고, 관련 사항들을 연결시키며, 점착성 노트에 필요한 내용을 적어 필요한 곳에 붙여 두고, 나중에 노트에 적어 놓은 페이지와 내용을 다시 언급하는 활동은 두뇌 속 연결을 더욱 활성화 시킨다. 감동적인 책과 자신을 연결시키는 것은 기억한 내용을 잊지 않게 도와준다.

<표 8.2> 텍스트 연결하기

책과 자신을 연결하기	· 텍스트를 읽을 때 어떤 느낌을 갖는가? · 텍스트를 읽으면, 어떤 것을 떠올리게 되는가? · 해당 스토리와 유사한 일이 나에게도 일어나는가? · 스토리와 유사한 경험을 한 사람을 알고 있는가?
책과 책을 연결하기	· 유사한 내용을 예전에 읽은 적이 있는가? · 스토리의 주제나 논제와 관련이 있는 책을 읽은 적이 있는가? · 어떤 면에서 이전에 읽었던 내용과 비슷하다고 느끼는가?
책과 세상을 연결하기	· 이야기나 책에서와 같은 내용은 오늘날 우리 일상 세계에서는 어떻게 나타날까? · TV나 라디오 등 다른 여러 종류의 미디어에서 현재 읽은 내용과 관련되는 주제나 상황을 들어본 적이 있는가? · 인터넷에서 관련 정보를 본 적이 있는가? · 현재 살고 있는 세상과 이야기 속의 세상은 비슷한가?

수업 중 점착성 노트를 사용하여 학생들이 읽고 있는 텍스트 속의 여러 연결점을 찾아내고, 스스로 질문내용을 만들어 적는 활동이 큰 도움이 된다는 것을 알 수 있었다. 〈표 8.2〉는 수업 시간에서 사용할 만한 여러 활동과 관련된 질문 유형이다. 수업 시간이 부족할 경우에는 집에서 책을 읽어오도록 하고, 질문 내용에 대한 답은 과제로 제출하게 한다.

읽기 전, 읽기 중, 그리고 읽은 후
: 두뇌와 관련된 효과적인 지도 전략

훌륭한 독서지도 교사들은 학생이 책 읽기를 시작하기 위해서는 어떤 이유가 있어야 한다는 사실을 잘 알고 있다. 또한 책 읽기를 지속하고, 읽은 내용을 이해하고 기억하며, 책을 읽은 이후에 다시 기억해 내고, 반추하는 등의 연결 작업을 위해서 어떤 일을 해야 하는지도 잘 알고 있다. 제임스 피카르트와 리차드 앤더슨(1977)은 관점을 갖고 책을 읽는 것이 얼마나 중요한지 살펴보고자 했다. 그들은 연구를 위해 두 편의 글을 선택했다. 하나는 학교를 가지 않고 놀기만 하려고 하는 두 학생의 이야기를 다룬 「The House」이고, 다른 하나는 어떤 특정한 섬에서 자라는 식물군과 동물군에 관한 이야기를 다룬 「The Island」이다.

실험 참여자들을 세 그룹으로 나누어, 각자 속한 그룹에서 스토리 하나씩을 읽도록 하였다. 한 그룹은 잠재적인 집 구매자의 입장에서 「The House」를 읽게 하고, 또 다른 한 그룹은 도둑이 되었다는 가정 하에서 책를 읽게 하였다. 그리고 나머지 한 그룹은 특정한 역할을 부여하지 않고 「The House」를 읽게 했다. 모든 참가자들에게 2분이라는 짧은 읽기 시간을 주고, 12분 동안 단어 테스트와 「The House」 스토리를 기억 나는 대로 써보도록 했다.

1주일 후 참여자들에게 읽었던 스토리 중 기억나는 것이 있는지,

있다면 다시 한번 써 보도록 하였다. 이 연구를 통해 사람들은 같은 책을 읽더라도 자신의 특정한 관점이나 개인적 목적에 따라 기억하는 내용이 각기 다르며, 내용을 기억해내는 기간 역시 다르다는 사실을 알게 되었다. 두뇌 과학자의 연구 결과에 따르면, 어떤 일의 목적은 두뇌에 매우 중요한 역할을 한다. 따라서 학생들에게 자료를 읽고, 비추어보고, 생각하고, 자료를 만들도록 해야 할 일이 있을 경우, 목적이나 목표를 가능한 한 구체적으로 제시하는 것이 좋다. 목적이 구체적 일수록 학생은 읽기 도중에 목적과 관련되는 부분을 더 중요하게 생각하고 어느 곳보다 집중하게 되며, 읽은 내용과 정보에서 얻어낸 지식을 더 잘 기억하게 된다.

다음 이야기의 제목은 「Friends」이다. 학생들에게 아무런 사전 교육없이, 중요하다고 생각하는 부분에 핑크색으로 밑줄을 긋거나 색칠을 하도록 한다. 잠시 후, 한번 더 읽게 한다. 첫 번째 읽기와는 달리 이번에는 심리학자의 입장에서 「Friends」를 읽고, 역시 중요하다고 생각되는 부분에 초록색으로 밑줄을 긋거나 색칠하게 한다. 이제 마지막으로 도둑의 입장이 되어 「Friends」를 읽고, 중요하다고 생각되는 부분에 노란색 밑줄을 긋거나 색칠하게 한다. 학생들이 잘 볼 수 있도록 칠판이나 프로젝터 위에, 각각의 입장에서 중요하다고 생각되는 부분을 밑줄치며 정리해본다. 입장이 바뀌고 독서의 목적이 바뀔 때 마다, 왜 중요하다고 생각하는 목록들이 변하는 것인지 토의한다.

친구(Friends)

타냐와 필리스는 서로 절친한 여자 친구다. 둘은 어디를 가든 함께 간다. 타냐의 엄마는 토요일 수업이 끝나면, 아이들이 좋아하는 여러 놀이시설이 있는 복합 쇼핑센터에 두 아이를 데려다 준다.

하루는 두 아이가 평소보다 쇼핑센터에 늦게 도착했다. 타냐 엄마가 다른 볼일이 있어 부득이 필리스의 엄마가 두 아이를 데려다 주어야 했기 때문이다.

필리스는 다른 친구들을 빨리 만나고 싶어서 타냐보다 앞서 뛰어 가다가, 보석 가게 앞에 서서 잠깐 구경하고 있었다. 뒤따라 가던 타냐는 반짝반짝 빛나는 여러 종류의 보석들을 부러운 시선으로 바라보았다. 여러 보석들 중에서 언니의 약혼반지와 비슷하게 생긴 다이아몬드 반지를 발견하고 반가운 마음이 들었다. 하지만 반지의 가격표를 본 타냐는 깜짝 놀랐다. 천 만원! "이것 좀 봐!" 타냐가 낮은 목소리로 필리스를 불렀다. "이 반지는 모니카 언니 것과 비슷해. 와, 그런데 언니 반지가 천 만원이라고?" 필리스도 놀라운 표정으로 입을 다물지 못했다.

"모니카 언니는 다이아몬드 귀걸이도 있잖아, 그렇지?" 하고 필리스가 물었다. 타냐는 고개를 끄덕이면서, 자기 언니가 가지고 있는 보석 가격이 엄청나다는 사실에 놀랐다.

여러 친구들 중, 마크라는 남학생이 쇼핑센터에서의 놀이가 싫증난다면서, 다른 장소로 옮기자고 했다. 잠시 후에는 모두들 쇼핑센터 밖의 큰 도로변으로 나왔다.

"타냐야, 우리 너희 집으로 갈까?" 하고 필리스가 말했다. "마침 네 엄마가 집에 안 계시니 우리 모두 놀기에 딱 좋지 않을까?" 타냐의 부모는 이혼하셨고, 아빠는 다른 도시에 거주하고 계셨다. 다른 도시에 거주하는 아빠를 타냐는 한 달에 한 번, 주말에만 만나고 있었다.

타냐는 어떻게 대답해야 할지 당황스러웠다. 타냐는 친구를 집에 데리고 가는 일이 거의 없었다. 하지만 지금 거절했다가는 친구들이 실망할 것 같았다. 타냐는 친구들이 자신에게 실망하는 것이 싫었다. 물론 자주 만나는 필리스를 집에 데려가는 것은 괜찮겠지만, 친한 사이도 아닌 다른 아이까지 집으로 데려가기는 영 마음이 내키지 않았다. 필리스도 자주 만나기는 했지만, 사귄 지 오래된 친구는 아니었다. 부모가 이혼한 이후 타냐와 엄마, 언니와 함께 필리스의 이웃으로 이사했기 때문이다.

친구들과 함께 집 앞에 도착한 타냐는 현관 옆의 "환영합니다" 팻말을 들고 있는 모형 개구리 아래에서 열쇠를 꺼내 문을 열고 집으로 들어갔다. 집에 들어온 아이들은 여기 저기 호기심있게 기웃거렸다. 타냐는 온 가족이 함께 사용하는 방으로 친구들을 안내한 뒤 음악을 틀어 주었다. 그리고는 깨지기 쉬운 엄마의 크리스털 화분을 베란다로 옮겨 두었다. 타냐는 크리스털 화분이 깨지지 않기를 바랄 뿐이었다. 친구들 중 한 명이 맥주를 마시면 안 되겠는지 물었다. 하지만 필리스는 맥주를 찾는 친구에게 술을 마시는 것은 그다지 좋은 생각이 아니라고 말하며, "모니카 언니가 언제 집으로 들어올지 몰라."라고 말했다. 친구들은 타냐 방을 구경하고 싶어했고, 아이들은 모두 2층 계단으로 올라갔다.

타냐는 모니카 언니와 함께 방을 쓰고 있었다. 두 자매는 옷장 공간과 책상, TV 공간을 확보하기 위해 2층 침대를 사용하고 있었다. 남자 아이들이 비디오 게임을 하는 동안, 여자 아이들은 굽 높은 모니카 언니의 신발을 신어보기도 하고, 보석을 만지작거리기도 했다.

그때 갑자기 침대 방 문이 활짝 열렸다. 허리에 두 손을 얹은 모니카 언니가 소리를 질렀다. "야 너희들 모두 내 방에서 당장 나가! 타냐, 다시는 너와 방을 같이 사용하지 않을 거야! 그리고 너희들! 내 보석에서 손 떼!"

이해력 향상에 효과적인 지도 활동

앞으로 소개될 이해를 돕는 여러 전략들은, 두뇌 집중력을 향상시키고, 현재 읽고 있는 텍스트는 물론 다른 여러 읽을 거리들과의 연결도 촉진시키게 될 것이다.

읽기 전 활동

예측 안내표

예측 안내표는 내가 가장 좋아하는 전략 중 하나다. 나는 학생들과의 교실 수업에서는 물론 성인들과 함께 하는 워크숍에서도 이 전략을 자주 사용한다.

이 전략에 관한 연구내용은 인상적이다. 특정 부분을 읽기 전에 예측 안내표를 읽어두면, 장기기억 장치가 활성화 된다. 다시 말해서 독자가 가지고 있던 배경 지식을 활성화 시켜주는 것이다(Head & Redence, 1992). 또한 예측 안내표는 앞으로 읽게 될 내용에 대한 관심을 유발시킨다. 두뇌가 독서 후 가능한 결과를 예측하도록 자극받기 때문이다(Dufflemeyer & Baum, 1992). 독자의 두뇌는 스스로의 의견을 제시하고, 읽을 거리에 포함된 특정 문장의 타당성에 대해서 가장 적절한 추측을 한다. 독서 전 활동에 주로 사용되는 예측 안내표는 학생들이 독서한 후, 무엇을 알게 되었는지를 확인하는 목적으로도 사용된다. 학생은 수업을 마친후에 자신들의 답변이나 의견을 수정할 수도 있다.

예측 안내표를 만드는 방법

1. 읽을 내용에서 학생이 이해해야 할 가장 중요한 개념을 확인한다.

2. 학생의 나이에 따라 질문과 대화를 계속 진행할 수 있도록 하기 위한 4개 내지 10개의 진술문으로 구성된 안내표를 만든다. 진술문의 일부는 내용에 맞는 사항들을 적고, 일부 내용은 의도적으로 잘못된 내용을 적는다. 안내표를 기록하고, 검토하는 일도 매우 중요하므로 검토를 소홀히 하는 일이 없도록 해야 한다. 대부분의 학생들은 교사가 작성한 내용이면 무엇이든 사실에 근거한 것이라고 생각하곤 한다. 따라서 안내표에 기록된 내용 중 일부는 학생을 속이기 위해 틀리게 적었음을 알려주고, 잘못된 진술문 내용을 찾는 것도 학생이 할 일이라는 것을 알려준다. 잘못된 내용이 포함되어 있다는 사실을 미리 알려 주어야 해당 자료에 대해 학생이 잘못된 개념을 갖지 않는다.

3. 학생이 예측 안내표를 잘 볼 수 있도록 하는 방법을 결정한다. 학생이 교실에 들어서자마자 가장 눈에 잘 띄는 곳의 게시판을 사용할 수도 있고, 학생 개인별로 인쇄물로 나누어 주고 개인폴더에 보관하게 할 수있다.

4. 학생에게 각 진술문에 대해서 각자의 의견을 말해 볼 기회를 준다. 나는 진술문 목록의 앞이나 뒤에 "찬성"과 "반대"

의 칸을 만들어 사용한다. 윗칸에 "읽기 전"이나, "읽은 후"라고 쓴다. 〈그림 8.1〉에 제시된 사례를 참고하기 바란다.

　예측 안내표는 학생이 이미 알고 있는 지식을 일깨워주고, 학생의 관심을 북돋우며, 교실 내 모든 학생을 '맞게 기록된 내용과 의도적으로 틀리게 기록된 내용은 무엇인지에 관한 생생한 토의와 대화의 장'으로 이끌어 낼 수 있다. 신경과학자인 주디 윌리스(2011)에 의하면, 두뇌는 자신이 예측한 대로 정답이 제시되기를 기대하기 때문에, 대부분의 학생은 자신들이 정답을 정확하게 예측했는지를 알아보기 위해 진술문에 기재된 내용이나 관련 자료를 열심히 읽게 된다. 답이 맞든, 틀리든 관계없이 학생의 두뇌 속에서는 예측할 때 방출되는 도파민의 영향으로 진술문의 정답 여부를 오랫동안 찾아볼 수 있게 된다. 정답을 찾는 작업, 그 자체만으로도 신나고, 즐거운 느낌을 갖게 해 주는 것이다.

〈그림 8.1〉 예측 안내표 샘플

읽기 전 찬성 / 반대	기억한 내용	읽은 후 찬성 / 반대
☐	감정은 기억에 영향을 미친다.	☐
☐	두뇌는 태어난 시점부터 인생 전반의 정보를 기억할 수 있다.	☐
☐	반복은 기억력 향상에 도움이 된다.	☐
☐	수면의 양은 기억력 향상에 영향을 미친다.	☐
☐	영양분은 기억력에 영향을 미치지 않는다.	☐
☐	단기 기억은 몇 초 동안만 지속된다.	☐

하나씩 주고 받기

하나씩 주고 받기 전략은 브레인스토밍의 일종으로 교사가 다음 시간에 다룰 주제를 학생에게 알려 주려는 목적으로 사용한다. 먼저 학생들에게 해당 주제와 관련된 단어 목록을 하나씩 나열하게한다. 다음 시간의 수업 주제가 남북전쟁이라면 학생들은 로버트 E 리, 게티즈버그, 링컨 대통령, 혹은 Underground Railroad(남부에서 북부나 캐나다로 탈출하는 노예를 도와주던 비밀조직) 등을 나열할 것이다. 시간이 어느 정도 지나면 학생들끼리 자유롭게 개인별 목록을 나누어 보거나, 그룹별 활동이라면 단어 목록을 그룹 별로 살펴 보게 한다. 만약 여러 학생들이 같은 단어를 갖고 있다면, 중복 단어는 체크표를 해서 반복되지 않게 한다. 이 놀이는 모든 단어를 읽을 때까지 계속한다. "마지막 단어"를 가지고 있는 사람이 승자가 된다.

이 방법은 효과적인 복습 전략으로 사용해도 좋다. 읽었던 주제와 관련한 글을 모아서 목록을 만들고 토론을 하는 방법이다.

다양한 챠트

도나 오글(1986)이 고안한 KWL 챠트는 학생의 나이에 상관없이 교사가 사용할 수 있는 읽기 전 전략이며, 전 세계적으로 널리 사용되고 있다. KWL 챠트는 여러 교과목과 다양한 학년 수준에 맞게 새로운 칸이 추가되는 등 더 많은 학생에게 도움을 주기 위해 수년간에 걸쳐 수정되어 왔다.

앞서 언급한 바와 같이, 지금까지도 사용되고 있는 원래의 KWL 은 세 칸으로 구성되어 있다. KWL은 (1) K, 나는 무엇을 알고 있 는가? (2) W, 내가 알고 싶은 것은 무엇인가? (3) L, 나는 무엇을 배웠는가?이다. K(What do I know)는 대개 브레인스토밍 기법을 사용하여, 학생들은 서로 이미 알고 있는 주제와 관련된 정보를 나 누게 된다. W(What do I want to know?)는 학생이 알고 싶어 하는 내용이나 교사의 입장에서 학생들이 알았으면 하는 내용, 또는 둘 다에 해당하는 내용이다. 학습은 읽기를 비롯한 다양한 교수 전략 을 통해 이루어진다. 마지막 세 번째 칸 L(What have I learned?) 은 학습 중이나 학습 후 채우도록 한다.

⟨그림 8.2⟩ KWL 차트

K(내가 알고 있는 것)	W(내가 알고싶은 것)	L(내가 배운 것)
What I know	What I want to know	What I learned

수준별 수업 및 이와 관련된 사항에 더 많은 관심을 가지게 되면 서부터 나는 KWHLU라고 하는 변형된 차트를 사용하기 시작했 다. K, L, W의 의미는 이미 설명한 바와 같다. 추가된 H는 "어떻 게 학습할 것인가?(How am I going to learn this?)"를 의미한다. 다

양한 교육적 배경을 지닌 학생이기에 각자의 학습 경험을 고려한 약간의 선택권을 주는 것이 좋겠다는 생각이 들었다. 그리고 U를 하나 더 추가했다. U는 "배운 내용을 생활 속에서는 어떻게 사용할 것인가?(How am I going to use this in my life?)"를 뜻한다. 무엇인가를 알아야 하고 배워야 하는 이유를 물어보는 학생들에게 U에 적힌 내용은 많은 도움이 되었다.

변형 KWL 차트를 유용하게 사용하는 사람들이 많다. 카와 오글(1987)은 원래의 차트에 요약부분을 추가한 후, 그 이름을 "KWL - Plus" 차트라고 불렀다. 나중에 윌리스(1995)는 정보의 출처에 초점을 둔 "어떻게 알 수 있나?(How do we know?)"라는 칸을 추가하고, 이를 KWHL 이라고 이름 지었다. 이것 외에도 비슷한 챠트를 사용하는 교사들이 많다. KNL 챠트에서 N은, "우리가 알아야 할 필요가 있는 것은 무엇인가(What do we need to know?)"라는 표현에서 따온 것이다. KWHL 챠트에서의 T는 "우리가 생각해야 할 것은 무엇인가?(What do I think I know?)"라는 표현에서 따온 것이다. 한편 S가 붙는 KWLS 챠트는 "아직도 우리가 알고 싶은 것은 무엇인가?(What do I still want to know?)"라는 뜻이다.

빈칸 채우기

책을 얼마나 잘 읽는지 확인하기 위해 만들어진 빈칸 채우기는 학생들이 책의 내용과 구조를 어떻게 보고 있는지 알아내기 위해 사용될 수 있다. 주제에 맞는 내용을 적절히 선택한 다음, 문단 내 문장에서 매 다섯 번째 단어를 빈 칸으로 만든다. 학생에게 문장의 구조와 문맥의 단서를 이해하여, 밑줄로 비워둔 빈 칸에 알맞은 단어를 쓰게 한다. 이 활동의 목표는 학생의 학습 수준을 확인하기 위한 것이다.

최근에는 내용에 대한 지식 정도를 미리 평가하기 위해 빈칸 채우기 활동을 이용한다. 읽기 전 전략으로써의 빈칸 채우기 활동은 학생과 교사에게 학생이 읽게 될 내용을 어느 정도 이해하고 있는지 알 수 있게 해 준다. 다음 빈칸 채우기 평가지의 빈칸에 들어갈 적절한 단어를 채울 수 있는지 확인 해보자.

Find the strength and _____ in every student! Differentiated _____ enables teachers to plan _____ so they can meet the _____ of each and every _____ in today's highly diverse _____ . Differentiated instructional strategies present the _____ techniques and processes that _____ can use to adjust _____ based on individual student's _____ , skills, experience, preferences, and needs.

빠진 단어들을 순서대로 나열하면 *uniqueness, instruction, purposefully, needs, student, classrooms, practical, teachers, learning, knowledge* 이다.

학생들이 다음 시간에 사용하게 될 텍스트에서 적절한 수준의 문단이나 구절을 선택한다. 선택할 문단의 길이는 학생의 나이에 따라 다르게 한다. 매 다섯 번째로 등장하는 단어를 빈칸으로 남겨둔다. 일반적으로 첫 번째 문장과 마지막 문장에서는 빈칸을 두지 않고 문장을 그대로 제시한다. 제거한 단어 자리는 밑줄을 그어 빈칸으로 둔 채 학생에게 나누어 주고 빈칸을 채우도록 한 뒤, 그 결과를 확인한다. 작성된 답안 가운데에는 비슷한 뜻을 갖는 단어들도 있을 것이다. 이러한 단어들을 통해 그 의미를 유추하고 토론해 볼 수 있다. 또한 단어들이 어떻게 문장의 의미를 바꾸는지에 대해서도 이야기해 볼 수 있을 것이다.

가능한 문장들

읽을거리를 지정해 주기 전에 교사는 책의 내용을 살펴보고 핵심 단어와 구절을 고른다. 그런 다음 교사는 각 학생에게 핵심 단어 또는 구절 목록을 복사하여 나누어주고, 개별적으로, 혹은 2인 1조로 사전에 선택해둔 단어나 구가 들어가는 문장을 만들게 한다. 이 전략은 학생이 앞으로 공부하게 될 텍스트의 단어와 개념을 익히도록 만드는 전략이다. 두뇌과학연구에서는 이러한 활동이 두뇌를 움직이는 '원동력' 이라고 본다(Jensen, 2005). 읽기 학습을 하면서 그 이전에 익힌 단어와 구문들을 마주했을 때, 두뇌는 관련 용어와 개념을 더 쉽게 이해할 수 있게 된다.

소리 내어 생각하기와 큰 소리로 읽기

큰 소리로 읽는 일은 학생들에게 유창성과 운율성에 대한 모범을 보여주기 위한 매우 효과적인 과정이다. 소리 내어 생각하는 일은 앞 장 「안네프랭크의 일기(The Diary of Anne Frank)」의 예를 통해 본 바와 같이, 읽어가면서 마음속으로 느끼는 바를 학생과 서로 나누기 위해 소리내어 읽고, 멈추고, 생각하는 과정이다. 소리 내어 생각하고, 큰 소리로 읽으면 학생들이 텍스트에 흥미를 가질 수 있다. 책을 읽기 전에 이 전략을 사용하면 학생들이 앞으로 읽을 자료에 보다 더 쉽게 다가갈 수 있고, 일부 어휘를 쉽게 이해할 수 있게 된다(Fisher, Brozo, Frey, & Ivey, 2011). 이전 어휘 단원에서 언급 하였듯이, 어떠한 기법을 사용하든지 학생들이 단어를 이해할 수 있게 해야 읽기를 도와줄 수 있게 된다는 점을 다시 한번 강조한다.

그림, 그림들, 더 많은 그림들

우리는 한 장의 그림이 천 마디의 말만큼 가치가 있다는 것을 알고 있다. 학생의 나이와 상관없이 다양한 그림들 – 사진, 미술작품, 스케치 – 을 보여주면, 흥미를 한껏 높일 수 있다.

읽기 자료를 소개할 때 적절하고 흥미 있는 그림을 사용하면 학습 주제와 보다 쉽게 연결시킬 수 있다. 대화식 화이트보드나 스크린 혹은 프로젝터를 이용하여 그림들을 보여주어, 학생들이 교실로 들어서는 순간부터 관련 주제와 맞는 대화를 할 수 있도록 만들기 바란다.

활기찬 수업을 이끌어가는 과학교사 한 명은 중력에 대한 교과 내용을 설명하면서 손으로 스케이트보드에 있는 발을 잡은 상태로 공중 곡예를 하는 소년의 생동감 있는 그림을 보여주었다. 이 모습을 본 학생들은 곧바로 멋진 그림과 소년이 취하고 있는 자세에 대해 이야기하기 시작했다. 이렇게 교사는 중력에 대한 내용으로 학생들의 관심을 유도하며 수업을 시작하는 것이다.

단어분류

단어분류는 학습을 시작하는 두뇌에 사전지식을 제공한다. 내용을 읽어보기 전에 단어 놀이를 한다면, 학생들에게 익숙하지 않은 새로운 단어를 소개하는 재미있고 유익한 방법이 될 뿐 아니라 학생들이 단어를 얼마나 잘 이해하는지 알아볼 기회도 된다.

학생들에게 스스로 활동을 시켜보기 앞서 교사가 모델을 보여주는 일이 필요하다.

교실에서 사용할 수 있는 간단한 단어 분류 활동

1. 화이트보드나 인덱스 카드에 특정 읽기 자료에서 발췌한 10 개에서 20개의 단어 목록을 작성한다.

2. 단어의 카테고리를 지정해 주거나(닫힌 단어분류), 학생이 목록을 직접 고를 수 있도록 한다(열린 단어분류). 지정된 단어 범주를 택한 상태에서 단편 이야기를 가르치는 경우의 단어 카테고리는 등장인물, 무대, 줄거리, 클라이맥스 등이 될 것이다. 학생은 어휘 목록에서 각 카테고리에 맞는 단어 를 골라 넣는 활동을 하게 된다.

3. 4명에서 5명으로 구성된 팀을 만들어, 팀별 활동을 실시한다. 단어를 범주화할 시간으로 10분에서 15분을 할애해 준다.

4. 카테고리 당 알맞은 단어목록을 배정하는 팀별 활동을 완료 한다. 이 활동은 각 팀이 단어를 범주화하는 과정에서 생기 는 추리력을 이끌어내고, 각 카테고리에 대한 개념과 관련 성을 종합할 수 있도록 해준다.

〈표 8.3〉는 지정된 카테고리의 단어를 고르는 사례이다. 맨 윗 칸의 카테고리는 교사가 제공한다. 그런다음 특정한 모음의 음가 를 갖는 단어목록을 주고 맨 윗칸의 카테고리와 같은 단어를 그 아 래에 적게 한다.

<표 8.3> 닫힌 단어분류

hat	game	star
bat	race	hard
has	plate	car
mad	safe	park

　카테고리를 지정하지 않는 열린 단어분류 활동은 좀 더 어렵다. 하지만 자신만의 단어들로 남다른 카테고리들을 떠올린다는 점에서 많은 학생이 재미를 느낀다. 교사는 다음처럼 단어를 제공하여, 학생들 자신의 카테고리에 따라 분류할 수 있도록 한다. "각자 가지고 있는 단어들을 옆자리 친구와 의논하여 각 단어들이 갖는 특징을 중심으로 어떤 카테고리 안에 넣을지 결정하세요. 모든 단어가 하나의 카테고리 안에만 있어서는 안되고, 하나의 카테고리 안에 하나의 단어만 들어가서도 안됩니다." 이런 형태의 분류는 어떤 책 내용에서도 가능하다.

　기초적인 단어분류 활동을 변형한 형태도 있고, 보다 더 발전시킨 형태도 있다.

　예를 들면 다음과 같다.

　　ㅣ 학생이 두 개 이상의 카테고리에 들어갈 수 있는 단어를 갖도록 한다. 예로, 사과와 배는 "과일의 종류"와 "나무에서 자라는 것"이라는 두 개의 카테고리 안에 들어갈 수 있다.

ㅣ 학생의 단어 분류에 대해, 왜 그렇게 분류했는지 이유를 설명하게 한다. 이것은 학생이 단어와 단어 간의 관계를 개념화하는 과정에서, 추가적인 도움과 뒷받침이 필요한 때가 언제인지 그 실마리를 제공해 준다.

ㅣ 이미 알고 있는 문장 구조와(예를 들어, 단문과 중문), 학생이 기존에 범주화했던 단어들을 이용하여 문장을 만들 수 있게 해준다. 이는 학생이 단어들의 쓰임새를 확실하게 이해하고 있다는 것을 입증한다. 아마도 다음과 같이 쓸 것이다. "배와 사과는 둘 다 나무에서 자란다."

단어 벽

읽기 퀴즈를 통해 여러 가지 내용들을 알아맞히게 하는 읽기 전략도 유용하다. 단어와 관련하여 단어 벽 빙고 게임에 대한 주요 활동들은 제7장에 제시해 두었다. 피셔(2011)는 단어 벽 활동을 읽기 전 활동으로 구분하였으나, 대부분의 경우 읽기 전에 만들어져 읽기 또는 쓰기 학습을 할 때 사용된다(Wagstaff. 1999). 이 전략은 어휘를 가르치는 읽기 담당 교사와 교과 내용을 가르치는 교사에게 특별히 새로운 것이 아니다.

단어들을 단어 벽에 직접 쓸 수도 있고, 여러 편리한 재료를 사용하여 붙여놓을 수도 있다. 단어 하나하나를 인덱스카드에 쓰고 싶기도 하고, 알파벳 순서로 정리한 후 준비된 벽에 놓고 싶기도 할 것이다. 벽에 단어를 붙이거나 쓰는 단어 벽 활동은 학생과 교사에게 새롭고 도전적인 느낌을 주며, 재미있게 사용될 수 있다.

이 활동에서 쓰이는 단어들은 읽기활동을 위해 익숙해져야 할 단어일 수도 있고, 쓰기 활동에 유용하게 쓰일 단어일 수도 있다.

단어 벽 만들기

1. 단어 벽에 어떤 단어들을 붙일 것인지 판단한다. 제시할 단어와 함께 쓸 수 있는 다른 단어들을 사용할 수 있도록 공간을 확보한다.

2. 모든 학생이 쉽게 볼 수 있는 공간의 벽을 선택한다. 만약 오픈 되어 있는 벽의 공간이 충분하지 않다면, 화이트보드와 같이 다른 유형의 공간을 사용하는 것도 함께 고려해 본다.

3. 단어를 붙여둘 종이를 고른다. 어떤 재료를 사용하건 벽의 표면을 상하게 않게 하는것이 좋다.

4. 단어 벽을 소개하며, 그 중요성을 학생들이 인식할 수 있도록 해야 한다.

5. 느린 속도로 천천히 단어 능력을 키워가면서 관련 단어를 마음 속에 기억할 수 있게 한다. 작업 기억은 많은 정보를 잠깐 동안 저장할 뿐이다. 필요한 경우에 그 정보를 사용할 수 있도록 장기 기억 속에 해당 단어를 넣어둘 수 있게 하는 활동을 계획한다. 만약 벽에 쓰인 단어들이 어떤 주제에 대해 너무 구체적인 것들이거나 학생이 오랜 시간 동안 기억해 두어야 할 필요가 없는 것들이라면, 학생들은 단어 벽을 단순한 참고 자료용으로만 사용하게 될 것이다.

6. 단어 벽을 자주 사용하고 있는지 확인해야 한다. 학생이 해당 주제에 대하여 1~2분 내에 쓸 수 있는 빨리 쓰기 활동, 혹은 벽에 있는 단어의 일정 수를 사용해야 하는 활동 등을 실시하면 좋다.

〈표 8.4〉는 남북 전쟁 관련 연구를 위해 사용되는 단어 벽의 한 예를 보여준다.

표 8.4 남북 전쟁

A	B	C	D	E
allegiance ally authority	blockade Boston Tea Party boycott	colonists Continental	Declaration of Independence democracy	enlist
F	**G**	**H**	**I-J**	**K-L**
	grievance		independence	legislature liberty Loyalist
M-N-O	**P-Q**	**R**	**S**	**T**
massacre Minutemen negotiate	pacifist Parliament Patriot petition quarter	repeal revolution		tariff tax Thomas Jefferson treason
U-V	**W**	**X-Y-Z**		
unalienable right Valley Forge				

읽기 중 활동

컨셉 맵, 마인드 맵, 그리고 여타 다른 생각 지도들

그래픽을 만드는 도구의 크기나 형태는 매우 다양하다. 이러한 시각적 도구들은 학생이 책을 읽으면서 찾아보아야 할 사항들이 어떤 것인지를 알려주며, 관련 내용을 기억할 수 있도록 돕는다. 근래 들어 학생들은 재미있는 시각자료를 보여주는 각종 디지털 장치를 만지면서 대부분의 시간을 보낸다. 신경과학자들은 가급적 많은 시각자료를 이용하여 학생을 지도하라고 제안한다(Medina, 2008; Small & Vorgan, 2008). 이러한 시각적 자료들은 두뇌 속에서 그림으로 저장된다. 단어를 기억하는 것보다 시각자료로 기억하는 것이 기억에 더 잘 남기 때문에 내용과 관련된 시각적 자료를 사용하면 학생의 성과를 더 좋게 만들어준다. 두뇌의 좌반구는 언어 중심적으로 작동하고, 우반구는 큰 밑그림을 중심으로 작동한다. 따라서 단어들이 그림과 함께 제공되면, 두뇌는 적어도 두 개의 장소에 해당 정보를 저장하게 되고, 추후 기억하거나 회상해야 할 정보에 보다 더 쉽게 다가갈 수 있게 된다(Sprenger, 2005).

마인드 맵은 약 30년 전 영국의 토니 부잔에 의해 개발되었고, 그 후 마이클 갈브(1995)에 의해 발전되었다. 그들이 쓴 책을 꼭 읽어보기 바란다. 관련 정보들은 책 뿐만 아니라 여타 인터넷 사이트들을 사용해도 좋다.

학생들이 자신의 마인드 맵을 만들도록 하기 위해서는 교사가 먼저 모델을 보여주어야 한다.

내가 사용하는 단계들은 다음과 같다.

1. 가로로 종이를 놓는다. 컬러 펜이나 크레용, 마카 펜, 연필을 준비한다.

2. 종이의 중앙부에 구름 혹은 다른 형태의 그림을 그린다. 그림 중심에 주제나 제목을 쓴다.

3. 중심 이미지 혹은 핵심 단어로부터 다섯 개 내지 일곱 개의 선을 긋는다. 그 선 위에 하위 주제를 나타내는 단어를 하나씩 쓴다. 각 단어를 쓸 때마다 서로 다른 색깔을 사용한다.

4. 가능한 한 많은 하위 이미지, 심볼, 혹은 아이콘들을 더한다.

아주 어린 아이를 위한 맵에는 단어를 거의 넣지 않고, 원이나 사각형 그림들로 채우기도 한다. 조금 더 고학년 학생을 지도할 때에는 단어들이 많이 들어가도 무방하다. 하지만 시각적 기억이 가능하게 해주는 그림을 포함시키도록 한다. 컨셉 맵은 학생에게 개념을 어떻게 상호 연결시킬 것인지 보여주기 위한 것임을 기억해야 한다. 컨셉 맵을 구상하기 전에 먼저 학생이 어떤 개념을 이해해야 할 것인지를 결정해야 하며, 그로 인해 나타난 결과를 수업시간에 적용할 수 있도록 해야 한다. 나는 수업을 시작하기 전에 수업 준비물과 내용을 정리하기 위해 컨셉 맵이나 마인드 맵을 사용하곤 한다. 〈그림 8.3: (a)〉및 〈그림 8.3: (b)〉는 마인드 맵과 컨셉 맵을 비교하여 설명하고 있다.

따라 읽기

유창성 향상을 위해 학생은 텍스트의 모범적인 낭독을 듣고, 그 읽기를 모방 해보아야 한다.

따라 읽기를 통해 학생은 교사의 유창성과 억양을 흉내 내게 된다. 처음에는 단어와 같은 작은 단위에서 점차 의미단위를 확대하며, 텍스트 전체로 이어지게 한다. 학생들은 제 6장에서 다룬 바와 같이 유창성 습득으로 이어지게 될 소리 내어 읽기 연습을 실시하게 된다.

조각그림 맞추기(퍼즐)

재미있고 흥미로운 방법으로 진행되는 수업활동으로, 학생이 한 분야의 전문가가 되어 수업에 집중할 수 있게 해주고 의욕을 북돋아 주는 전략이다.

먼저 학생들은 직소퍼즐로 이름 붙인 소그룹에 들어가게 된다. 각 그룹 내의 인원수는 앞으로 배우게 될 학습 내용에 따라 달라진다. 예를 들어 남북전쟁의 5가지 원인에 대해 학습한다면, 학생 당 하나의 원인을 책임지면서 5명이 한 그룹이 될 것이다. 교사는 각

〈그림 8.3: (a)〉 마인드 맵

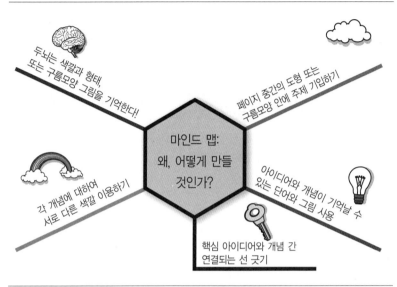

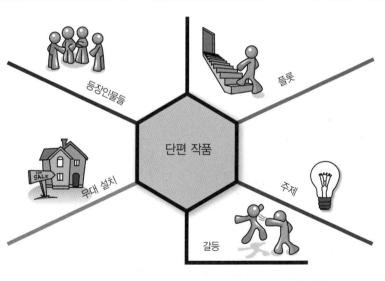

〈그림 8.3: (b)〉컨셉 맵

〈그림 8.3: (b)〉 대부분 화살표의 유무와 관계없이 각각의 선으로 연결되는 박스, 원으로 구성된다. 마인드 맵처럼 정보를 조직하는데 도움을 준다. 교사와 수업내용에 따라 사용방법을 다르게 할 수 있다.

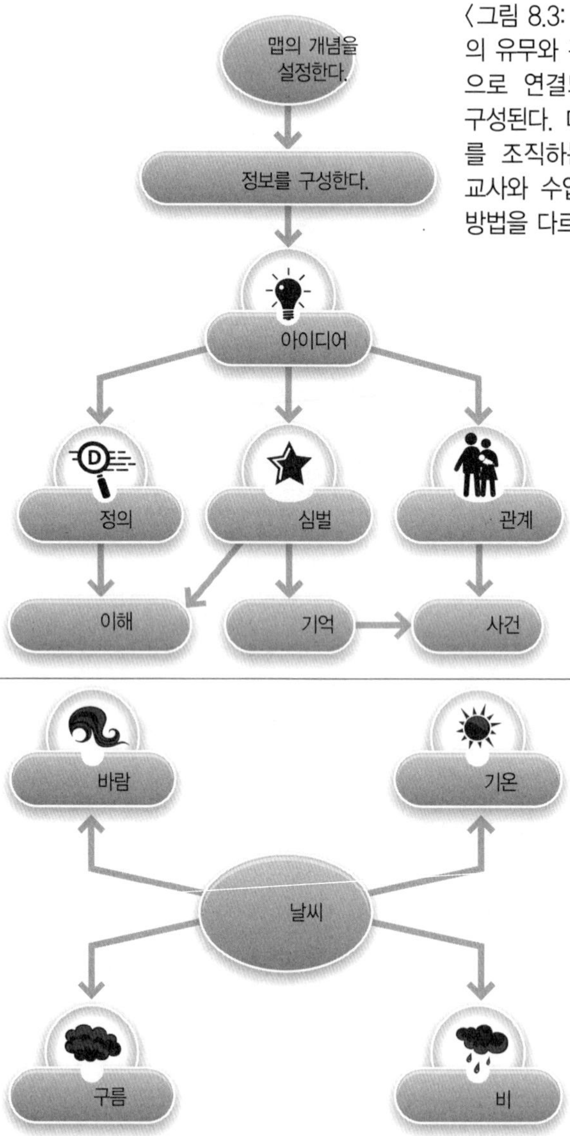

학생에게 원인 하나씩 책임지우는 번호를 부여할 수도 있다. 예를 들어 각 그룹 내에서 남북의 경제 차이라는 첫 번째 원인을 책임지는 학생, 두 번째 원인인 노예제도를 맡은 학생도 있을 것이다. 각 그룹별로 첫 번째 원인을 담당하게 된 학생을 따로 모아 전문가 그룹이라는 새로운 그룹을 만든다. 이 전문가 그룹에 속하게 된 학생들은 주어진 자신의 주제에 대하여 책을 읽고, 자료를 훑어보며, 원래 소속되었던 직소퍼즐 그룹에 보여줄 내용을 함께 토론한다. 남북전쟁에 대한 더 상세한 정보를 가지고 자신의 그룹으로 되돌아간다. 이제 각자 맡은 원인에 대한 전문가가 된 학생들은 소속 그룹 구성원들에게 전문지식을 나누어 준다.

학생들은 처음에는 전문적인 발표자가 되고, 나중에는 다른 학생의 의견 경청자가 되어, 그룹 내 토의에 적극적으로 참여하게 된다. 학생들은 스스로 과제를 찾고, 조사해 볼 수도 있을 것이다. 전문가 그룹들이 훌륭하게 업무를 수행한다면. 전문가의 말을 참고하고 토론에 참여함으로써 별도의 추가 작업 없이도 충분한 정보를 얻을 수 있게 될 것이다.

다른 훌륭한 협동 학습 그룹들처럼, 직소퍼즐로 이름지어진 그룹들은 사회적 교류의 장이 되며, 다양한 학습자들이 함께 작업할 수 있는 기회가 되고, 또한 서로의 시간을 절약하며, 학생들 상호 간의 학습도 가능하게 해 준다(Tomlinson, 2001). 뿐만 아니라 그룹 구성은 활동적인 학생에게는 행동할 수 있는 기회를, 듣기를 좋아하는 학생에게는 듣는 기회를, 보는 것을 좋아하는 학생에게는 보다 많은 시각자료를 제공해 준다.

짝과 함께 읽고 쓰기

교사는 학생들이 학습한 내용을 다시 생각해 보도록 하기 위해, 학생 상호간에 학습한 내용을 들어보는 기회를 만들 수도 있다. 즉 프랭크 라이먼(1981)이 개발한 합동 토론 전략, 혹은 짝과 함께 생각하기 활동을 사용하는 것이다. 짝과 함께 생각하기 활동에서는 학생이 듣기, 말하기, 쓰기, 읽기, 그리고 이해하기와 관련된 연습을 실시한다.

선택된 지문 읽기를 마친 학생에게 어떤 질문을 하고, 그에 대한 답 혹은 읽은 부분에 대한 느낌이나 인상을 빠르게 써 보도록 한다. 그 다음에는 짝과 함께 자신이 쓴 내용을 공유하게 한다. 마지막 단계인 나누기 활동에서는 좀 더 큰 그룹을 형성하여 토론을 실시한다(Fisher et al. 2011).

텍스트 구조

정보를 찾기 위해 책을 읽는 일은 학생들에게 마냥 쉬운 일이 아니다. 모든 교사는 학생들에게 교과서 샘플을 읽어주어야 하며, 어떻게 읽어야 하는지, 어떤 내용을 읽어보아야 할 지 알려주어야 한다. 텍스트 구조를 확인하는 일은 능력 있는 독자에게는 아주 간단한 일이지만, 이제 막 읽기를 시작하는 학생들과 읽기에 어려움을 겪는 학생들에게는 책의 저자가 책을 어떻게 구성했는지 알려주는 지침서가 필요하다.

먼저 작가들이 사용하는 텍스트 구조는 서로 다른 유형으로 구성된다는 점에 익숙해져야 한다. 나는 목적에 맞는 건물을 짓기 위해, 각기 다른 건물구조를 설계하는 건축가의 예를 들며 설명한다. 예를 들어 가정에는 뾰족탑을 설치할 필요가 없다. 아마도 뾰족탑이 필요한 건물은 교회일 것이기 때문이다.

각 텍스트의 구조는 작가가 전달하고자 하는 개념 전달 방법에 따라 달라진다.

가장 일반적인 텍스트 구조는 다음과 같다.

- **시간적 순서** 사건들은 시간의 연속선상에 나열된다. 텍스트 안에서 시간적 순서를 알려주는 핵심 단어로는 *first, second, later, then, finally* 등이 있다.

- **비교와 대조** 텍스트 정보는 최소한 두 가지 면에서 유사성과 차이점을 보여준다. 비교와 대조를 보여주는 텍스트의 핵심 단어에는 *both, some, different from, similar to, like, most, otherwise, still, while, although* 등이 있다.

- **원인과 결과** 하나의 사건이 또 다른 사건을 어떻게 이끌어 가는지를 보여준다. 원인과 결과를 보여주는 핵심 단어에는 *because, since, in order that, then, effects of, as a result,* *consequently, so* 등이 있다.

| **문제 제시 및 해결** 작가는 문제의 내용을 설명한 후, 한 가지 이상의 해결방안을 제시한다. 문제의 제시 혹은 해결과 관련된 텍스트를 보여주는 핵심 단어로는 *difficulty, struggle, uncertainty, the problem is, possibility, hope, bright spot, future, answer* 등이 있다.

| **설명, 주요 내용 및 세부 사항** 흔히 사용되는 이 구조의 텍스트는 간혹 독자들을 혼란스럽게 한다. 이러한 측면을 보여주는 핵심 단어로는 *for example, also, one reason, can be defined, within* 등이 있다.

이해하기 어려운 주제이거나 , 독자가 해당 주제에 대한 배경 지식이 거의 없을 경우에는 텍스트 구조를 파악하는 일이 매우 중요하다. 텍스트 구조를 파악한다면 작가가 어떤 말을 전하고자 하는지 그 진의를 파악하는 일이 한결 쉬워진다.

텍스트 구조 교육을 위한 제안들

| 각 텍스트의 구조를 가르치는 시간을 배정한다.

| 텍스트 구조를 제시한다.

| 텍스트 구조를 어떻게 읽고, 이해해야 하는지 관련 모델을 보여준다.

| 비교 및 대조를 위해 벤 다이어그램(〈그림 8.4〉 참조) 같은

그래픽 도구를 사용할 예정이라면 그 내용을 어떻게 채우는지 미리 알려준다.

| 첫째 날에는 일부 텍스트를 학생들과 함께 읽고, 텍스트의 구조와 핵심 단어를 확인한다.

| 그 다음 날에는 학생들에게 동일한 구조를 갖는 텍스트를 제공하고, 핵심 단어와 핵심 구조를 스스로 찾아보게 한다.

| 학생들에게 핵심 단어들이 강조되는 텍스트를 주고, 해당 단어를 텍스트 구조에 적용시킬 수 있게 한다.

| 구조는 의미를 찾는 하나의 도구라는 사실을 알 수 있도록 해주고, 이를 모델화하여 보여주도록 한다.

〈그림 8.4〉 벤다이어 그램

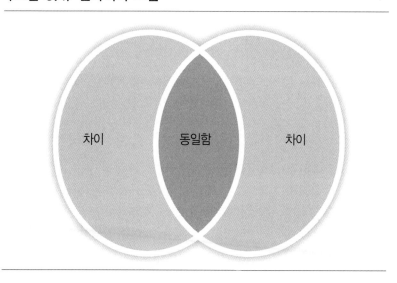

상보적 교수법(상호 보충적 교수법)

이 방법은 교사와 학생의 역할교체를 통해 학습하는 것으로, 네 가지 읽기전략과 교사와 학생의 능동적 상호작용 그리고 협동학습을 포함한다(Palinscar & Brown, 1984).

효과적인 독해력 향상을 위한 네가지 방법은 다음과 같다.

⏐ **요약하기** 책에 있는 중요한 정보를 확인하고, 다른 표현으로 바꾸며, 이를 종합할 수 있는 기회를 제공한다.

⏐ **질문하기** 질문으로 만들 수 있는 중요한 정보를 찾아서 질문 형태로 제시한 후 학생 스스로 자신의 질문에 답할 수 있는지 확인한다.

⏐ **확인하기** 책을 읽으면서 보다 더 잘 이해할 수 있는 기회를 제공한다. 이 활동은 책을 이해하기 어려운 이유에 관심을 집중한다(또 하나의 모니터링 전략이 된다). 학생들은 어휘를 분명하게 이해하기 위해 친구들과 토론하며, 다른 학생들보다 배경지식이나 개념 인식이 부족한 친구를 도와주게 된다. 학생들은 협동학습을 통해 책과 자신, 책과 책, 책과 세계를 연결할 수 있다.

⏐ **예측하기** 텍스트에서 저자의 의도와 함께 앞으로의 내용을 가정하게 한다. 이 방법은 책을 읽는 목적을 제공한다. 즉 가정한 것이 맞는지 그렇지 않은지 확인하게 한다. 두뇌가 얼마나 예측을 좋아 하는지, 그 예측의 결과가 실질적으로 두뇌화학물질을 어떻게 변화시키는지에 관한 두뇌과학정보를 되돌

아 볼 수 있게 해준다. 예측하기는 학생들이 이미 알고 있
는 지식을 텍스트에서 만나게 될 새로운 지식과 연결시킬
수 있는 기회를 제공해 준다. 학생들은 텍스트 구조에 관한
지식을 활용하여, 예측활동을 할 것이다.

상호 보충적 교수법의 핵심은 대화하는 일이다. 교사가 학생들
에게 적적하게 모범을 보여주어 학생들이 준비가 되면, 학생들과
번갈아가며 대화를 이끈다. 훌륭한 독자는 자신이 읽고 있는 것
을 잘 이해하는지 살피면서 책 속에서 의미를 파악한다.

성공적인 상보적 교수법을 위한 단계

1. 네 가지 전략을 하나씩 도입하여 사용한다. 학생들이 각
   전략을 제대로 이해하고 있는지, 각 전략을 이용하는 과정
   을 알고 있는지 확인한다. 요약하기 작업은 좋은 출발점이
   될 수 있다. 이야기를 다시 말해보는 방법은 요약을 위해
   흔히 사용하는 방법이다.

2. 소리 내어 읽기를 통하여 전략을 하나씩 모델화 한다.

3. 학생들이 주도할 준비가 되면, 짧은 문단이나 이야기 소재
   를 제시해 주어, 그들이 각각의 전략을 사용하면서 교사와
   나머지 학생들과 대화할 수 있게 한다.

4. 각 과정이 어떻게 진행되는지를 학생들이 분명히 알게 되
   면 책을 주고, 어느 부분에서 읽기를 중단하고 대화를 해
   야 하는지 친구들과 함께 결정할 수 있도록 한다.

읽은 후 활동

질문-대답 전략

본 장의 전반부에서 제시한 질문-대답 전략은 학생들에게 모델링을 해주는 것으로 끝나지 않고, 읽은 후의 독서 전략에도 사용된다. 학생들이 읽기를 마치면, 다양한 수준에서 생각해볼 수 있는 기회를 갖도록 다음 네 가지 질문 유형을 사용한다. '저자와 나'에 관련된 질문들은 텍스트를 읽지 않고서도 대답할 수 있는 경우가 많다. 그래서 나는 학생들이 실제로 독서를 하고 그 내용을 이해했는지 확인할 때, 세 가지 질문유형을 먼저 이용한다.

출구 카드

출구 카드는 읽기 후의 평가 뿐만 아니라 사전평가나 읽는 중의 평가로 사용할 수 있다. 나는 이 카드를 '입장 카드'라고도 부르는데, 학생이 주제에 관해 미리 읽어왔을 경우, 수업을 시작할 때 사용하기 때문이다. 입장 카드는 학생이 정보를 종합하고 기억을 강화하는데 도움을 준다. 출구 카드는 이해 정도의 평가는 물론, 관련된 책 읽기 작업을 어떻게 느끼고 있는지, 어려웠는지 혹은 쉬웠는지에 관해 물어보는 용도로 사용하기도 한다. 출구 카드는 학생이 읽은 내용을 얼마나 잘 이해하고 있는지에 대한 중요한 정보가 제공될 수 있어야 한다.

출구 카드는 3-2-1 패턴으로 고안해 보면 된다.

"내용을 읽고 _____에 대해 학습한 세 가지를 기술하시오."

"내용을 읽고 질문하고 싶은 사항 두 가지를 쓰시오.

"읽은 내용을 우리의 삶 또는 이전에 읽었던 다른 책과 연결 시켜
보시오."

일부 교사는 출구 카드를 '교실 밖으로 나갈 수 있는 티켓'과 같
이 출구용 표식으로 사용한다. 즉 학생이 출구 카드 작성을 완료하
기 전까지는 교실을 떠나지 못하게 하는 것이다.

출구 카드 사용을 위한 단계

1. 부여하고자 하는 읽기 과제에서 학생들이 알아야 할 중요한
   사실이나 개념 등 관련 정보를 결정한다.

2. 3-2-1 패턴을 사용한 혼합형 질문 문항, 혹은 간단하게 써
   서 답할 수 있는 질문 문항을 만든다. 정답을 찾는 것이 아
   니라는 점을 설명해 준다. 단지 학생이 읽은 내용을 얼마나
   잘 이해하는지에 대한 정보를 수집하기 위한 것이다.

3. 출구 카드 위에 질문을 하거나, 간단한 대답을 할 수 있도록

한 장의 종이 혹은 색인 카드를 학생에게 제공한다. 출구 카드 작성을 위해 3분에서 5분 정도의 시간을 주고, 학생이 교실을 나갈 때 그 카드를 제출하게 한다.

팝콘 복습

팝콘 복습은 학생이 '갑자기' 답을 갖고 나타난다고 해서 붙여진 이름이다. 팝콘 복습은 읽기 후 전략중 하나로써 학생에게 사실, 과정, 그리고 개념을 상호 복습하게 해 준다. 학습 내용에 관련된 사항은 같은 반 친구들이 책임지게 된다. 따라서 학생들에게는 서로 배우고 가르치는 기회가 될 것이라는 점을 설명해 준다.

학생들은 자신들이 읽은 내용에 대한 복습 활동, 즉 의견 교환을 시작한다.

1. 팝콘 복습을 위해 자진하여 질문 할 4~5명의 학생들을 선발한다.(팝콘 복습을 시작하는 첫 시간에 나는 팝콘을 사 가지고 간다.)

2. 선발된 학생들에게 의자나 책상을 들고 교실 앞쪽으로 나오도록 한다.

3. 첫 번째 학생에게 텍스트에 나오는 사실이나 아이디어에 관한 이야기를 시작하게 한다.

4. 선발된 다른 학생을 '갑자기' 참여시켜, 이전 정보나 이야기에 대한 다른 아이디어를 추가해 보라고 한다.

5. 다른 참여자들로부터 괜찮은 평을 받는 학생들이라면 갑자기 끼어들어 말하는 것을 가능한 많이 하도록 한다.

6. 다른 학생들은 갑자기 나와서 말하는 내용이 믿을 만한 것인지 주의를 기울여 확인하고, 만약 그 내용이 신뢰하기 어렵다면 적절한 기회에 이를 저지하면서 타당한 정보를 제시한다.

7. 한 그룹에 일정한 시간(5분에서 7분 정도)을 주고, 다른 지원자들에게도 비슷한 시간을 허용해 준다.

8. 만약 어떤 복습자가 같은 내용을 너무 자주 반복해서 말하면, 내용을 다른 방향으로 이끌어 가도록 분명히 일러준다.

RAFT

많은 사람들이 사용하는 전략으로 텍스트에 대한 학생의 쓰기 활동을 활성화시킨다. RAFT는 다음의 약어이다.

R   Role – (저자의) 역할
A   Audience – (저자가 대상으로 삼는) 청중/독자
F   Format – (글 종류) 양식
T   Topic – (쓰여진) 주제

RAFT의 목적은 다른 관점을 사용함으로써 학생들에게 글의 내용을 창의적으로 생각할 기회를 제공하고, 효과적인 학습과 기억력 향상을 위한 것이다. 학생들은 보통 교사를 청중으로 간주하고

글을 쓴다. RAFT의 사용은 이러한 입장을 변화 시킨다. 예를 들어, 학생은 신화를 공부하는 문학 수업에 들어가서 칠판에 써놓은 다음 내용을 볼 수 있을 것이다.

역할	제우스
청중	포세이돈
종류	문자 메시지
주제	난 너보다 강하다

눈뭉치 전략

이 협동 학습전략은 관련 정보를 복습하며, 사실과 정보를 요약하고 이를 말로 표현하며, 아울러 동료 상호 간의 의사소통을 가능하게 해주는 유익한 전략이다. 학생들은 신뢰하는 모든 학습 자료를 다른 학생들에게 설명해준다.

눈뭉치 전략의 단계

1. 정해진 부분을 읽은 후, 학급 전체가 참여하는 그룹 토론 수업을 실시한다.

2. 중요한 개념이나 사실을 학생 개인별로 하나씩 결정한다.

3. 사실이나 개념과 관련된 핵심 단어들을 종이에 쓴다.

4. 종이를 "눈뭉치" 처럼 똘똘 뭉친다.

5. 신호가 주어지면 반대편 학생을 향해 "눈뭉치"들을 던진다.

6. 자기 주위에 떨어진 "눈뭉치"를 하나씩 줍는다.

7. "눈뭉치"를 펼쳐 쓰여진 내용을 읽고, 다른 학생과 함께 종이에 적힌 내용을 주고 받으며 토론한다.

8. 교사는 학생들에게 다시 종이를 뭉쳐 "눈뭉치"를 만들고, 던지는 활동을 반복하게 할 수도 있다.

9. "눈뭉치" 전략을 사용한 다음에는 토론된 주요 내용을 요약하고 복습한다.

독자의 극장

소품이나 무대 의상 혹은 무대 장치 없이, 재미있게 구성된 대본 속 이야기를 직접 읽는 활동을 말한다. 대본을 외우는 것이 아니라 텍스트에 나타나는 감정을 몸짓이나 강세 등으로 표현하는 활동이다(Worthy & Prater, 2002).

이 활동은 학생의 유창성을 향상시킬 뿐만 아니라 읽기에 대한 자신감을 높여주고, 많은 학생들이 읽고 표현하는 일에 열정적이고 자발적으로 참여 할 수 있게 해준다. 학생은 주어진 스토리에서 자신만의 대본을 만들어 낼 수도 있다. 대본 작업을 더 쉽게 만들기 위해 스토리는 대화체 형식이 많이 포함되도록 해야 한다. 이미 작성된 대본을 제공하는 많은 웹 사이트들이 있는데, 이러한 활동을 처음 시작하는 학생에게는 아주 유용한 사이트가 될 것이다. (대본 과정을 위한 팁을 보기 원하면 http://www.aaronshep.com/rt/ Tips1.html 을 참고하기 바란다.)

 ## 요약정리

책 읽기보다 더 힘들고 어려운 작업은 없을 것이다. 이번 장을 시작하면서 언급한 더그 피셔처럼 우리도 읽기에 어려움을 겪을 수 있다. 물론 적절한 읽기자료를 사용한다면 책 읽기가 한결 재미있는 활동이 될 수 있을 것이다. 책을 이해하는 것에 도움을 줄 여러 가지 전략을 통해, 힘들었던 책 읽기는 성공적인 결과로 이어질 수 있을 것이다.

이해를 돕는 여러 도식과 표들이 단순한 평가지로 끝나면 안된다. 학생 스스로 무엇을 읽고 있는지를 알고, 읽고 있는 내용을 조직화 할 수 있도록 돕는 수단이 되어야 한다. 이 장에서 언급된 여러 활동들을 슬기롭게 자주 사용하여, 지도하는 학생들의 읽기능력과 이해능력을 향상시키는데 도움이 되기를 바란다.

마치며 | 당부하는 글

각 교과목에 대한 추론, 개념적 이해를 위해서는 텍스트 내용을 단순히 이해하는 수준을 넘어서야 한다. 교사에게 부여된 과제는 학생들이 복잡한 텍스트를 읽을 수 있고, 관련 주제와 개념을 상호 비교할 수 있는 능력을 갖추게 하는 것이다. 픽션과 교과 관련 글들을 모두 이해할 수 있는 능력을 갖추게 하는 일이 교사들의 필수 과제가 되었다.

목표는 단순하다. 모든 아이가 읽을 수 있기를 바란다. 읽기는 음소 인식과 파닉스, 유창성, 어휘, 그리고 이해라고 하는 모든 요소들이 망라되는 작업이다. 두뇌는 끊임없이 기억하면서 뉴런 네트워크 형성을 통해 읽기 과정을 준비하고 있어야 한다. 기억에는 읽는 과정 자체의 습득도 포함되는데, 이 읽기 과정이 자동화 되어야 한다. 또한 기억에는 읽은 내용에 대한 개념, 이해, 추론, 요약, 다른 사람들과의 의사소통 능력이 포함된다. 우리는 학생들의 교과목과 관련된 쓰기 능력을 길러주면서도, 창의성과 논리성을 키워갈 수 있도록 지도해야 한다는 사실을 잊지 말아야 한다. 가능하다면 모든 학생들이 최고의 학습자가 될 수 있도록 도와주어야 한다.

부모에게

  학교성적이 뛰어난 아이들 대부분은 그 시작점이 교과목 자체가 아니다. 시작점은 강력한 언어 능력이나 훌륭한 어휘력이 되기도 하고, 부모가 읽어 주던 많은 책 속에서 들었던 내용, 인쇄물들을 통해 읽었던 내용, 나아가 아이를 사랑하고 아낌없이 지원해 준 부모가 되기도 한다.

  아이가 몇 살이든 관계없이 책을 읽어 주도록 하라. 아이가 어리다면, 무릎 위에 올려 놓고 부드럽게 안은 상태로 당신의 목소리로 들려주는 황홀한 세상 이야기를 귀담아 듣게 하라. 아이는 장차 읽고자 하는 마음과 세상에 대해 알고자 하는 마음이 솟아날 것이다. 아이가 점차 성장해가면 당신과 아이에게 적합한 책이나 사설을 함께 읽도록 하라. 이때에도 아이가 읽을 수 있게 도와주어야 한다. 만약 아이가 책 읽기를 어려워하면, 본 책자의 앞장을 펴고 아이와 함께 할 수 있는 몇몇 관련 활동을 시행해보기 바란다. 그런 다음 한장 한장 넘기며 필요한 사항을 찾아보기 바란다. 보다 적극적인 활동을 하기 위해 아이의 교사와 함께 적절한 활동 방안을 찾아보도록 하라. 당신과 아이, 그리고 아이의 교사와 함께 대화를 나누어라.

  읽기를 위한 두뇌 경로는 자연적으로 만들어지지 않는다. 두뇌속 읽기 경로를 개발하려는 의도적인 노력과 변화가 있을 때에만 비로소 만들어진다. 두뇌의 읽기 경로 개발과정 중 어느 한 단계가 생략됨으로써 읽기에 문제가 발생한다면, 문제의 원인을 찾아서 해결해야 한다. 해결 시기는 언제가 되었든 결코 늦지 않았다. 물론 문제 해결에는 노력이 수반되고, 필요한 지원이 이루어져야 한다. 가능한 한 아이의 교사와 교육 전문가들과 함께 문제 해결 작업을 수행해 나가야 한다.

교사에게

학생들이 교실 안에서 유창하게 읽을 수 있고, 읽고 있는 내용을 이해하면 교사는 편안해진다. 학년 수준이거나 그 이상 수준의 읽기 능력을 보인다면 더 높은 단계의 이해를 이끌어낼 수 있기 때문이다. 모든 교사는 가르쳐야 할 자신만의 교과목이 있다. 과학, 사회, 수학, 미술, 음악은 각각의 분야에서 사용되는 어휘와 언어가 있다. 교사는 학생이 학습하는 내용을 읽을 수 있도록 가르쳐주고, 어휘와 언어가 어떻게 사용되는지 모델을 보여주면서 가르쳐야 할 의무가 있다.

어떤 자료를 읽든, 학생에게 소리 내어 읽어 주면 학생은 스스로 읽을 수 있게 될 것이다. 학생들에게 어떻게 읽는지, 어디서 끊어 읽는지, 어떤 것이 중요하고 또 어떤 것은 생략해도 되는지 본을 보여주기 바란다. 내용을 읽고 이해한다면, 학생들은 성공했다는 느낌과 함께 학습동기가 생겨날 것이다. 핵심은 학생들이 학습하고 싶도록 격려하고 고무시키는 일이다. 학생들이 책을 읽고 읽은 바를 이해하게 되면, 읽고자 하는 마음이 자연스럽게 우러나게 된다.

두뇌 관련 학습의 지속

두뇌가 어떻게 학습하며 어떻게 읽게 되는지를 이해한다면 여러분 자신과 아이들에게 큰 도움이 될 것이다. 그 아이가 여러분들의 자녀이든 학생이든 관계없이 결과는 마찬가지다. 가정과 학교에서 보다 바람직한 학습 환경을 만들어 주면, 아이가 받는 스트레스는 훨씬 줄어들게 될 것이다. 아이들은 자신에게 필요한 것이 무엇인지 항상 알고 있는 것은 아니다. 아이들은 많은 디지털 메체들로 인해 시간을 관리하는데 어려움을 겪는 경우가 많다. 아이의 학습을 도와줄 수 있는 도구로써 기술을 사용해야 한다. 또한 도구로 사용되는 첨단기술이 아이들의 시간을 너무 많이 앗아가는 것은 아닌지도 살펴보아야 한다.

아이들의 학습 성과를 높여주는 퍼즐 가운데 가장 중요한 조각은 생활 속에서의 인간관계다. 아이들끼리 관계를 설정하고, 개인적인 만남 시간을 중요하게 여기며, 동시에 강력한 인간관계를 형성할 수 있도록 도와주어야 한다.

내가 좋아하는 수스 박사의 책 「I Can Read with My Eyes Shut!」에 나오는 문장 하나를 인용하면서 이 책을 마무리 하고자 한다. "더 많이 읽으면 읽을수록, 우리는 더 많이 알게 될 것이다. 더 많이 배우면 배울수록, 더 먼 곳까지 다다르게 될 것이다."

더 줄여서 말해 볼까요? 읽으세요, 그러면 알게 됩니다.

리딩 어시스턴트

Your Personal Reading Coach

[美국립읽기위원회에서 추천하는 효과적인 읽기지도 5단계]

 똑똑한 영어낭독코치 - reading assistant

- 美국립읽기위원회(NRP)에서 추천하는 효과적인 읽기지도방법에 근거한 설계
- 소리내어 읽고, 지도 받으면서 읽고, 반복해서 읽어서 읽기 유창성 향상
- 미국 2,000여 개의 공교육에서 활용
- 미국 특허 받은 최첨단 음성인식기술을 통해 실시간 발음 교정으로 1:1 읽기지도교사 역할 수행
- 유아~성인까지 다양한 장르의 스토리, 미국 학년기준의 읽기난이도 Library
- 체계적인 학습관리 시스템으로 세밀한 학습평가 및 피드백

대표전화 1544-3377

패스트 포워드
Fast ForWord®

Used in over 40 countries

47
Countries
47 countries across the world including
USA, UK, Germany, Japan, China, Korea
5900 schools across the US

5900
Schools : 5900여개의 미국 전역 학교

👤 3,000,000
Students

Research Status

200
Studies School-based research studies
proving statistically significant gains.

 80
Patents

〔패스트 포워드 사용 현황〕

 뇌과학과 만난 1:1영어 - Fast ForWord

- 특허 받은 음향기술을 통해 한국인에게 생소한 영어 소리 값 훈련
- 영어 소리를 빠르고 분명하게 구별하며, 44개 음소를 편하게 들을 수 있도록 훈련
- 〈Science〉, 〈News Week〉, 〈Times〉, 〈The New York Times〉, ABC 방송 등 美 주요 언론에 소개
- 미국 내 연구결과 1~2년이 지나야 가능했던 읽기능력 성취 향상 결과를 단 8~12주만에 달성

대표전화 1544-3377   DynEd🄫   brainHQ   NSL
                                      Posit Science   주|뉴로사이언스러닝

327

지은이 마릴리 스프렝거
옮긴이 이준용, 박승원
발행인 최인태
연구책임 문영은
연구원 강영인
전략기획 홍보현
교육지원 이금희, 김도형
디자인 차은상, 이호준
발행처 ㈜뉴로사이언스러닝
출판신고 2011년 8월 10일 제 2014-000038 호
뉴로사이언스러닝 : 서울특별시 영등포구 의사당대로 97, 1056호
문의전화 1544-3377
홈페이지 nslearning.co.kr

한국어판 출판권 뉴로사이언스러닝
초판 1쇄 발행 2014년 9월 3일

· 책값은 뒤표지에 있습니다.
· ISBN 978-89-967111-3-1 13700
· 잘못된 책은 구입한 곳에서 바꿔드립니다.